BACHILLERATO 1

Biología y Geología

Ciencias

PRÁCTICA

W0343011

AUTORAS
Margarita García López
M.ª Esther Hoyas Ramos

REVISORES TÉCNICOS
José Ignacio Carnero Iglesias
Luis Carcavilla Urquí

EDELVIVES BACHILLERATO

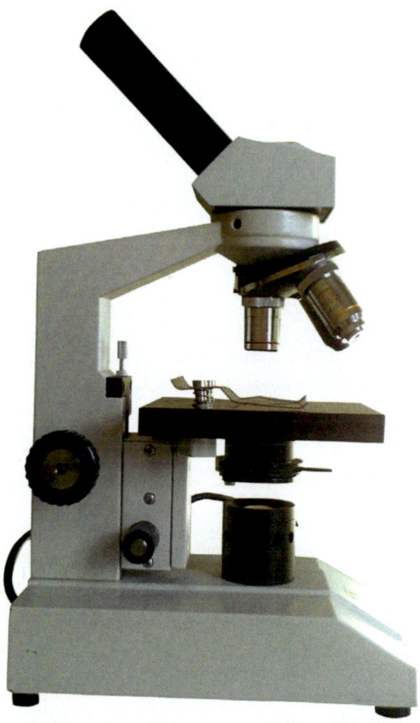

FS-1

ASÍ ES ESTE PROYECTO

VOLUMEN DE **TEORÍA**

INICIO DE UNIDAD

Las unidades comienzan presentando directamente los contenidos dado el carácter pragmático de este volumen para el estudio.

DESARROLLO DE LOS CONTENIDOS

Los contenidos se organizan y desarrollan en epígrafes de una o dos páginas.

Las explicaciones teóricas, claras y rigurosas, se exponen a través de esquemas, tablas, ilustraciones y fotografías que colaboran en su aprendizaje.

La información de los márgenes permite ampliar determinados aspectos de los contenidos.

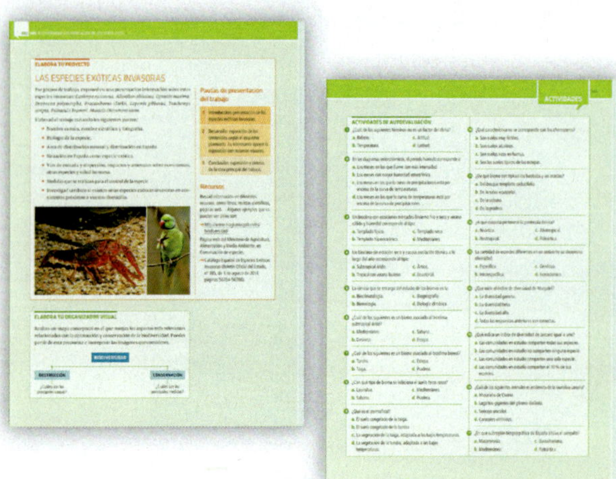

ACTIVIDADES

Cada unidad finaliza con una doble página de trabajo dividida en tres partes:

- **Elabora tu proyecto:** propuesta de ampliación de algún contenido de la unidad para realizar de forma cooperativa.
- **Elabora tu organizador visual:** propuesta para la elaboración de la síntesis de los contenidos a partir de un mapa conceptual. Aparece desarrollado y resuelto en el volumen de práctica.
- **Autoevaluación**

VOLUMEN DE **PRÁCTICA**

ESQUEMA DE LA UNIDAD

Doble página inicial con una síntesis de los contenidos de la unidad de forma visual, que se podrá ampliar.

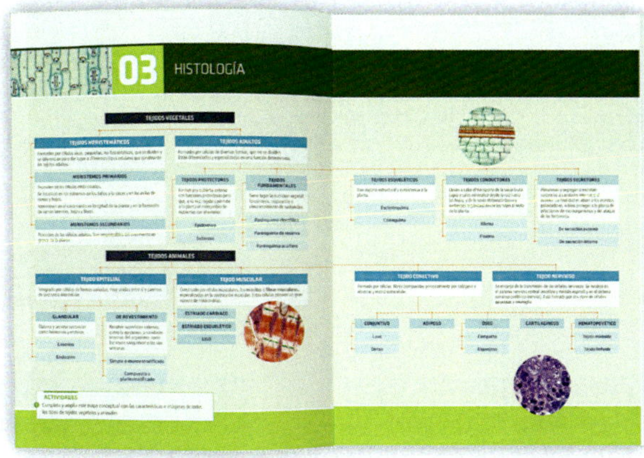

PROCEDIMIENTOS DE LA CIENCIA

Técnicas y experiencias donde se desarrolla y pone en práctica la forma de trabajo en la Biología y Geología: el método científico.

Consta de un desarrollo teórico y una aplicación práctica.

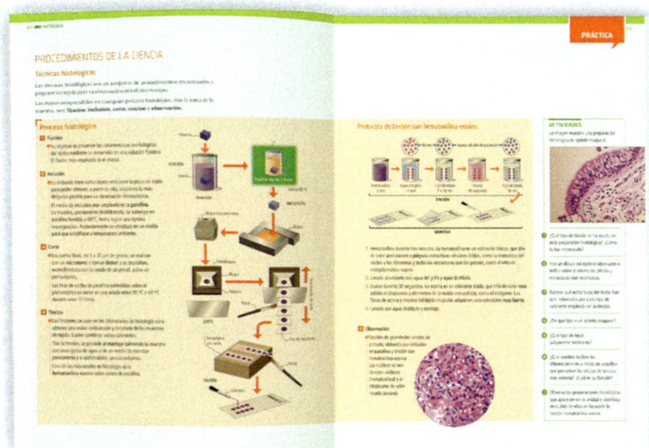

PIENSA EN INVESTIGAR

Una página con textos, donde se exponen investigaciones científicas relacionadas con los contenidos de la unidad. Tiene actividades para trabajar en grupo y el pensamiento crítico, además de trabajar la competencia digital.

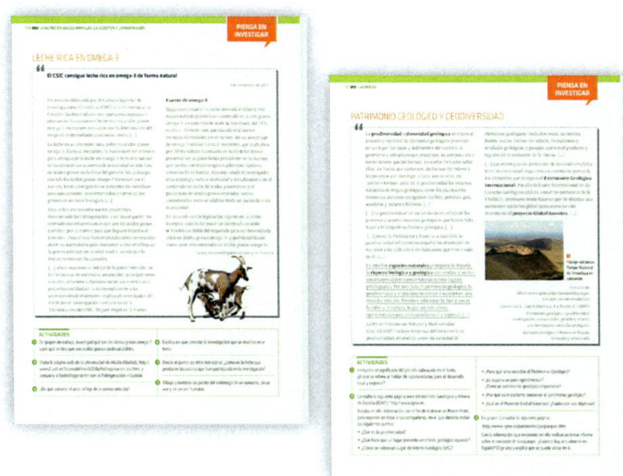

ACTIVIDADES PROPUESTAS Y EVALUACIÓN

Doble página de actividades propuestas para practicar los contenidos tratados en la unidad, y una última página con una evaluación final.

- **Diario de aprendizaje:** pregunta para la reflexión del alumno sobre su proceso de aprendizaje.

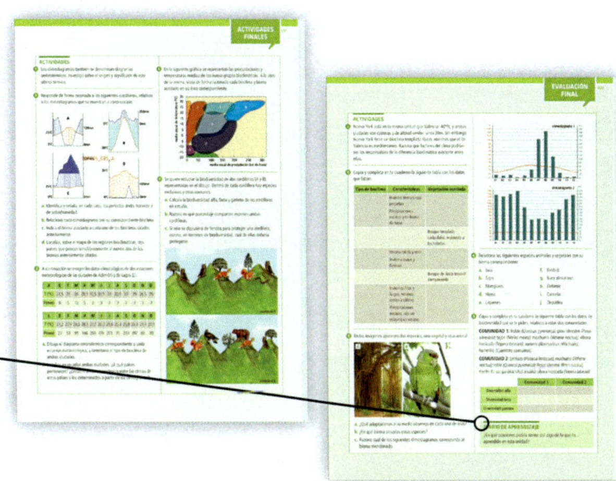

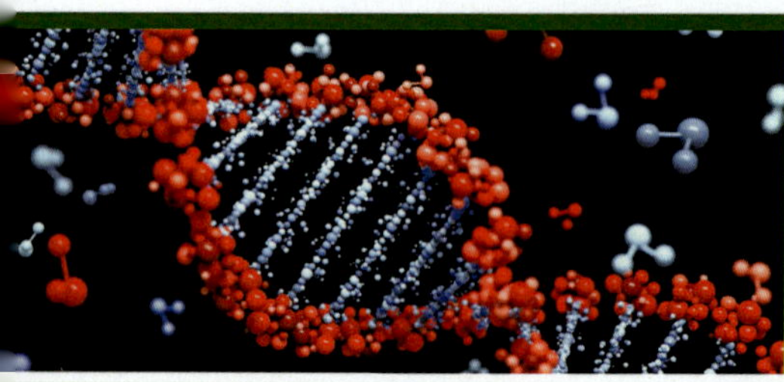

01 NIVELES DE ORGANIZACIÓN Y BASE MOLECULAR DE LA VIDA

NIVELES DE ORGANIZACIÓN

BIOELEMENTOS

Son los elementos químicos que constituyen la materia viva. Son comunes a esta y a la materia inerte.

FUNDAMENTALES

Resultan indispensables para la formación de las biomoléculas.

SECUNDARIOS

Aparecen formando las sales minerales normalmente disociadas en sus iones.

OLIGOELEMENTOS

Desempeñan funciones catalíticas que los hacen indispensables para la vida.

BIOMOLÉCULAS INORGÁNICAS

Existen tanto en la materia viva como en la inerte.

AGUA

Molécula constituida por H y O, en proporción 2:1.

Se trata de un dipolo eléctrico.

Las moléculas de agua se encuentran enlazadas entre sí mediante enlaces de hidrógeno.

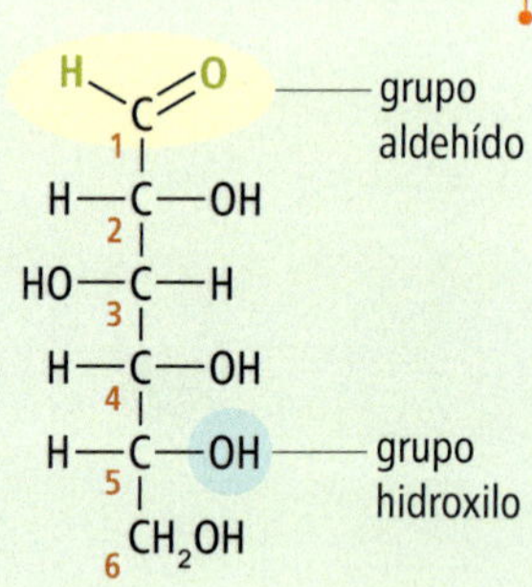

SALES MINERALES

Se clasifican según su facilidad para disociarse en sus iones constituyentes en presencia de agua.

Insolubles en agua

Forman estructuras esqueléticas que desempeñan funciones protectoras y de sostén.

Solubles en agua

Se encuentran disociadas en forma de aniones y cationes.

BIOMOLÉCULAS ORGÁNICAS

Son exclusivas de la materia viva.

GLÚCIDOS

Son biomoléculas constituidas por carbono, hidrógeno y oxígeno. También se denominan azúcares o hidratos de carbono.

MONOSACÁRIDOS

Integran todos los glúcidos en una o más unidades.

En la célula desempeñan funciones energéticas.

- Glucosa
- Fructosa
- Ribosa
- Ribulosa

DISACÁRIDOS Y POLISACÁRIDOS

Los disacáridos proceden de la unión de dos monosacáridos mediante enlace O-glucosídico. Los polisacáridos son polímeros lineales, ramificados o no, de miles de monosacáridos unidos también por enlaces O-glucosídico.

- Maltosa (disacárido)
- Lactosa (disacárido)
- Almidón (polisacárido)
- Glucógeno (polisacárido)
- Celulosa (polisacárido)
- Quitina (polisacárido)

ACTIVIDADES

1. Completa y amplía este mapa conceptual con las características y fórmulas de todos los tipos de biomoléculas inorgánicas y orgánicas.
2. Nombra los seis bioelementos fundamentales, los cinco secundarios y al menos cuatro oligoelementos.
3. Indica las 2 funciones exclusivas que realizan las proteínas en la célula.
4. Cita tres vitaminas liposolubles y tres hidrosolubles.

LÍPIDOS

Formados por carbono, hidrógeno y oxígeno, aunque algunos contienen fósforo, nitrógeno y azufre.

Son untuosos al tacto e insolubles en agua, pero solubles en disolventes orgánicos.

Ácidos grasos

Son ácidos orgánicos integrados por una cadena lineal hidrocarbonada, con un número par de átomos de carbono.

Glicerolípidos

Formados por esterificación de una molécula de glicerina con una, dos o tres moléculas de ácidos grasos.

Glicerofosfolípidos

Formados por esterificación de la glicerina con dos ácidos grasos y un ácido fosfórico que a su vez está unido a un compuesto polar nitrogenado.

Esteroles

Son lípidos no saponificables que desempeñan importantes funciones metabólicas.

PROTEÍNAS

Formadas por carbono, hidrógeno, oxígeno y nitrógeno, aunque con frecuencia incorporan fósforo, azufre y oligoelementos.

Se trata de polímeros lineales, no ramificados de moléculas de aminoácidos.

La unión entre aminoácidos se denomina enlace peptídico.

ÁCIDOS NUCLEICOS

Formados por carbono, hidrógeno, oxígeno, nitrógeno y fósforo. Son polímeros lineales no ramificados de unos monómeros, denominados nucleótidos.

Ácido desoxirribonucleico (ADN)

Formado por la asociación de dos cadenas polinucleotídicas antiparalelas que adoptan una estructura tridimensional en doble hélice, mantenida mediante enlaces de hidrógeno que se establecen entre pares de bases complementarias: adenina-timina y guanina-citosina.

Ácido ribonucleico (ARN)

Es monocatenario y se sintetiza por transcripción, a partir de las secuencias de bases del ADN.

- ARN mensajero (ARNm)
- ARN ribosómico (ARNr)
- ARN transferente (ARNt)

VITAMINAS

Son un grupo de sustancias orgánicas de naturaleza variada que el organismo necesita en muy pequeñas cantidades, pero que resultan imprescindibles para un desarrollo adecuado.

Liposolubles

Se incluyen dentro del grupo de los lípidos, por lo que son solubles en disolventes orgánicos.

Se ingieren y almacenan en el organismo en forma de provitaminas, a partir de las cuales el individuo sintetiza la correspondiente vitamina.

Hidrosolubles

Muchas de ellas incluyen nucleótidos en su estructura.

Son imprescindibles para el correcto funcionamiento de muchas enzimas, por lo que desempeñan funciones metabólicas.

PROCEDIMIENTOS DE LA CIENCIA

Ensayos bioquímicos de identificación de biomoléculas orgánicas

Estos ensayos bioquímicos específicos permiten determinar la presencia de glúcidos, lípidos y proteínas en una muestra biológica.

Reacciones de identificación de glúcidos

Reacción de Fehling

La reacción de Fehling se usa para la determinación de azúcares reductores. Requiere dos soluciones acuosas:

- **Fehling A.** Solución acuosa de sulfato de cobre (II) ($CuSO_4$) al 3,5 %. Este reactivo es de color azul.
- **Fehling B.** Solución acuosa concentrada de tartrato sodopotásico e hidróxido de sodio. La función del reactivo de Fehling B es alcalinizar el medio de reacción.

El ensayo de Fehling se basa en el poder reductor de los monosacáridos y algunos disacáridos. Los electrones liberados durante la formación del enlace hemiacetal, reducen el sulfato de cobre (II) a óxido de cobre (I), Cu_2O, que forma un precipitado de color rojo-ladrillo. Si un glúcido reduce el reactivo de Fehling, aparecerá el color rojo característico, se dice que es un azúcar reductor y la reacción de Fehling es positiva.

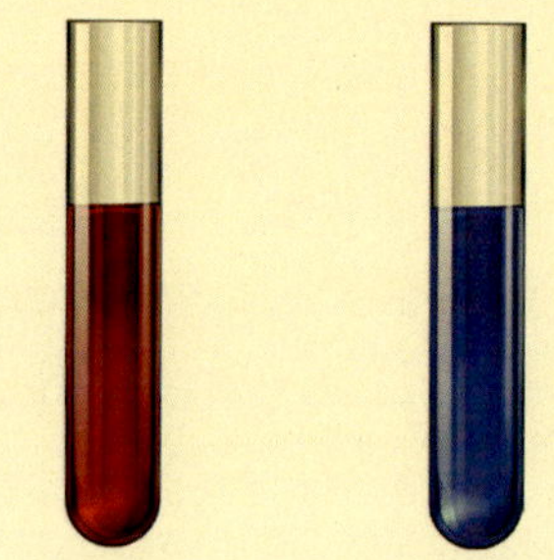

Reacción de Fehling positiva.

Reacción de Fehling negativa.

Reacción de lugol

El lugol es una disolución acuosa de yodo molecular (I_2) y yoduro de potasio (KI) que se utiliza para identificar polisacáridos ramificados, como el almidón y el glucógeno. El yodo forma con ellos complejos moleculares, caracterizados por presentar distintos colores según las ramificaciones que presente la molécula de polisacárido: azul-violáceo, en el caso del almidón, y rojizo, en el caso del glucógeno.

Amiloplastos de patata teñidos de azul-violáceo con solución de lugol.

Reacciones de identificación de lípidos (grasas)

Reacción de sudán III

La reacción de sudán III es un método utilizado para determinar la presencia de triglicéridos. El sudán III es un colorante insoluble en agua. Debido a que es más soluble en las grasas que en el medio en el que va disuelto (alcohol/acetona), al mezclarlo con grasa tiende a disolverse en esta, que se va cargando del colorante y adquiere una típica coloración anaranjada (reacción de sudán III positiva). Si en el medio no hay grasas, la reacción de sudán III dará negativa.

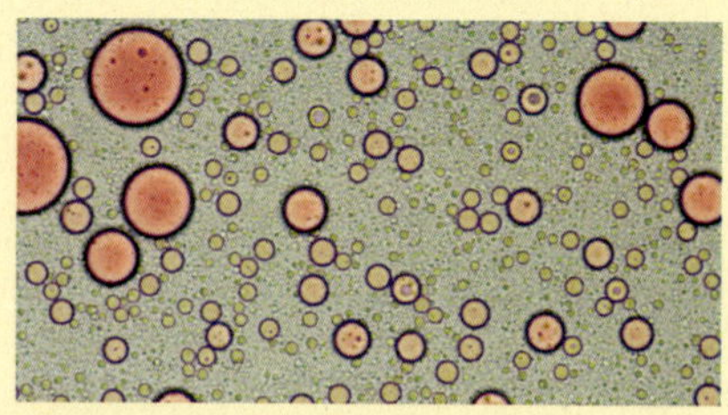

Glóbulos de grasa de leche teñidos de naranja por sudán III.

Reacciones de identificación de proteínas

Reacción de Biuret

En la reacción de Biuret se emplean los mismos reactivos de Fehling usados con los glúcidos.

Se trata de una reacción típica de los enlaces peptídicos que unen los aminoácidos. En ella los átomos de cobre del reactivo Fehling A ($CuSO_4$) se unen a los grupos NH de los enlaces peptídicos, lo que produce una coloración violácea característica. Esta reacción es negativa cuando se realiza con dipéptidos o con aminoácidos.

Análisis bioquímico de los principios inmediatos de la leche

Con los ensayos bioquímicos anteriormente descritos, vamos a identificar algunos de los principios inmediatos (azúcares reductores, grasas y proteínas) presentes en la leche entera de vaca.

Materiales

- Leche entera de vaca.
- Reactivos de Fehling A y B.
- Sudán III: solución alcohólica al 0,5 %.
- Gradilla con tubos de ensayo.
- Pinzas de madera.
- Mechero.

Reconocimiento de glúcidos y proteínas en la leche: reacción de Fehling y reacción de Biuret

1. Coloca 2 mL de leche en un tubo de ensayo.
2. Añade 10 gotas de Fehling A y 10 gotas de Fehling B.
3. Agita fuertemente y comprueba el color que aparece.
4. Anota e interpreta los resultados.
5. Calienta a continuación la mezcla suavemente, sin llevarla a ebullición.
6. Comprueba si se produce algún cambio de color.
7. Anota e interpreta los resultados.

Reconocimiento de grasas en la leche: reacción de sudán III

1. Coloca 2 mL de leche en un tubo y añade de 3 a 5 gotas de sudán III.
2. Agita fuertemente y comprueba el color que aparece.
3. Anota e interpreta los resultados.

A. Protocolo de las reacciones de: 1. Biuret y 2. Fehling.

B. Protocolo de la reacción de sudán III.

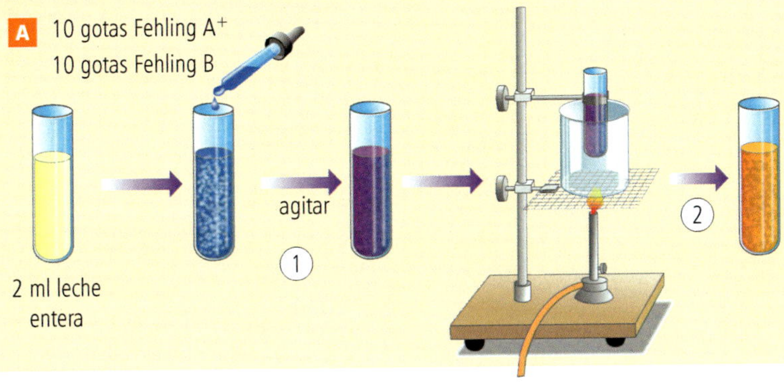

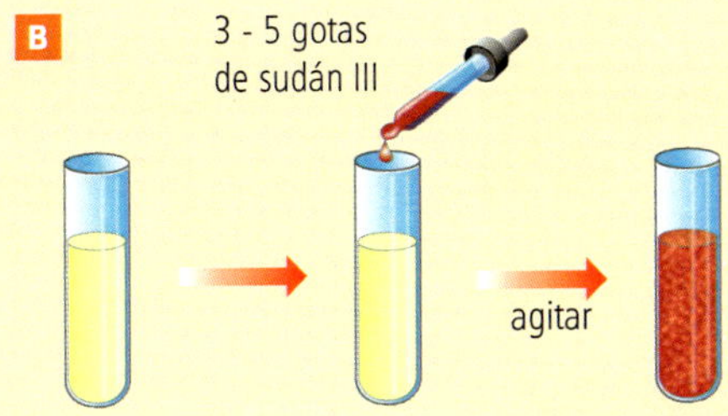

ACTIVIDADES

1. Copia y completa el siguiente cuadro anotando el color que has observado en cada uno de los ensayos realizados:

Reacción de sudán III	Reacción de Fehling	Reacción de Biuret

2. Razona si la reacción de sudán III es positiva o negativa. ¿Qué significa una reacción de sudán III positiva?
3. ¿Por qué cambia de color la mezcla de leche y reactivos de Fehling al calentarla? ¿Qué nos indica este cambio?
4. ¿Cómo se llama el azúcar de la leche? ¿Tiene poder reductor? ¿Cómo lo has deducido?
5. Sin necesidad de hacer la reacción de lugol, razona si daría positiva en la leche para la presencia de almidón.
6. ¿Por qué si el reactivo de Fehling A es de color azul, al añadirlo a la leche aparece casi instantáneamente una coloración violácea?
7. ¿Qué principios inmediatos has podido identificar en tu muestra de leche?

CERDOS IBÉRICOS BAJOS EN GRASA

Modifican el metabolismo de los cerdos para que generen carne con un menor contenido en grasa

14 de enero de 2013

Un grupo de investigación del Instituto de Nutrición Animal de la Estación Experimental del Zaidín (EEZ) de Granada, perteneciente al Consejo Superior de Investigaciones Científicas (CSIC), ha conseguido alterar el metabolismo en cerdos obesos produciendo carne más magra y con menos contenido en grasa.Para ello ha utilizado dos sustancias naturales, la betaína y el ácido linoleico conjugado (CLA), en la dieta de los cerdos ibéricos. [...]

[...] La betaína es un derivado del aminoácido glicina, y el CLA es un derivado del ácido linoleico, un ácido graso esencial. Estos investigadores de la EEZ han usado estas sustancias como modificadores metabólicos por su capacidad de alterar el depósito de proteína y grasa en el organismo animal, disminuyendo el tejido adiposo y aumentando el músculo, además de incrementar la velocidad de crecimiento [...]

[...] «Estas propiedades son de claro interés para los productores de carne, pero también en nutrición humana donde, actualmente, el sobrepeso es una plaga presente en todas las sociedades desarrolladas», explica Ignacio Fernández-Fígares Ibáñez, investigador principal de este estudio científico.

En ratones y ratas, los modelos más frecuentemente usados en investigación biomédica, se ha descrito que el CLA puede inducir resistencia a la insulina, inflamación del hígado (hepatomegalia) e hígado graso. [...]

[...] Para dilucidar posibles mecanismos de acción de estos modificadores metabólicos, así como sus efectos secundarios, este grupo de científicos de la EEZ eligió al cerdo Ibérico, una raza de crecimiento lento y con tendencia a la obesidad. [...]

[...]«La suplementación con betaína dio lugar a un uso más eficiente de la proteína ingerida. [...]. El CLA redujo la síntesis de triglicéridos en tejido adiposo, lo que originó una mayor concentración de triglicéridos en plasma. Aunque el perfil lipídico en plasma se modificó por la suplementación con CLA, los hígados fueron histológicamente normales y su contenido en triglicéridos no cambió. Tras una sobrecarga oral de glucosa, los animales suplementados con CLA tuvieron mayor concentración plasmática de glucosa e insulina. Sin embargo, otros índices de resistencia a insulina fueron similares a los cerdos alimentados con dieta control», aclara Ignacio Fernández-Fígares. [...]

[...] «Si el CLA induce o no resistencia a la insulina es todavía una cuestión abierta a debate», concluye el investigador principal del proyecto.

EEZ-CSIC GRANADA
Estación Experimental del Zaidín
http://www.eez.csic.es/?q=es/node/6591

Cerdo ibérico en dehesa.

ACTIVIDADES

1. La fórmula de la betaína es la siguiente:

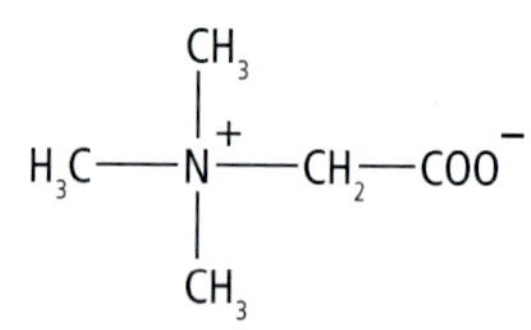

   a. ¿Podría considerarse la betaína como un aminoácido? Razona tu respuesta.
   b. Realiza los cambios necesarios para obtener un aminoácido a partir de la betaína. ¿Cuál es el nombre de ese aminoácido?
   c. Documéntate sobre el origen del nombre betaína.

2. ¿Qué es el ácido linoleico? ¿Dónde se encuentra? ¿Es saturado o insaturado? Investiga y escribe sus fórmulas.

3. Formula un triglicérido utilizando el ácido linoleico.

4. ¿Qué es la insulina? ¿Qué glándula la produce? ¿Qué relación tiene con la glucosa?

ACTIVIDADES

1 En el curso de una reacción metabólica se produce liberación de protones, pero el pH celular no experimenta una variación significativa. ¿Qué tipo de biomoléculas regulan el pH celular? Pon un ejemplo.

2 Tras desprenderlos de su cáscara, estos huevos se han mantenido un tiempo en un medio hipotónico uno de ellos, y en uno hipertónico el otro. Razona qué huevo ha estado en cada tipo de medio.

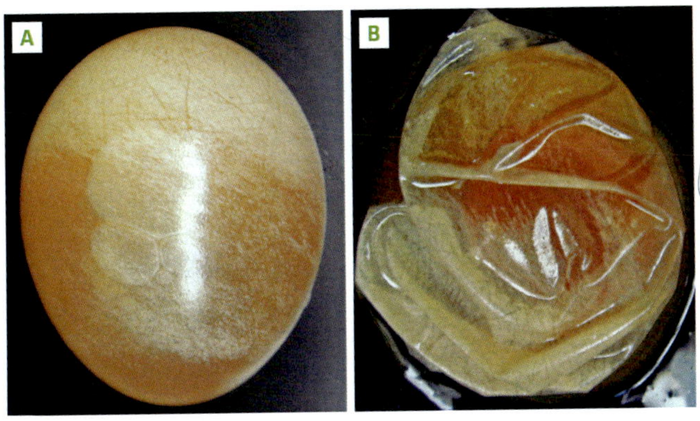

3 Señala cuáles de las siguientes funciones son realizadas por las sales minerales solubles en agua.

a. Regulan el pH.

b. Intervienen en la transmisión del impulso nervioso.

c. Catalizan las reacciones del metabolismo.

d. Forman esqueletos o caparazones.

4 Escribe las fórmulas estructurales de los siguientes compuestos: gliceraldehído (aldotriosa), dihidroxiacetona (cetotriosa).

5 Razona si es cierta esta afirmación: «Todos los azúcares son dulces».

6 Mastica un trozo de pan sin sal durante un tiempo, sin tragarlo. Notarás un ligero sabor dulce.

a. ¿A qué se debe este sabor?

b. ¿Qué tipo de glúcido es el componente principal del pan?

c. ¿Qué función tiene y en qué otros alimentos abunda?

7 Razona cuáles de las siguientes afirmaciones son correctas. Ten en cuenta lo que respondiste en la pregunta anterior.

a. El pan, antes de masticarlo e insalivarlo, da una reacción de lugol positiva y adquiere un color azul oscuro.

b. El pan siempre toma color azul con el lugol, ya sea antes o después de masticarlo e insalivarlo.

c. El pan nunca da una reacción de lugol positiva.

d. Los glúcidos mayoritarios en el pan antes de comerlo son disacáridos.

8 Observa la siguiente molécula:

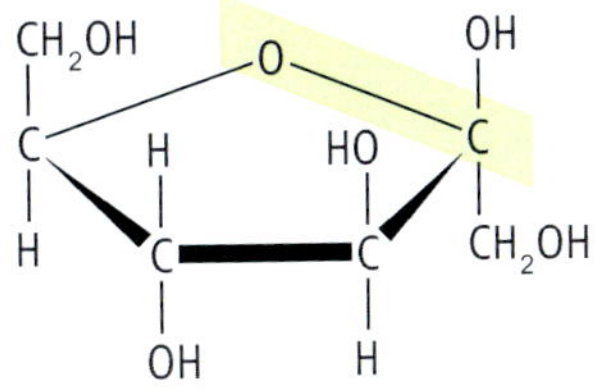

a. ¿Cómo se llama el enlace señalado en verde? ¿Y la molécula representada?

b. Nombra un disacárido del cual forme parte e indica su función.

9 Observa la siguiente molécula:

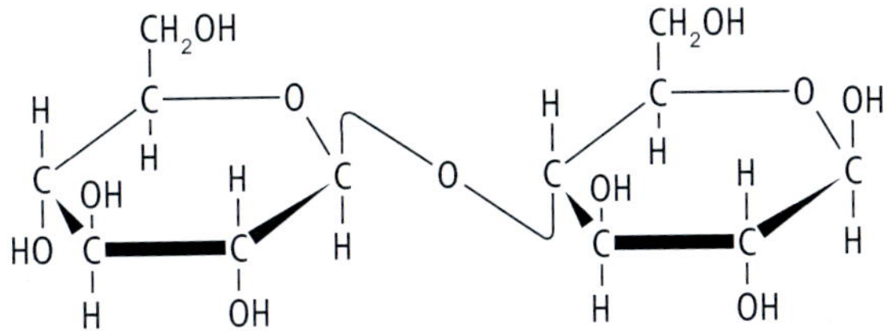

a. Clasifícala e indica su función en la célula.

b. ¿Cómo se llaman los monómeros que la constituyen y el enlace que los une?

10 Razona si la biomolécula de la actividad anterior tiene poder reductor. ¿Cómo se llama la prueba bioquímica mediante la cual se identifica el poder reductor?

11 ¿Qué prueba bioquímica de cambio de coloración permite diferenciar el almidón del glucógeno?

12 Esta fórmula representa una biomolécula:

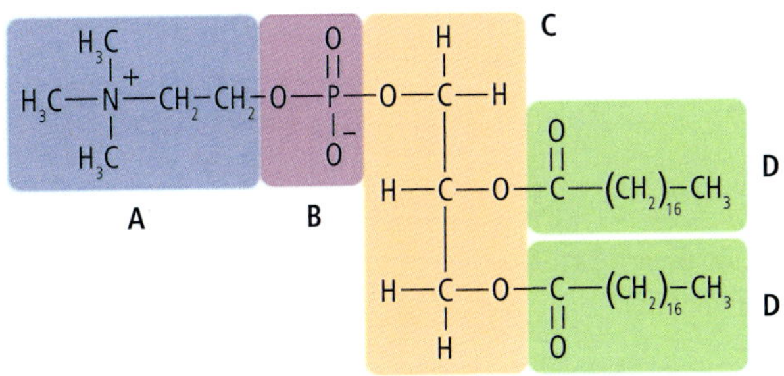

a. ¿A qué grupo de biomoléculas pertenece? Clasifícala.

b. Nombra los componentes señalados y los enlaces que los unen (A-B; B-C; C-D).

c. ¿Qué estructura celular forman? ¿A qué propiedad se debe?

13 La biomolécula de la actividad anterior, ¿es saponificable o insaponificable? ¿Por qué?

ACTIVIDADES

14 ¿Qué tipo de molécula se representa en la ilustración? Formula con ella una grasa.

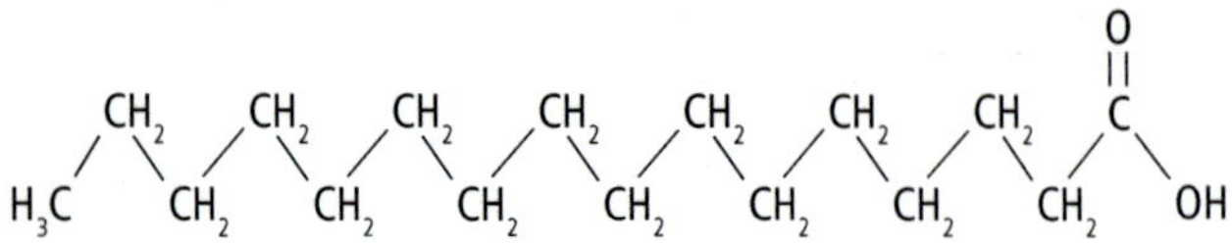

15 Observa la siguiente molécula:

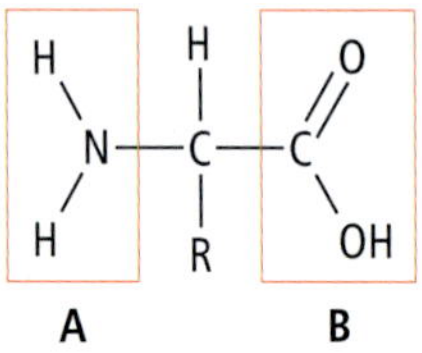

a. ¿Cómo se llama? Nombra los grupos señalados.

b. ¿Qué tipo de biomoléculas se fabrican a partir de ella?

c. ¿Cómo se llama el enlace que las une? Formúlalo.

16 La clara de huevo es una proteína (ovoalbúmina).

a. Explica qué proceso tiene lugar en la clara de huevo cuando la calentamos.

b. ¿Crees que le ocurrirá lo mismo si añadimos un ácido o un alcohol? Razona tu respuesta.

17 Usando las fórmulas de la citosina y de la guanina, escribe la fórmula de un ribonucleótido de guanina y de un desoxirribonucleótido de citosina.

18 Nombra las moléculas que aparecen a continuación.

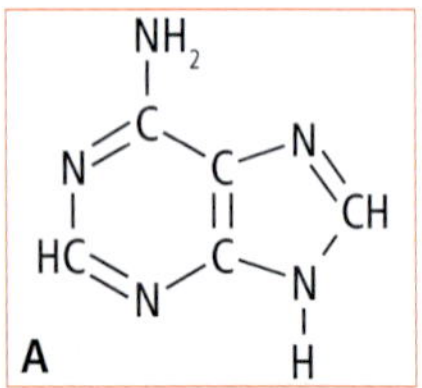

A

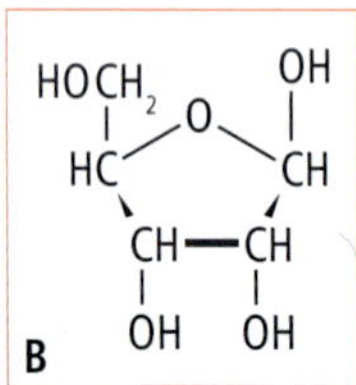

B

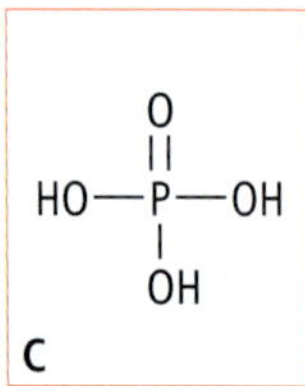

C

19 Formula con las moléculas de la actividad anterior una molécula de ATP y señala el nombre de los enlaces que se establecen entre sus componentes. ¿Cuál es la función del ATP?

20 ¿Qué molécula aparece representada en la fotografía?

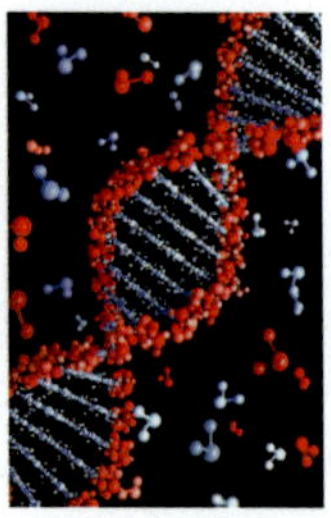

a. ¿Cuáles son sus monómeros constituyentes? ¿Cómo se llama el enlace que se establece entre ellos?

b. ¿Qué moléculas los integran? Nombra los enlaces que unen estas moléculas entre sí.

21 De los cuatro grupos de biomoléculas, dos comparten la propiedad de la especificidad. ¿Cuáles son? ¿En qué radica esta propiedad?

22 Relaciona las siguientes funciones con el tipo o tipos de biomoléculas que las desempeñan en la célula.

a. En ella se fija el CO_2 durante la fase oscura de la fotosíntesis.

b. Regula la temperatura corporal.

c. Catalizan las reacciones metabólicas.

d. Constituye la reserva energética en los animales.

e. Es la base estructural de las membranas celulares.

f. Forma la pared celular de las células vegetales.

g. Forma el exoesqueleto de los Artrópodos.

h. Forman los anticuerpos.

i. Constituye la reserva energética en el tejido adiposo.

23 Nombra, clasifica e indica la función en el organismo de las vitaminas más abundantes en los siguientes alimentos: queso, huevos, salmón y nueces.

24 Observa las siguientes fotografías de alimentos.

A

B

a. ¿Qué biomolécula está presente mayoritariamente en cada uno de ellos?

b. ¿Qué ensayo bioquímico usarías para identificarla?

ACTIVIDADES

1 Asocia las siguientes características con algún tipo de biomoléculas y contesta a las preguntas referidas a ellas:

a. Son específicas y al someterlas a modificaciones en las condiciones fisiológicas se desnaturalizan.

¿Cómo se llaman las unidades que las forman? ¿Cómo se llama el enlace que une estas unidades? Formula dicho enlace.

b. Con disolución de lugol adquieren un color azul oscuro característico.

¿Cómo se llaman las unidades que las forman? ¿Cómo se llama el enlace que une estas unidades? Formula dicho enlace.

2 Relaciona cada uno de los siguientes enlaces con un grupo o grupos de biomoléculas en las que podamos encontrarlos:

a. Fosfodiéster.

b. Éster.

c. Éster fosfórico.

d. N-glucosídico.

e. Peptídico.

f. Hemiacetal.

3 A continuación se representan cuatro biomoléculas. Responde a las cuestiones referidas a ellas:

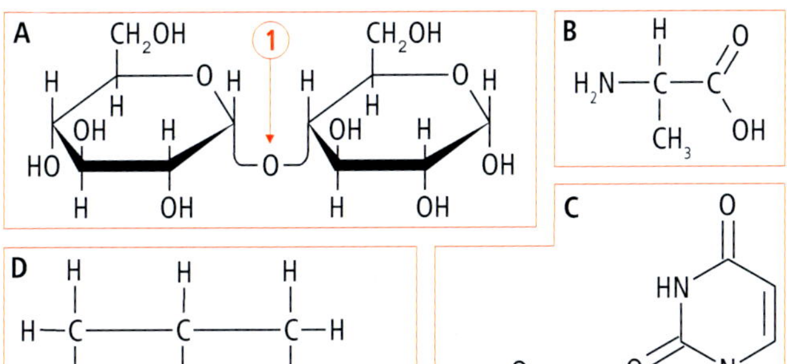

a. Identifica cada una de las biomoléculas representadas.

b. Nombra los enlaces señalados e indica los grupos entre los que se establecen.

c. ¿Cuál de esas moléculas tiene poder reductor? ¿Por qué?

d. ¿Cuáles son dulces y solubles en agua?

e. ¿Con cuál de las moléculas representadas se podría realizar una reacción de saponificación?.

Indica los sustratos y los productos obtenidos en una reacción de saponificación a partir de la molécula citada.

f. Razona dónde encontraremos la molécula C, ¿en el ADN o en el ARN?

4 Identifica, de forma razonada, la biomolécula de la imagen. Dibújala en tu cuaderno con su cadena complementaria.

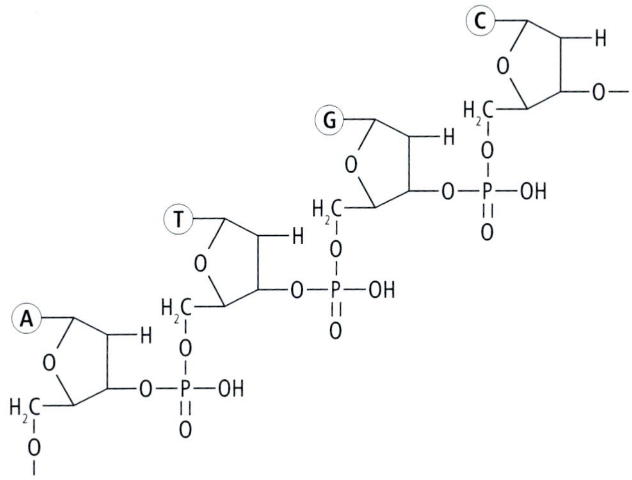

5 Lee el siguiente texto y responde a continuación a las preguntas:

> Cuando los biólogos hablan de moléculas de la vida, suelen tener en mente el ADN —portador de los genes— y las proteínas. Es fácil pasar por alto la biomolécula más importante de todas, la que proporciona la auténtica matriz en que la vida se desenvuelve: el agua. [...]
>
> El agua proporciona el pegamento que mantiene las paredes de las células juntas [...].
>
> Así, las moléculas de lípidos con forma de muela que forman las membranas celulares se juntan en una doble capa con sus raíces enfrentadas. Estas raíces están compuestas de grupos hidrofóbicos, pero la corona de esas muelas es un grupo de átomos hidrofílicos. Gracias a esta configuración, las caras exteriores de la membrana son afines al agua y su interior la repele [...]
>
> Artículo publicado en Nature News Service, de H. Gee, y reproducido en *El País*, 25-11-98

a. ¿Qué son las moléculas de la vida?

b. ¿A qué tipo de lípidos se refiere el texto? ¿Qué moléculas forman las «raíces» hidrofóbicas en estos lípidos? ¿Cuáles forman las «muelas» hidrofílicas?

DIARIO DE APRENDIZAJE

¿He cumplido el objetivo que me planteé en esta unidad?

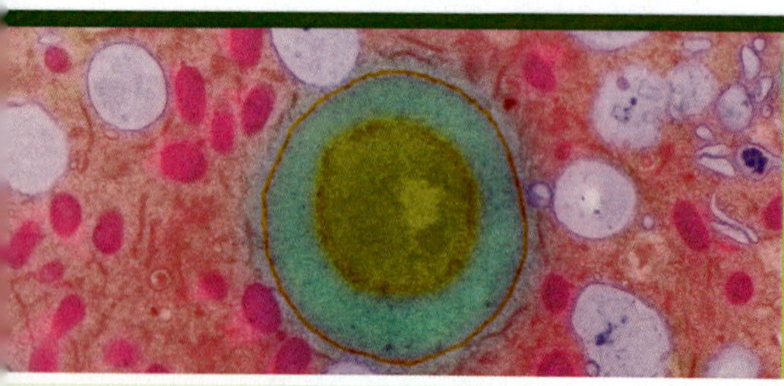

02 LA CÉLULA

LA CÉLULA

TEORÍA CELULAR

La célula es la unidad de vida más elemental. Se define como la unidad estructural, funcional, reproductiva y genética de los seres vivos.

ORGANIZACIÓN CELULAR

CÉLULA PROCARIOTA

Son las células propias de las bacterias.

CÉLULA EUCARIOTA

- Célula eucariota animal
- Célula eucariota vegetal

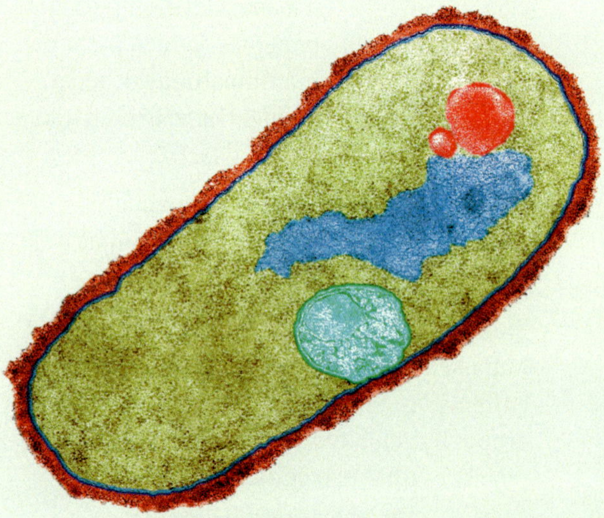

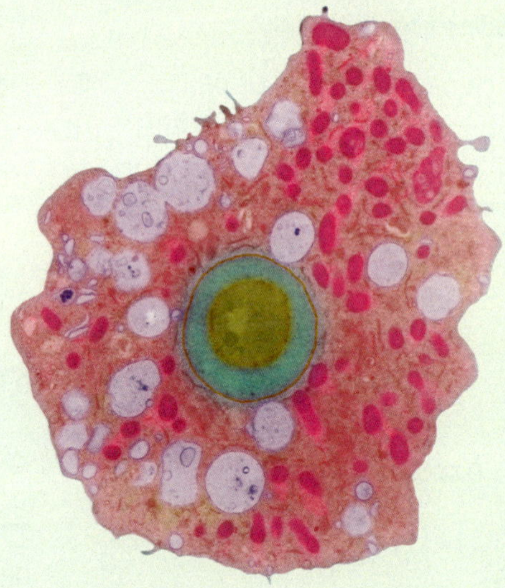

ACTIVIDADES

1 Amplía este mapa conceptual respondiendo a las siguientes cuestiones. Incluye imágenes cuando sea posible.

a. Indica las diferencias entre una célula procariota y eucariota, y entre una célula animal y vegetal.

b. Explica las características de los tipos de catabolismo y anabolismo.

c. Describe cada fase de la mitosis y la meiosis.

d. Compara las características de la mitosis y la meiosis en una tabla.

e. Justifica la definición de célula según la teoría celular.

f. Explica las características y funciones de las estructuras y orgánulos que observas en las imagenes de las células procariota y eucariota.

NUTRICIÓN CELULAR

El metabolismo es el conjunto de reacciones químicas, catalizadas por enzimas, mediante las cuales los seres vivos son capaces de utilizar la materia y la energía del medio para obtener energía y construir y renovar sus estructuras.

CATABOLISMO

Es una etapa metabólica que comprende las rutas degradativas. Se obtiene energía (ATP).

- Respiración
- Fermentación

ANABOLISMO

Es la etapa metabólica que incluye todas las rutas biosintéticas en las que moléculas sencillas son reducidas para fabricar moléculas orgánicas.

- Autótrofo
- Heterótrofo

REPRODUCCIÓN CELULAR (CICLO CELULAR)

El **ciclo celular** es el periodo de tiempo que transcurre desde que una célula se divide hasta que lo hacen sus células hijas.

INTERFASE

Es el periodo, transcurrido entre dos divisiones, durante el cual la célula crece y duplica su ADN.

Se divide en tres fases: G1, S y G2.

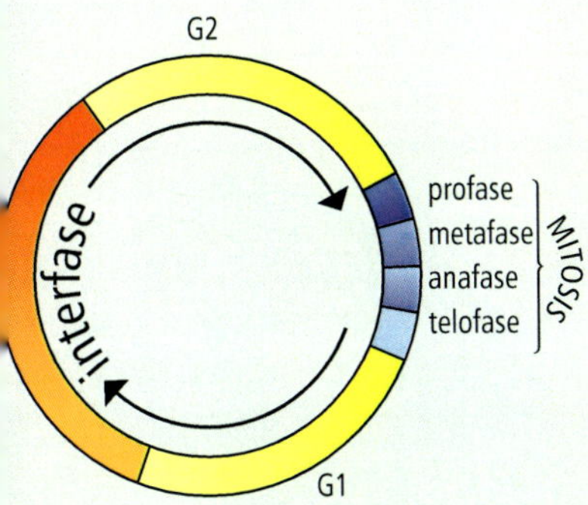

DIVISIÓN CELULAR

Mitosis

Origina dos células hijas con el mismo número de cromosomas que su célula madre.

Consta de cuatro etapas: profase, metafase, anafase y telofase.

Meiosis

Se originan cuatro células hijas con la mitad de cromosomas que la célula de la que proceden (parental).

Está vinculada a los mecanismos de reproducción sexual.

En el proceso meiótico se requieren dos divisiones nucleares consecutivas: la meiosis I y la meiosis II. Entre ambas fases el ADN no se replica.

Citocinesis

Es la división del citoplasma.

PROCEDIMIENTOS DE LA CIENCIA

El microscopio óptico compuesto

Es un sistema constituido por dos lentes de aumento, el ocular y el objetivo, que permite observar estructuras microscópicas aumentadas mediante la utilización de la luz visible.

1 El sistema óptico

Ocular. Lente situada en la parte superior del microscopio, cerca del ojo del observador.

Objetivo. Lente situada cerca de la preparación.

Cálculo de los aumentos del microscopio

Los aumentos del microscopio se calculan multiplicando los aumentos del ocular por los del objetivo.

Los más usuales en los oculares son 5x o 10x, y en los objetivos, 4x, 10x, 40x y 100x.

El objetivo de inmersión

El objetivo 100x se denomina **objetivo de inmersión** porque, para usarlo adecuadamente y obtener una imagen nítida, es necesario interponer un aceite especial, el **aceite de inmersión,** entre dicho objetivo y el cubreobjetos.

De esta forma:

- Se iguala el índice de refracción del medio interpuesto entre el preparado y el objetivo con el índice de refracción del vidrio.
- Se evita la distorsión de la imagen.
- Se consigue una imagen de máximo aumento y perfectamente enfocada.

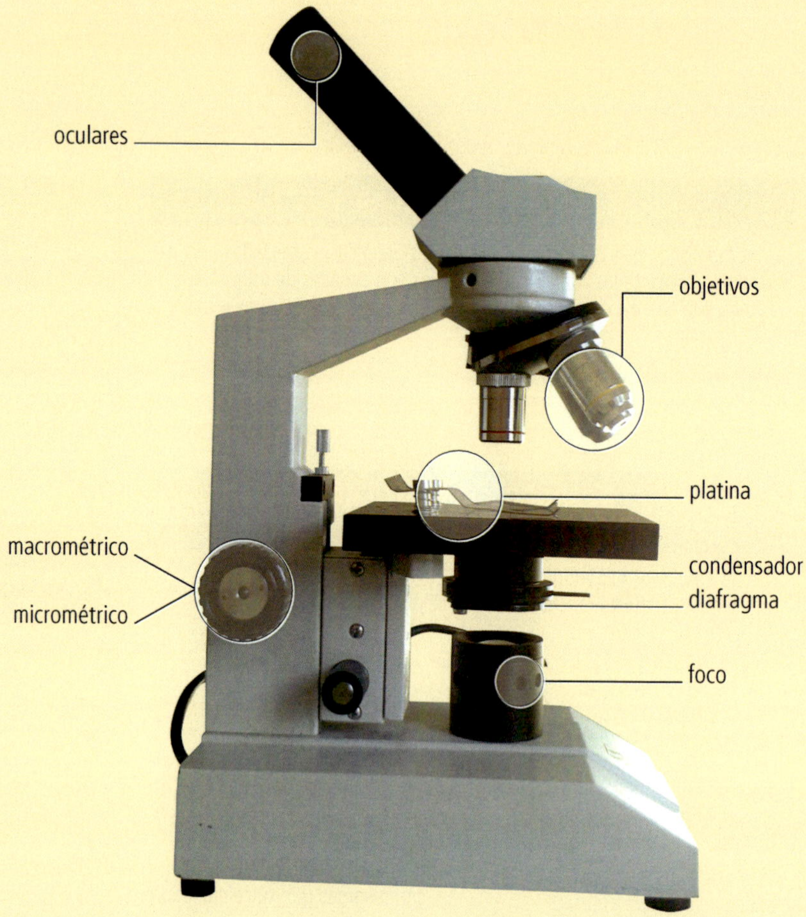

ACTIVIDADES

Interpretación de observaciones microscópicas

Trabaja y responde a las cuestiones propuestas en relación con las preparaciones microscópicas de las imágenes, correspondientes a la misma célula pero observadas con diferentes aumentos.

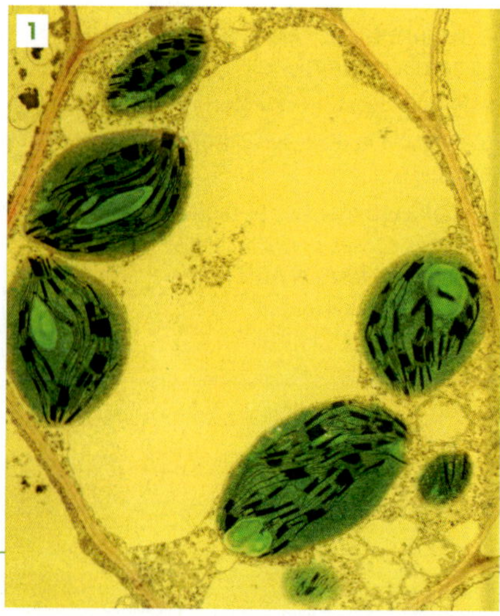

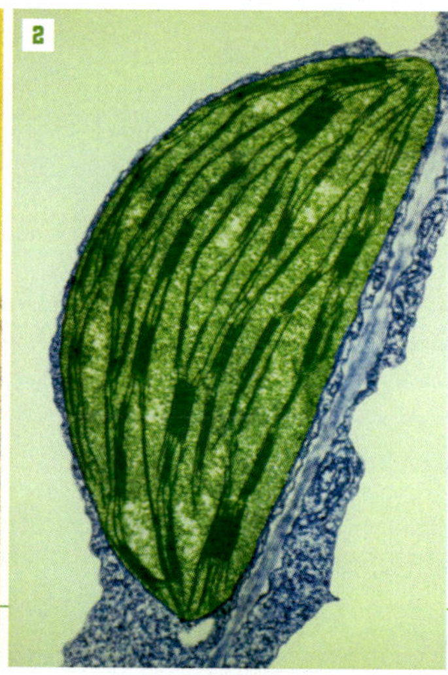

2 La iluminación

Condensador. Lente que concentra los rayos luminosos sobre la preparación.

Diafragma. Dispositivo que regula la cantidad de luz que entra en el condensador. En muchos casos la falta de iluminación se debe a un diafragma cerrado.

Foco. Dispositivo que emite los rayos luminosos hacia el condensador. La luz del foco atraviesa la preparación y el sistema óptico del microscopio.

3 La preparación

El portaobjetos, con la muestra teñida y montada, se coloca con el cubreobjetos hacia arriba sobre la **platina,** de forma que la muestra coincida con el eje del objetivo.

La tinción en microscopía óptica

La tinción es una técnica utilizada en microscopía para mejorar el contraste en la imagen vista al microscopio. Es necesaria porque las muestras biológicas o bien son transparentes o bien demasiado claras, y por tanto las estructuras que las integran no pueden distinguirse si no se colorean.

Uno de los colorantes más empleados es el azul de metileno, colorante vital que no mata las células y se usa para observaciones *in vivo.*

El proceso de tinción comprende tres fases:

Tinción. La muestra se coloca sobre el portaobjetos y se cubre con el colorante, que se deja actuar durante unos minutos.

Lavado. Tras la tinción, el exceso de colorante se elimina mediante lavado.

Montaje. La muestra, teñida y lavada, se cubre con un cubreobjetos, cuya misión es proteger tanto esta como las lentes del objetivo.

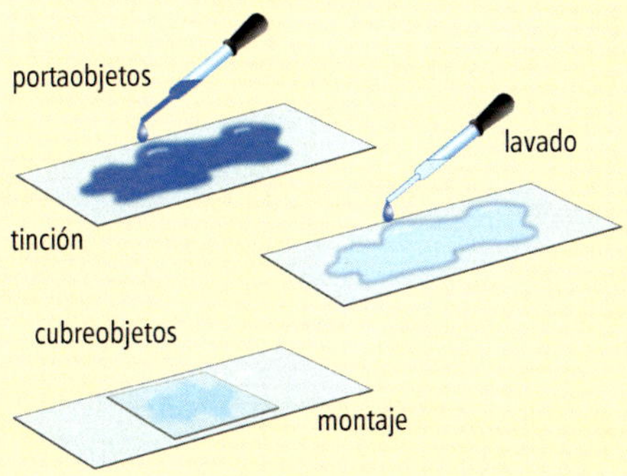

4 El enfoque

Tornillo macrométrico. Aproxima el enfoque. Mirando desde fuera, se baja el objetivo con el tornillo macrométrico hasta casi tocar la preparación. A continuación, mirando por el ocular, se enfoca alejando lentamente el objetivo de la misma.

Tornillo micrométrico. Permite lograr un enfoque correcto (ajuste fino) y alcanzar la máxima nitidez. Con los objetivos de más aumentos solo se debe usar el tornillo micrométrico, ya que de lo contrario se podría romper el preparado histológico.

ACTIVIDADES

1 Estas preparaciones, ¿corresponden a una célula vegetal o a una animal? ¿Cómo lo has sabido?

2 Supón que hubiéramos trabajado con un ocular de 15x y dos objetivos diferentes: 4x y 100x. Razona cuál de las dos preparaciones se correspondería con cada objetivo e indica el número de veces que estaría aumentada cada una de ellas.

Preparación n.º 1:

1. Haz un dibujo de la célula de la imagen, con los orgánulos que observes en ella, e indica los nombres de estos.
2. ¿Cómo se denominan los orgánulos de color verde?
3. Dibuja uno de estos orgánulos e identifica sus partes sobre el dibujo.
4. ¿Cuál es la función de estos orgánulos?
5. ¿Por qué tienen color verde?

Preparación n.º 2:

1. Haz un dibujo de lo observado e indica sobre el mismo el nombre de las estructuras que reconozcas.
2. ¿Qué importante ruta anabólica ocurre en la región coloreada de un tono verde claro?
3. ¿Qué importantes reacciones fotoquímicas ocurren en las estructuras coloreadas en tono verde oscuro?

PIENSA EN INVESTIGAR

BACTERIAS CON ANABOLISMO MIXTO: AUTÓTROFAS Y HETERÓTROFAS

Descubren que una bacteria utiliza la luz y fija hasta el 30 % de su carbono a partir de CO_2 en los océanos

19/08/2014

Un estudio internacional en el que participan científicos del Consejo Superior de Investigaciones Científicas (CSIC) ha descubierto que una bacteria presente en los océanos, *Dokdonia* sp., utiliza la luz y fija hasta el 30 % de su carbono a partir de CO_2. Este hallazgo altera, según los investigadores, las rutas habituales que construyen la biogeoquímica del océano.

Las bacterias controlan los ciclos de los elementos y los flujos de la energía en los océanos. Las cianobacterias y las algas realizan la fotosíntesis usando la energía de la luz para fijar CO_2 y convertirlo en materia orgánica. Y las bacterias heterótrofas emplean esa materia orgánica como fuente de carbono y de energía. «Estas actividades suponen la mitad de los procesos de fotosíntesis en el planeta y más del 90 % de la 'respiración' en los océanos», explica Carlos Pedrós-Alió, investigador del CSIC en el Instituto de Ciencias del Mar.

En los últimos años se han descubierto bacterias que pueden utilizar simultáneamente materia orgánica, luz y CO_2 gracias a que poseen una proteína, la proteorodopsina, que tiene un pigmento muy parecido al de nuestra retina. Partiendo de esta base, los investigadores del CSIC, en colaboración con científicos de la Universidad de La Laguna y de la *Linnaeus University* de Suecia, han realizado experimentos con agua marina enriquecida tanto con exposición a la luz como en situaciones de oscuridad. Y los resultados que publican en este estudio muestran que la *Dokdonia* sp. utiliza la luz y fija hasta el 30 % de su carbono a partir de CO_2. Según Pedrós-Alió, «habrá que tener en cuenta este hallazgo en futuros modelos de funcionamiento de los océanos».

R.Joakim Palovaara, NeelamAkram, Federico Baltar, Carina Bunse, Jeremy Forsberg, Carlos Pedrós-Alió, José M. González y Jarone Pinhassi.

Stimulation of growth by proteorhodopsinphototrophy involves regulation of central metabolic pathways in marine planktonic bacteria.

http://www.csic.es/web/guest/noticias-y-multimedia?

Cianobacteria filamentosa.

ACTIVIDADES

1. Resume en cinco líneas la idea principal de este trabajo de investigación.

2. Según lo expuesto en el artículo, razona qué tipo de anabolismo presenta la bacteria *Dokdonia*.

3. Documéntate acerca de la característica que posee la proteína proteorodopsina, presente en el citoplasma de esta bacteria y que la hace tan interesante desde el punto de vista metabólico. Para ello, entra en la siguiente página de la Universidad Autónoma de Barcelona donde encontrarás información sobre dicha proteína:

   http://www.uab.es/cerca.html?query=proteorodopsina

4. Los flujos de materia en los ecosistemas van desde los productores (autótrofos) hasta los consumidores (heterótrofos), que dependen de los primeros para su supervivencia. Teniendo esto en cuenta, elabora un pequeño informe de cómo podría afectar a la dinámica de los ecosistemas la existencia de bacterias como la descrita en el artículo.

5. En el artículo se menciona el Instituto de Ciencias del Mar, dependiente del CSIC. Preparad, organizados en grupos de trabajo, una presentación en la que se desarrollen los siguientes aspectos relativos al ICM:
   - Ubicación.
   - Historia.
   - Objetivos.
   - Proyectos.

ACTIVIDADES

1 ¿Qué tipo de organización celular presenta esta célula? Indica dos características en que te hayas basado para identificarla.

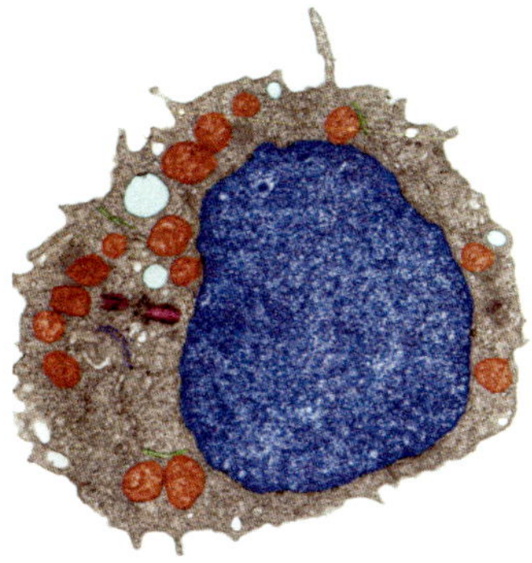

2 Razona si la siguiente célula es animal o vegetal.

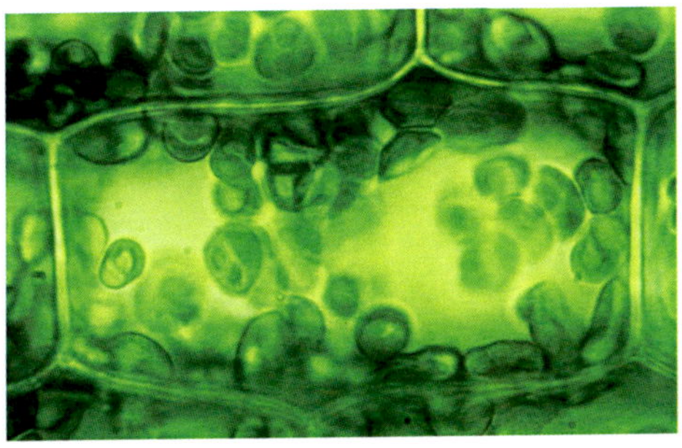

3 Los siguientes dibujos ilustran dos orgánulos celulares:

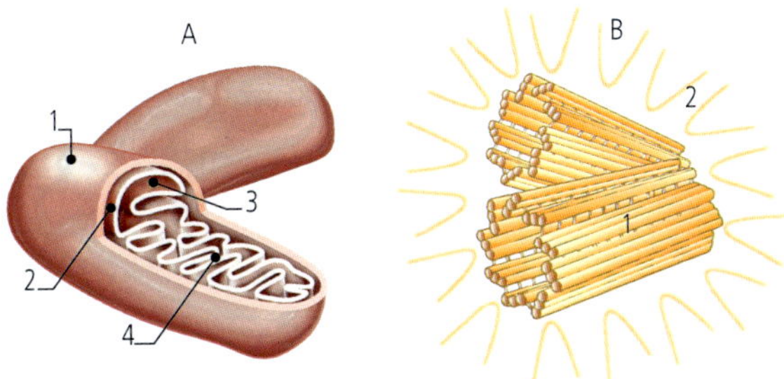

a. Identifica cada orgánulo e indica el nombre de las partes señaladas con números.

b. Indica en cada caso a qué tipo celular pertenecen.

4 A continuación se muestran imágenes microscópicas de orgánulos propios de las células eucariotas. Identifícalos e indica su función en la célula. ¿Con qué orgánulos del ejercicio anterior se corresponden?

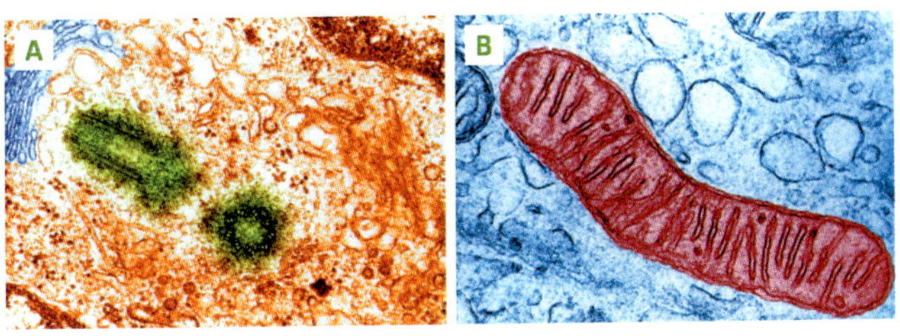

5 ¿Cuáles de los orgánulos del ejercicio anterior son exclusivos de las células animales? ¿Y de las vegetales?

6 Observa la siguiente imagen.

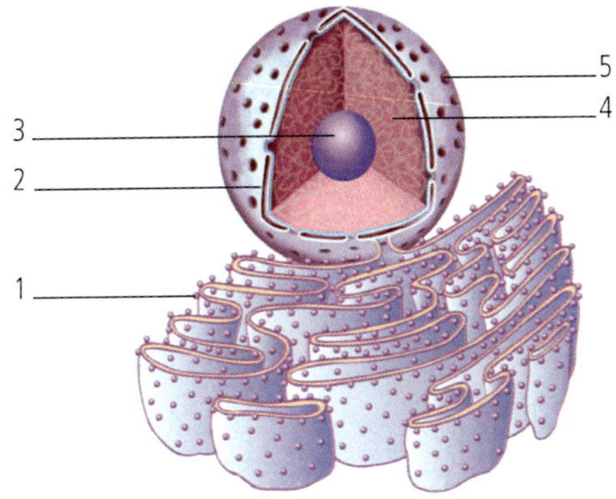

a. ¿Cómo se denominan los orgánulos que aparecen coloreados de azul claro en la imagen?

b. Nombra las estructuras señaladas con números.

c. ¿Cuál es la función de las estructuras designadas con el número 1?

7 Cuando un animal muere por falta de aire (oxígeno), decimos que se ha producido la muerte por asfixia. Razona qué función vital es la que se ha visto afectada y de qué manera.

8 Copia en tu cuaderno el siguiente esquema del ciclo celular y ordena cronológicamente los nombres de sus fases.

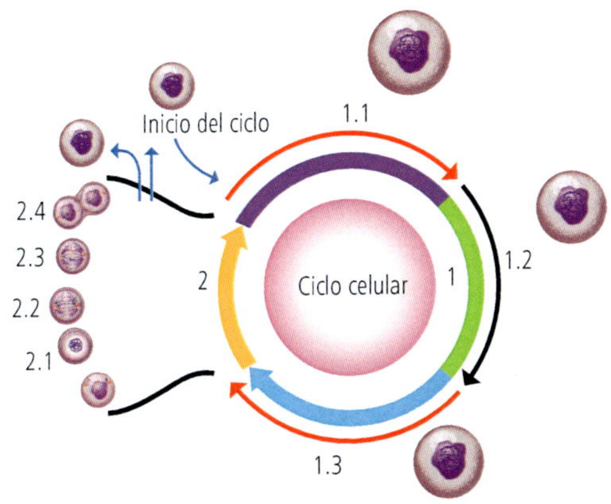

a. ¿En qué fase se produce la duplicación del ADN?

b. ¿En qué fase la cantidad de ADN celular vuelve a reducirse a la mitad?

c. ¿Cuántas cromátidas tienen los cromosomas al comienzo de la etapa designada en el esquema con el número 2? ¿Cuántas cromátidas tendrán estos cromosomas al finalizar dicha etapa?

9 Razona si un individuo haploide puede sufrir mitosis. ¿Y meiosis?

ACTIVIDADES

10 Las imágenes ilustran las diferentes fases de un tipo de división celular.

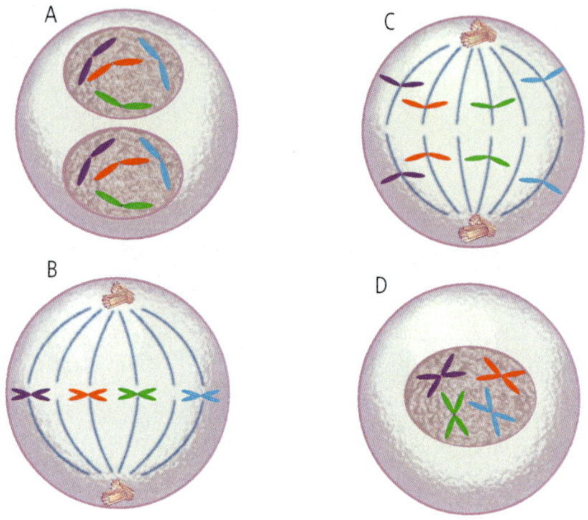

a. ¿Cómo se llama este tipo de división celular?

b. Identifica y nombra cada fase.

c. Ordena en el tiempo las fases ilustradas.

11 Observa las dos imágenes correspondientes a dos fases de la mitosis y contesta a las cuestiones:

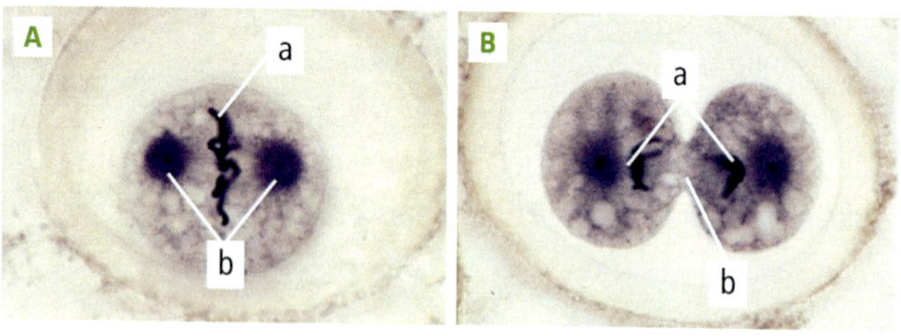

a. Nombra cada una de las fases y ordénalas en el tiempo.

b. Razona si corresponden a una célula vegetal o a una animal.

c. Nombra las partes rotuladas.

d. Explica cómo se produce la citocinesis en una célula vegetal y por qué no puede realizarse de la misma forma que en las células animales.

12 Relaciona cada acontecimiento con la fase de la mitosis en la que ocurre:

a. Máxima condensación de los cromosomas.

b. Los cromosomas se unen a los filamentos del huso mitótico.

c. Se forma la placa ecuatorial.

d. Se separan las cromátidas hermanas.

e. Desaparece la envoltura nuclear.

13 Dada una célula cuyo número diploide de cromosomas es $2n = 6$, dibuja las siguientes fases:

a. Metafase mitótica. b. Metafase I. c. Metafase II.

14 Relaciona cada acontecimiento enumerado con su correspondiente fase de la meiosis.

a. Se separan las parejas de cromosomas homólogos.

b. Los cromosomas se alinean, sin sus homólogos, en la placa ecuatorial.

c. Se emparejan los homólogos y se forman los quiasmas.

d. Se separan las cromátidas hermanas.

e. Las parejas de homólogos se alinean en la placa ecuatorial.

15 Razona cuál o cuáles de las siguientes afirmaciones son correctas:

a. Si una célula tiene dos cromosomas, puede ser diploide y dividirse por mitosis y por meiosis.

b. Si una célula tiene dos cromosomas, seguramente es haploide y solo puede dividirse por mitosis.

c. Si una célula tiene dos cromosomas, puede ser haploide y, entonces, solo se dividirá por mitosis.

d. Si una célula tiene dos cromosomas, seguramente es diploide y solo puede dividirse por meiosis.

16 Observa las siguientes fotografías y responde a las preguntas:

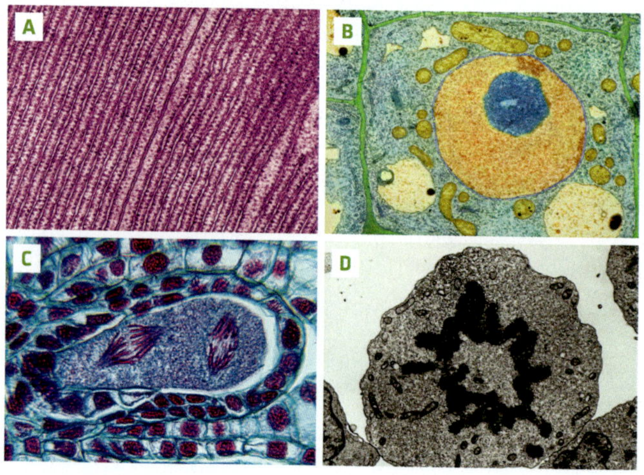

Fotografía A

a. ¿Qué orgánulo celular reconoces?

b. ¿Cuál será la principal función de esta célula?

Fotografía B

a. ¿Qué orgánulos celulares reconoces?

b. ¿Se trata de una célula animal o de una vegetal?

Fotografía C

a. ¿A qué tipo de división celular corresponde?

b. ¿Qué fase de la misma observas?

Fotografía D

a. ¿Qué tipo de división celular observas en este linfocito?

b. ¿Qué fase de la misma observas?

ACTIVIDADES

1. Todas las células están provistas de membrana plasmática y material genético. Indica por qué tipo de biomoléculas está constituido cada uno de ellos.

2. En relación con la organización celular, cita dos orgánulos exclusivos de la célula vegetal y otros dos de la célula animal indicando su función.

3. A la vista de la siguiente imagen, responde a las siguientes cuestiones.

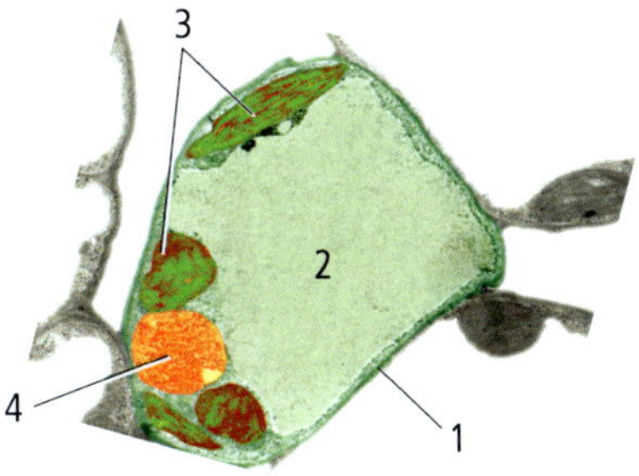

   a. ¿Corresponden a una célula procariota o eucariota?
   b. ¿Corresponden a una célula animal o vegetal?
   c. ¿Cómo se denominan las estructuras numeradas?
   d. ¿Cuál es la composición química de la estructura número 1? ¿A qué grupo de biomoléculas pertenece?

4. Explica en qué se diferencian los siguientes procesos:
   a. Catabolismo por respiración aerobia y catabolismo por fermentación.
   b. Anabolismo autótrofo y anabolismo heterótrofo.
   c. Fotosíntesis y quimiosíntesis.

5. En el curso de una reacción metabólica se produce la oxidación de un compuesto orgánico, acoplado a la síntesis de ATP y acompañado de la liberación de protones.
   a. Razona si la reacción descrita corresponde al catabolismo o al anabolismo.
   b. A pesar de la liberación de protones, el pH celular no experimenta una variación significativa. ¿Qué tipo de biomoléculas regulan el pH celular? Pon un ejemplo.

6. Sitúa los siguientes procesos metabólicos en su correspondiente orgánulo celular, indicando la parte del orgánulo donde ocurren.
   a. Glucólisis.
   b. Ciclo de Krebs.
   c. Fase luminosa de la fotosíntesis.
   d. Ciclo de Calvin.
   e. Fermentación.
   f. Respiración celular (o cadena respiratoria).

7. Contesta las siguientes cuestiones breves, referidas a la mitosis y/o meiosis:
   a. ¿En qué fase se produce el sobrecruzamiento de segmentos de cromátidas de los cromosomas homólogos?
   b. ¿Cuántas cromátidas estarán presentes en la profase I meiótica para una especie 2n = 46?
   c. Si un organismo tiene un número cromosómico diploide de 24, ¿cuántos pares de cromosomas tendrán sus células somáticas?
   d. Cuando decimos que los pares de cromátidas se sitúan en el ecuador del huso, ¿a qué fase de la división celular nos referimos?
   e. Cuando los pares de cromosomas homólogos se sitúan emparejados en el ecuador del huso, ¿a qué fase de la división celular nos estamos refiriendo?
   f. ¿En qué fase mitótica se separan las cromátidas hermanas y emigran a los extremos del huso?

8. En las imágenes se muestran dos momentos de la división celular de dos células pertenecientes al mismo organismo. Completa la tabla con los datos que se te piden.

		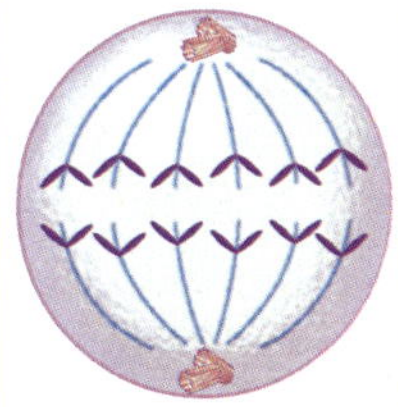
Mitosis o meiosis		
Fase de la división		
Nº de cromosomas que observas.		
Nº de cromátidas de cada cromosoma.		
Nº de cromátidas que observas.		
Nº de cromosomas de las células somáticas de este organismo.		
Nº de cromosomas en los gametos de este organismo.		

DIARIO DE APRENDIZAJE

¿Qué contenido me gustaría ampliar o estudiar con más profundidad?

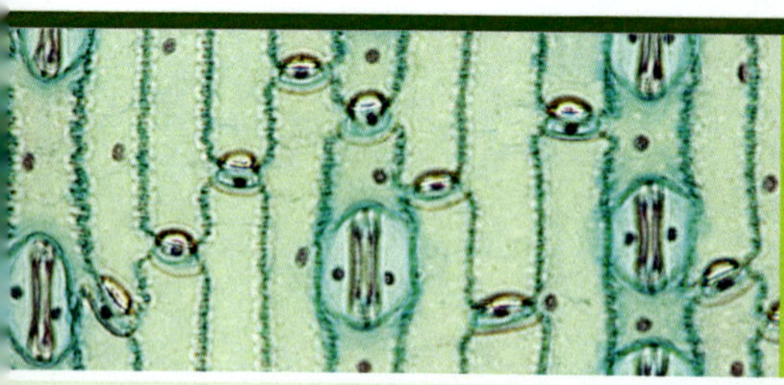

03 HISTOLOGÍA

TEJIDOS VEGETALES

TEJIDOS MERISTEMÁTICOS

Formados por células vivas, pequeñas, no fotosintéticas, que se dividen y se diferencian para dar lugar a diferentes tipos celulares que constituirán los tejidos adultos.

MERISTEMOS PRIMARIOS

Proceden de las células embrionarias.

Se localizan en los extremos de los tallos y las raíces y en las axilas de ramas y hojas.

Intervienen en el crecimiento en longitud de la planta y en la formación de ramas laterales, hojas y flores.

MERISTEMOS SECUNDARIOS

Proceden de las células adultas. Son responsables del crecimiento en grosor de la planta.

TEJIDOS ADULTOS

Formados por células de diversas formas, que no se dividen. Están diferenciadas y especializadas en una función determinada.

TEJIDOS PROTECTORES

Forman una cubierta externa con funciones protectoras pero que, a su vez, regula y permite a la planta el intercambio de nutrientes con el exterior.

- Epidérmico
- Suberoso

TEJIDOS FUNDAMENTALES

Tiene lugar la nutrición vegetal: fotosíntesis, respiración y almacenamiento de sustancias.

- Parénquima clorofílico
- Parénquima de reserva
- Parénquima acuífero

TEJIDOS ANIMALES

TEJIDO EPITELIAL

Integrado por células de formas variadas, muy unidas entre sí y carentes de sustancia intercelular.

GLANDULAR

Elabora y secreta sustancias como hormonas y enzimas.

- Exocrino
- Endocrino

DE REVESTIMIENTO

Recubre superficies externas, como la epidermis, y cavidades internas del organismo, como los vasos sanguíneos o las vías urinarias.

- Simple o monoestratificado
- Compuesto o pluriestratificado

TEJIDO MUSCULAR

Constituido por células musculares, los **miocitos** o **fibras musculares**, especializadas en la contracción muscular. Estas células poseen un gran número de mitocondrias.

- ESTRIADO CARDIACO
- ESTRIADO ESQUELÉTICO
- LISO

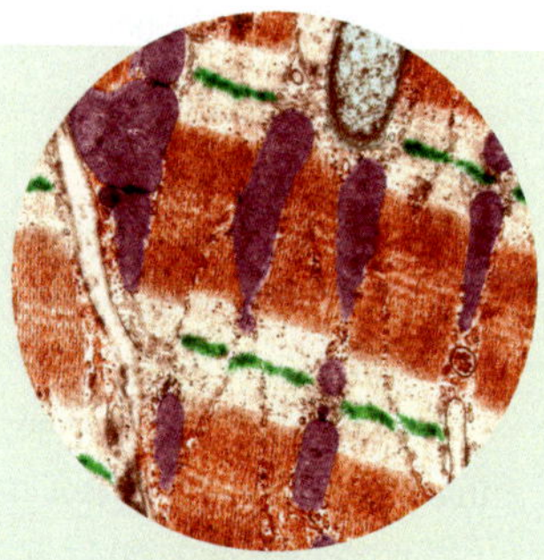

ACTIVIDADES

1. Completa y amplía este mapa conceptual con las características e imágenes de todos los tipos de tejidos vegetales y animales.

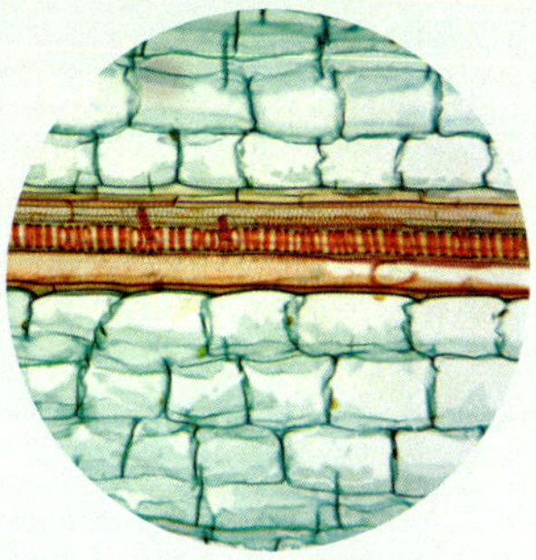

TEJIDOS ESQUELÉTICOS

Dan soporte estructural y consistencia a la planta.

- Esclerénquima
- Colénquima

TEJIDOS CONDUCTORES

Llevan a cabo el transporte de la savia bruta (agua y sales minerales) desde la raíz hasta las hojas, y de la savia elaborada (agua y sustancias orgánicas) desde las hojas al resto de la planta.

- Xilema
- Floema

TEJIDOS SECRETORES

Almacenan y segregan o excretan sustancias a cavidades internas o al exterior. La finalidad es atraer a los insectos polinizadores, o bien proteger a la planta de infecciones de microorganismos y del ataque de los herbívoros.

- De secreción externa
- De secreción interna

TEJIDO CONECTIVO

Formado por células, fibras (compuestas principalmente por colágeno y elastina) y matriz extracelular.

CONJUNTIVO

- Laxo
- Denso

ADIPOSO

ÓSEO

- Compacto
- Esponjoso

CARTILAGINOSO

HEMATOPOYÉTICO

- Tejido mieloide
- Tejido linfoide

TEJIDO NERVIOSO

Se encarga de la transmisión de las señales nerviosas. Se localiza en el sistema nervioso central (encéfalo y médula espinal) y en el sistema nervioso periférico (nervios). Está formado por dos tipos de células: **neuronas** y **neuroglia**.

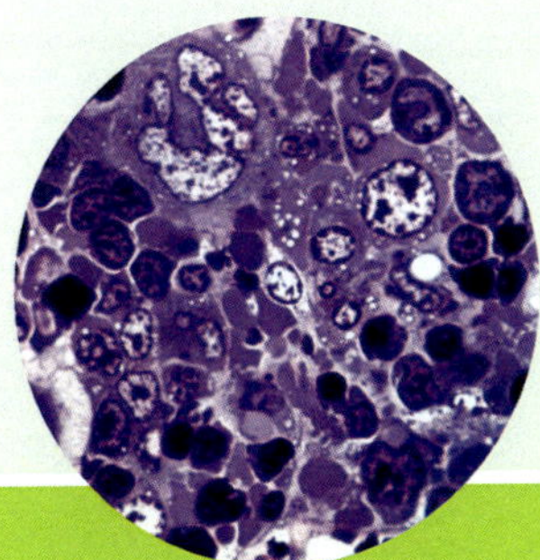

PROCEDIMIENTOS DE LA CIENCIA

Técnicas histológicas

Las técnicas histológicas son un conjunto de procedimientos encaminados a preparar un tejido para su observación con el microscopio.

Las etapas comprendidas en cualquier proceso histológico, tras la toma de la muestra, son: **fijación, inclusión, corte, tinción** y **observación.**

Proceso histológico

1 Fijación

- Su objetivo es preservar las características morfológicas del tejido mediante su **inmersión** en una solución fijadora. El fijador más empleado es el etanol.

2 Inclusión

- La inclusión tiene como objeto endurecer la pieza de tejido para poder obtener, a partir de ella, secciones lo más delgadas posible para su observación microscópica.

  El medio de inclusión más empleado es la **parafina.** La muestra, previamente deshidratada, se sumerge en parafina fundida a 60°C, hasta lograr una óptima impregnación. Posteriormente se introduce en un molde para que solidifique a temperatura ambiente.

3 Corte

- Los cortes finos, de 5 a 20 µm de grosor, se realizan con un **microtomo** o con un **bisturí** y se depositan, extendiéndolos con la ayuda de un pincel, sobre un portaobjetos.

  Las tiras de cortes de parafina extendidas sobre el portaobjetos se secan en una estufa entre 35 °C y 40 °C durante unas 12 horas.

4 Tinción

- Las tinciones se usan en los laboratorios de histología para obtener una visión contrastada y detallada de las muestras de tejido. Suelen combinar varios colorantes.

  Tras la tinción, se procede al **montaje** cubriendo la muestra con unas gotas de agua o de un medio de montaje permanente y a continuación, un cubreobjetos.

  Una de las más usadas en histología es la **hematoxilina-eosina** sobre cortes de parafina.

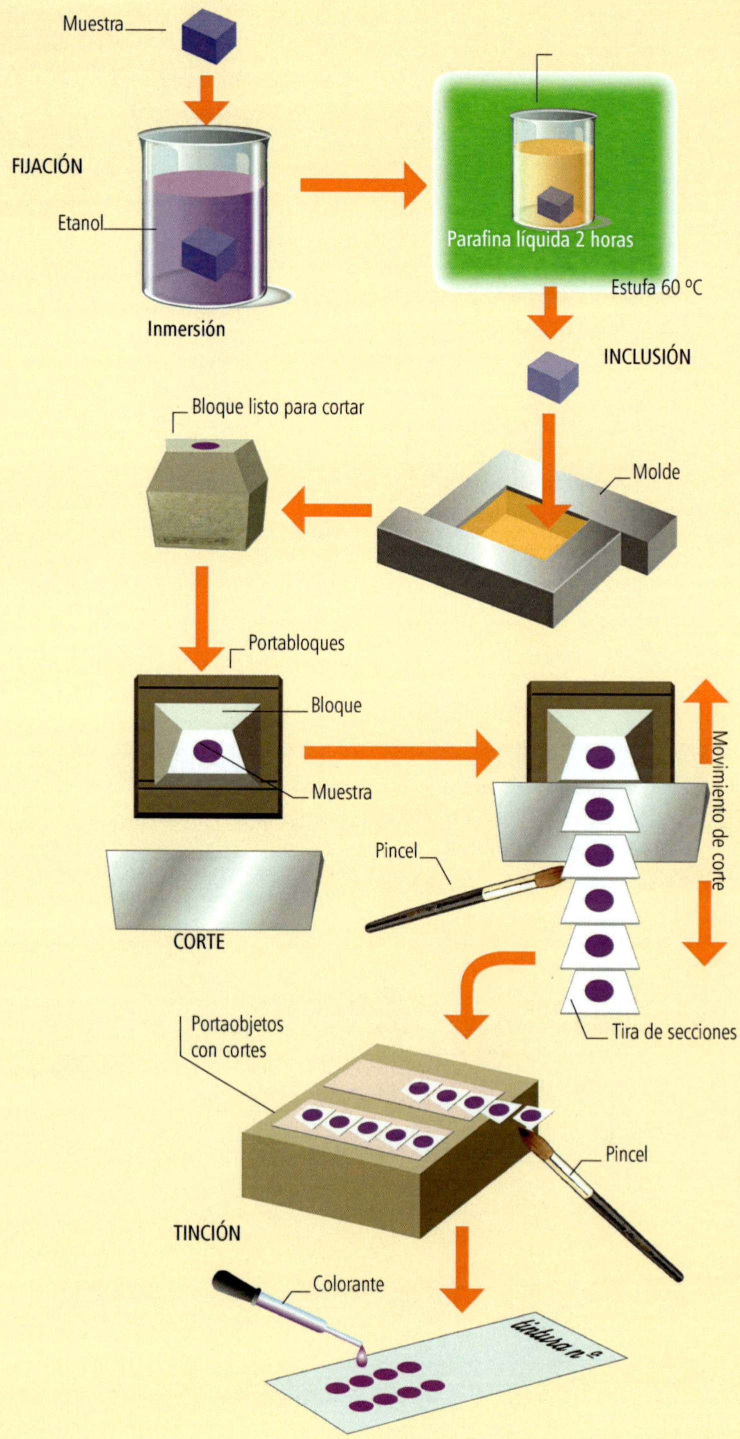

Protocolo de tinción con hematoxilina-eosina

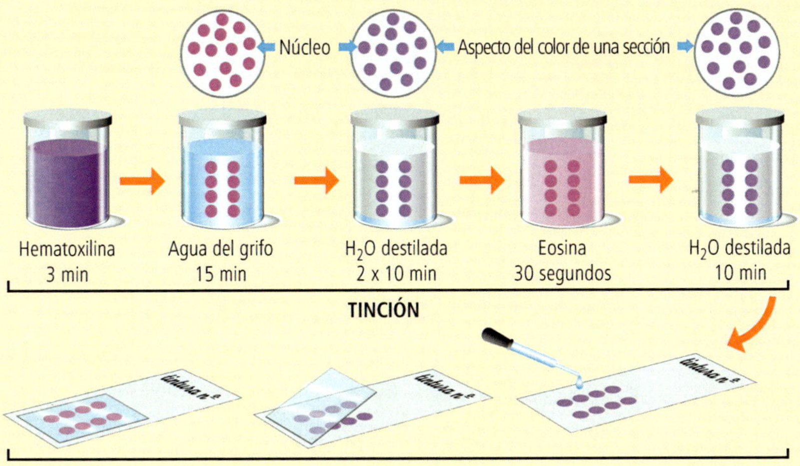

1. Hematoxilina durante tres minutos. La hematoxilina es un colorante básico, que tiñe de color **azul oscuro** o **púrpura** estructuras celulares ácidas, como la cromatina del núcleo y los ribosomas y todas las estructuras que los poseen, como el retículo endoplasmático rugoso.
2. Lavado abundante con agua del grifo y agua destilada.
3. Eosina durante 30 segundos. La eosina es un colorante ácido, que tiñe de color **rosa pálido** el citoplasma y elementos de la matriz extracelular, como el colágeno. Las fibras de actina y miosina del tejido muscular adquieren una coloración **rosa fuerte**.
4. Lavado con agua destilada y montaje.

5 Observación

Sección de glomérulos renales de primate, obtenida por inclusión en parafina y tinción con hematoxilina-eosina. Los núcleos se ven de color violáceo (hematoxilina) y el citoplasma de color rosado (eosina).

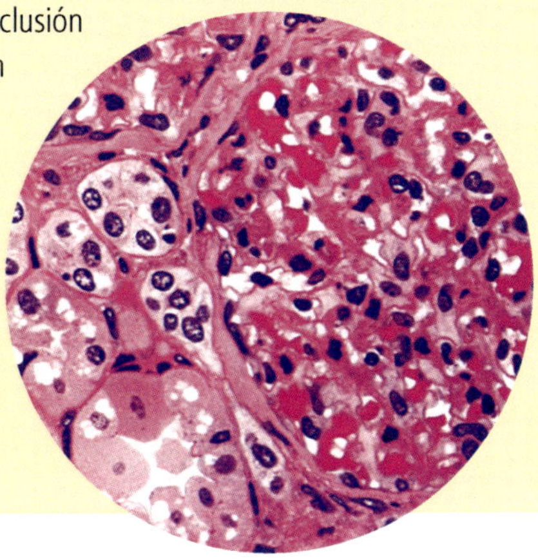

ACTIVIDADES

La fotografía muestra una preparación histológica de epitelio traqueal.

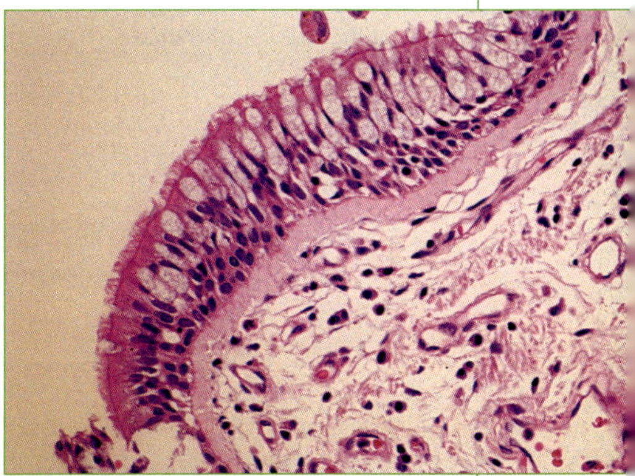

1. ¿Qué tipo de tinción se ha usado en esta preparación histológica? ¿Cómo lo has reconocido?
2. Haz un dibujo del epitelio observado e indica sobre el mismo las células y estructuras que reconozcas.
3. Razona qué estructuras del tejido han sido coloreadas por cada tipo de colorante empleado en la tinción.
4. ¿De qué tipo es el epitelio traqueal?
5. ¿Qué tipo de tejido subyacente reconoces?
6. ¿Qué nombre reciben las diferenciaciones a modo de «cepillo» que presentan las células de la capa más externa? ¿Cuál es su función?
7. Observa las preparaciones histológicas que aparecen en la unidad e identifica en cuáles de ellas se ha usado la tinción hematoxilina-eosina.

PIENSA EN INVESTIGAR

REPROGRAMACIÓN *IN VIVO* ORIGINA CÉLULAS TOTIPOTENCIALES

El CNIC colabora con el CNIO, que logra por primera vez producir células madre embrionarias en organismos vivos adultos

12 de septiembre de 2013

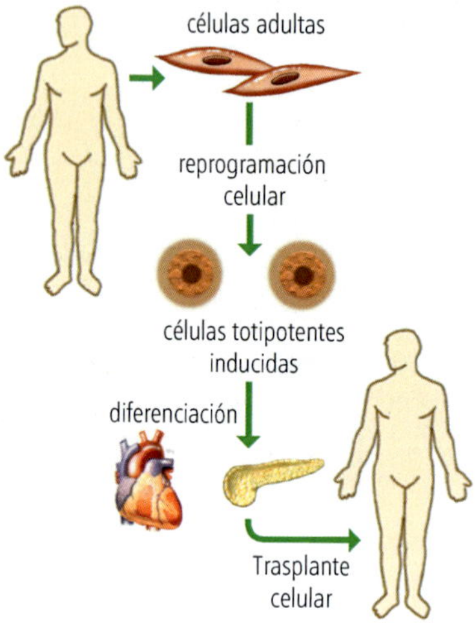

Por primera vez, un equipo científico español ha conseguido que células adultas de un organismo vivo retrocedan en su desarrollo evolutivo hasta recuperar características propias de células madre embrionarias.

Liderado por Manuel Serrano, director del programa de Oncología Molecular del Centro Nacional de Investigaciones Oncológicas (CNIO), el estudio contó con el apoyo del equipo de Miguel Manzanares, del Centro Nacional de Investigaciones Cardiovasculares (CNIC).

Los resultados, publicados ayer en la revista *Nature*, revelan además que estas células madre embrionarias obtenidas directamente en el interior del organismo tienen una capacidad de diferenciación más amplia que las conseguidas mediante cultivo *in vitro*.

En concreto, tienen características de células totipotentes que poseen la capacidad de dar origen a otros tipos celulares, un estado primitivo nunca antes obtenido en un laboratorio.

Las células madre embrionarias son la principal apuesta para la futura medicina regenerativa. Son las únicas capaces de generar cualquier tipo celular de los cientos que conforman un organismo adulto, por lo que constituyen el primer paso para la curación de enfermedades como el alzhéimer, el párkinson o la diabetes.

No obstante, este tipo de células tiene una brevísima existencia, limitada a los primeros días del desarrollo embrionario, y no se encuentran en ninguna parte del organismo adulto. [...]

[...] Las células madre obtenidas en los ratones presentaban características de totipotencia nunca generadas en un laboratorio, equivalentes a las de los embriones humanos de 72 horas de gestación, compuestos por una masa de tan solo 16 células. «Ahora podemos empezar a pensar en métodos para inducir regeneración de manera local y transitoria en un determinado tejido dañado», afirma Manuel Serrano. [...]

[...] A partir de ahora, «lo ideal sería inducir la **reprogramación *in vivo*** dentro de tejidos dañados y que sea allí donde esas células se diferencien». Con esto se evitaría la extracción de células, la reprogramación y diferenciación al tipo celular deseado *in vitro*, y el trasplante. [...]

http://www.cnic.es/en/noticias/noticias.php?id=3808

ACTIVIDADES

1. Resume en cinco líneas la idea principal de este trabajo de investigación.

2. Documéntate acerca del significado de los términos subrayados en el texto.

3. En el texto se habla de células madre embrionarias animales. ¿Existe también este tipo de células en los vegetales? ¿Dónde se localizan?

4. El grupo de investigación del Dr. Manuel Serrano cuenta con cuatro investigadores y diez becarios. De ellos, siete son mujeres. Debate en clase sobre el papel de la mujer en la investigación científica.

5. En este trabajo de investigación han colaborado dos organismos españoles, el CNIC y el CNIO. En grupos de trabajo elaborad una presentación en Power Point sobre estos organismos, su creación, sus objetivos, sus medios de financiación actual y sus líneas de investigación.

6. Busca en YouTube el vídeo elaborado por el CNIO y el CNIC sobre la producción de células madre embrionarias en organismos vivos adultos, visualízalo y responde a las siguientes cuestiones:
   - a. ¿Quién es Shinya Yamanaka? ¿Por qué tipo de investigaciones obtuvo el Premio Nobel de Medicina en 2012?
   - b. ¿Qué tiene de innovador el experimento desarrollado por los investigadores españoles respecto al llevado a cabo por Yamanaka?
   - c. Debate en clase sobre las posibilidades terapéuticas que se abren con este descubrimiento realizado por nuestros investigadores.

ACTIVIDADES

1. Observa las siguientes fotografías e indica de forma razonada, en cada caso, si se trata de una organización talofítica o cormofítica.

2. Identifica los tejidos observados en las fotografías y sitúalos en su lugar correspondiente en el mapa conceptual de inicio de la unidad, una vez copiado en tu cuaderno.

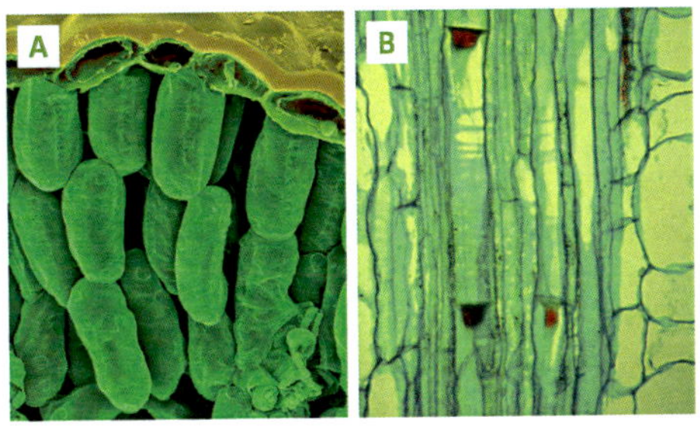

3. Enumera los tipos de tejidos que se pueden encontrar en las siguientes estructuras vegetales:
   - a. Una hoja.
   - b. Una manzana.
   - c. Una zanahoria.
   - d. Una yema caulinar.

4. Identifica los tejidos observados en las fotografías y sitúalos en su lugar correspondiente en el mapa conceptual de inicio de la unidad, una vez copiado en tu cuaderno.

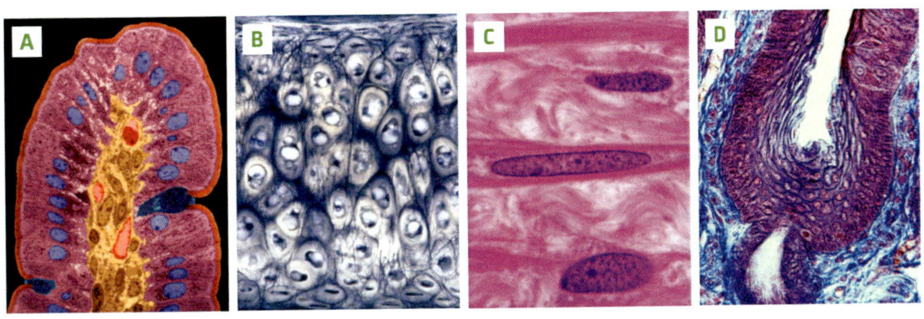

5. ¿Cuáles de las siguientes células puedes observar en las fotografías: condrocitos, células caliciformes, osteocitos, fibrocitos, adipocitos? Haz corresponder cada célula de la lista con su tejido.

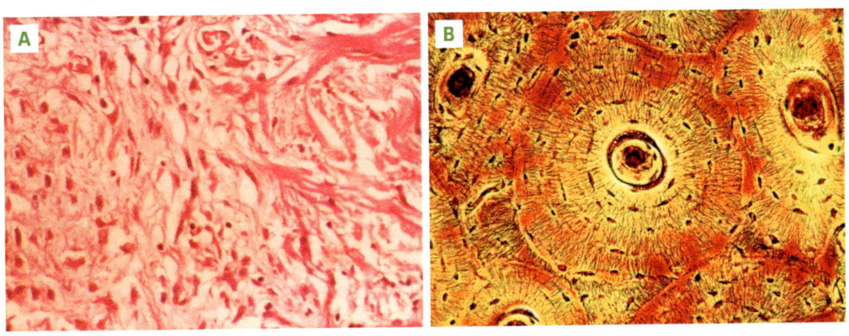

ACTIVIDADES

6 ¿Cuál de los tejidos de la actividad anterior presenta su matriz extracelular mineralizada?

7 Las siguientes son fotografías de dos preparaciones microscópicas de sendos tejidos musculares. Identifica a qué tipo de tejido muscular corresponde cada imagen y explica en qué detalles morfológicos te has basado.

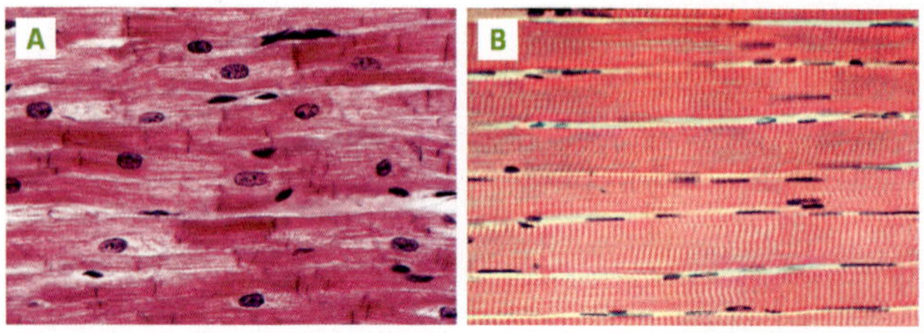

8 Busca una explicación al hecho de que las células musculares posean un número tan elevado de mitocondrias en su citoplasma.

9 Enumera los tipos de tejidos que se pueden encontrar en las siguientes estructuras animales:

a. El fémur.
b. El corazón.
c. El tendón de Aquiles.
d. La piel.

10 Observa la siguiente imagen y responde a las cuestiones:

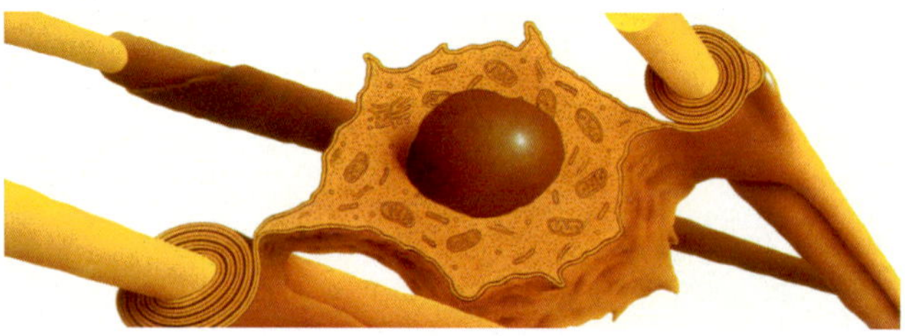

a. ¿De qué tipo de célula glial se trata?
b. ¿Alrededor de qué estructura se están enrollando las prolongaciones citoplasmáticas que emite?
c. ¿Con qué fin se producen este tipo de enrollamientos?
d. ¿Qué otro tipo de células gliales cumplen una función similar a la de la imagen, pero en el sistema nervioso periférico?

11 Copia en tu cuaderno las siguientes afirmaciones relativas a los tejidos vegetales o animales, corrigiendo los errores que aparecen en ellas.

a. El súber es un tejido parenquimático, originado durante el crecimiento secundario en grosor a partir de un meristemo secundario, denominado cámbium.
b. El tejido óseo compacto es un tipo de tejido conjuntivo denso, rico en fibras de colágeno, cuyas células, llamadas condrocitos, segregan una matriz en la que se depositan sales de calcio, como los sulfatos.

12 Observa las siguientes fotografías y responde a las preguntas:

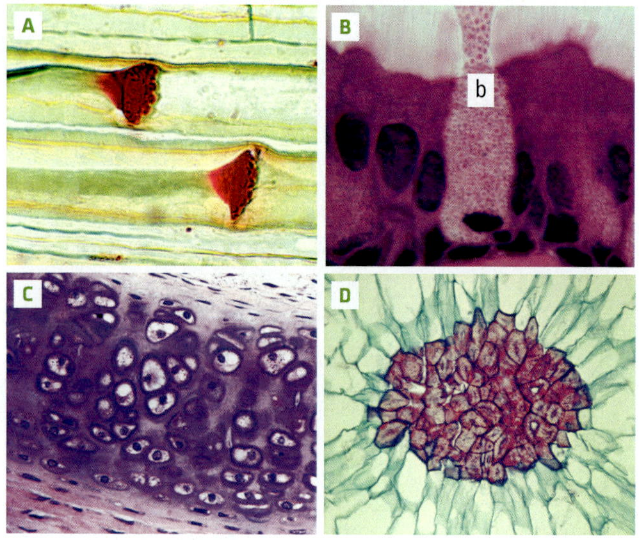

Fotografía A

a. ¿A qué tipo de tejido corresponde?
b. Este tejido aparece asociado a otro tipo de tejido, que también puedes observar en alguna de las restantes fotografías. ¿Cuál es?

Fotografía B

a. La fotografía B corresponde a:
   1. La epidermis de un vegetal.
   2. Un tejido epitelial animal.
   3. El sistema de Havers en un corte longitudinal.
   4. Una sección de un tejido conductor vegetal.
b. ¿Cómo se llama la célula señalada con la letra b?

Fotografía C

a. ¿A qué tipo de tejido corresponde esta preparación?
b. En esta se aprecian:
   1. Células, matriz extracelular, fibras de colágeno.
   2. Células sanguíneas y plasma.
   3. Células en el interior de lagunas y matriz extracelular.
   4. Osteocitos y colágeno.

Fotografía D

a. ¿Qué dos tipos de tejidos observas en esta imagen?
b. Las zonas de color rojo son típicas de:
   1. Tejido óseo esponjoso; son lagunas óseas.
   2. Pulpa de muchas frutas, como la pera.
   3. La corteza de los cítricos.
   4. Son solo un artefacto originado por el exceso de colorante usado al teñir la preparación.

ACTIVIDADES

1 Observa la siguiente fotografía:

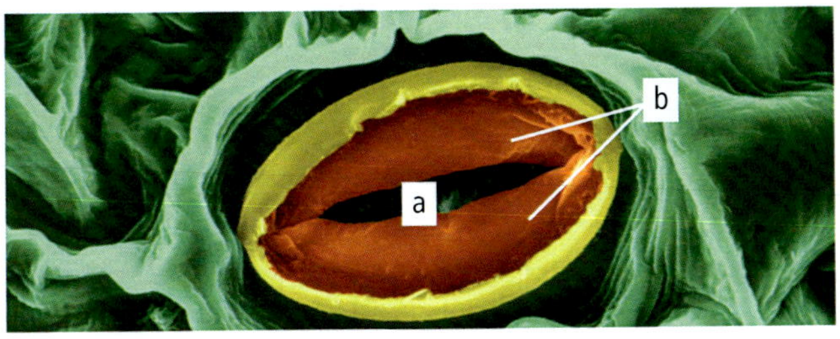

a. ¿Qué tipo de tejido reconoces en ella?

b. Indica los nombres de las partes señaladas.

2 La fotografía muestra el detalle de una sección transversal de un tallo. Haz un esquema de la misma en tu cuaderno e indica sobre el mismo los siguientes tejidos: haces vasculares (xilema y floema), parénquima, colénquima y epidermis.

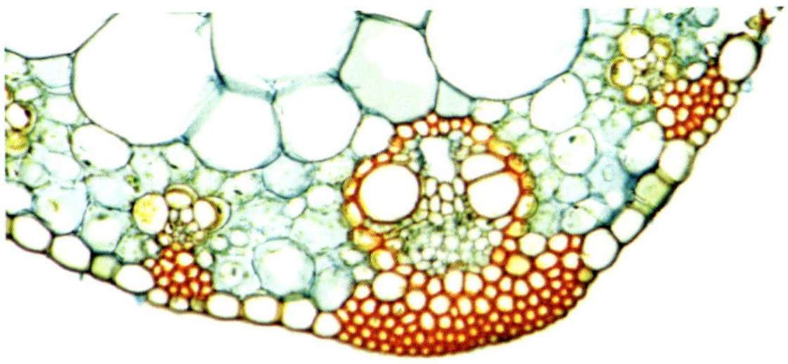

3 Relaciona los siguientes términos con un tipo de tejido vegetal o animal indicando su función en el mismo.

a. Esclereida.
b. Cámbium.
c. Ápice caulinar.
d. Célula cribosa.
e. Adipocito.
f. Neurona.
g. Osteocito.
h. Fibrocito.

4 Haz un listado con los tejidos vegetales que poseen cloroplastos en sus células y los que carecen de ellos.

5 En función de tu respuesta a la pregunta anterior y de lo aprendido sobre el metabolismo en la unidad 2, razona si esta afirmación es verdadera o falsa: «Todas las células vegetales son autótrofas».

6 Clasifica los siguientes tejidos epiteliales e indica al menos un órgano donde se pueden localizar.

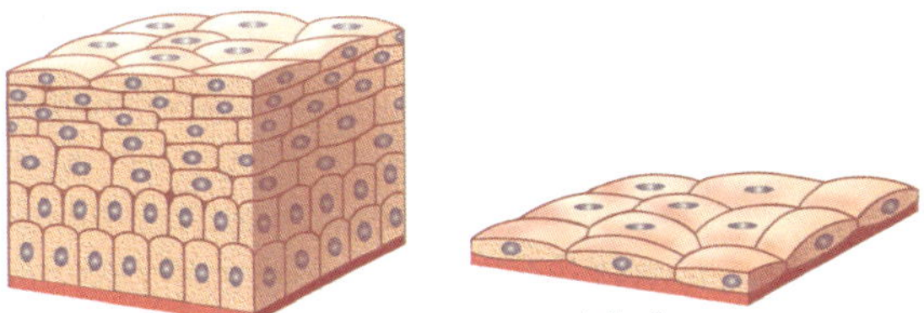

7 A continuación se muestran fotografías de dos tipos de tejidos animales.

Responde a las siguientes preguntas para cada uno de ellos.

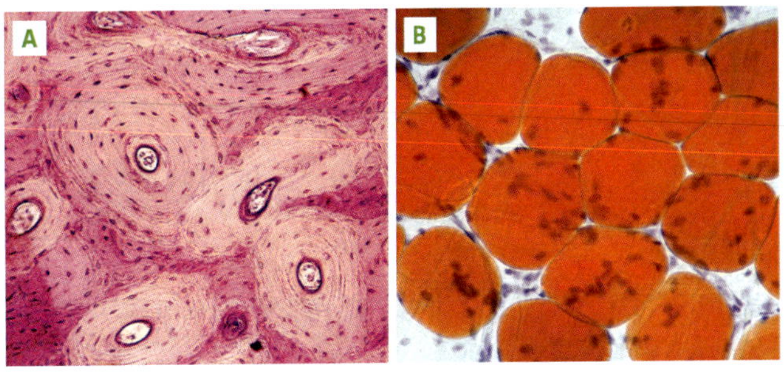

a. ¿De qué tejido se trata? ¿Por qué lo sabes?

b. Nombra los tipos de células que lo integran.

c. ¿Posee matriz extracelular? ¿De qué tipo es?

d. ¿Cuál es la función general del tejido?

e. Pon ejemplo de un órgano en el que aparezca este tejido.

8 Razona qué técnica de tinción se ha empleado en la preparación de la actividad anterior.

9 Elabora una tabla en la que indiques las principales diferencias y semejanzas entre los tres tipos de tejido muscular.

10 La imagen muestra el detalle de unas estructuras vegetales.

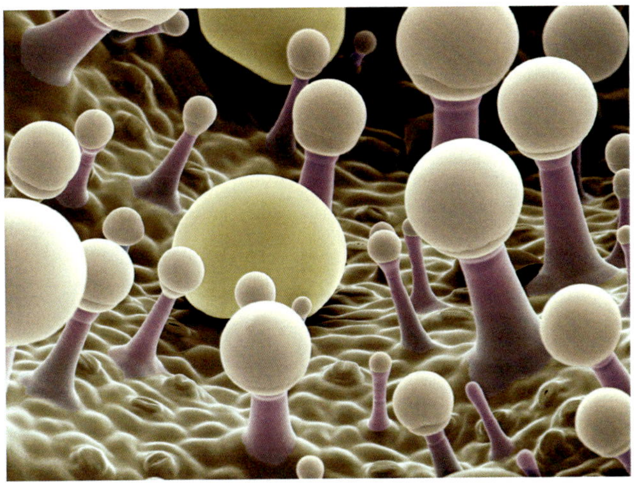

a. ¿Cómo se denominan estas estructuras?

b. ¿En qué tipo de tejido se localizan?

c. Cita dos órganos vegetales que las posean.

DIARIO DE APRENDIZAJE

¿Sobre qué tema de esta unidad me siento preparado para debatir con mis compañeros?

04 BIOCLIMATOLOGÍA Y BIODIVERSIDAD

BIOCLIMATOLOGÍA

CLIMA

Condiciona las temperaturas y la disponibilidad de agua, parámetros determinantes en la vida de las plantas y el resto de organismos heterótrofos, que dependen de estas.

ELEMENTOS DEL CLIMA

La temperatura, la precipitación, la humedad, la presión y el viento.

FACTORES DEL CLIMA

La latitud, la altitud, la orografía y orientación del relieve, la continentalidad y las corrientes marinas.

CLIMODIAGRAMA

CLASIFICACIÓN FITOCLIMÁTICA

Clasificación del clima atendiendo a la distribución de las plantas propuesta por el ecologista alemán Henrich Walter. Consta de nueve bioclimas: ecuatorial, tropical con verano lluvioso, subtropical árido, mediterráneo, templado hiperoceánico, templado típico, templado seco, boreal, ártico.

BIOGEOGRAFÍA

BIOMAS

Grandes ecosistemas terrestres definidos por una vegetación característica y unas condiciones climáticas concretas.

ZONALES

Centrándonos en su vegetación, cada uno de los biomas zonales se asocia a un determinado tipo de bioclima.

- Selva ecuatorial
- Sabana
- Desierto
- Mediterráneo
- Laurisilva
- Bosque templado caducifolio
- Praderas y estepas
- Taiga
- Tundra

EXTRAZONALES

Son independientes del clima general y aparecen ligados a ambientes muy especiales.

Los más importantes por su valor ecológico son los humedales.

ECOSISTEMAS MARINOS

Ocupan el 70 % de la superficie del planeta. Las características que más influyen en el tipo y distribución de los seres vivos que habitan en ellos son: la profundidad, la salinidad, la temperatura y la circulación del agua.

ACTIVIDADES

1. Completa y amplía este mapa conceptual con las características e imágenes de todos los tipos de biomas y zonas biogeográficas.
2. Realiza el climodiagrama aproximado de tres bioclimas de Heinrich Walter.
3. ¿Cuál es el ecosistema marino en el que encontramos una mayor biodiversidad? Indica qué características lo hacen tan especial.
4. Busca e indica qué tipo de mecanismos de adaptación presentan las plantas y los animales frente a: altas temperaturas, bajas temperaturas y falta de agua.

BIODIVERSIDAD

ECOZONAS

Son cada una de las áreas en que se divide la superficie de la Tierra en función de los patrones de distribución de las plantas y de los animales, basados estos en la evolución geológica.

ZONAS BIOGEOGRÁFICAS

- Neártica
- Paleártica
- Indomalaya
- Australiana
- Antártica
- Afrotropical
- Neotropical

ESPAÑA

Pertenece a la ecozona paleártica.

Es uno de los países con mayor biodiversidad de Europa y extraordinariamente rico en endemismos.

Subregión mediterránea

Se extiende por el 80 % de la Península y Baleares.

Presenta un bioclima mediterráneo, propio de los biomas mediterráneos.

Subregión eurosiberiana

Se restringe al norte y noroeste peninsulares. Corresponde al bioma de bosque templado caducifolio, vinculado al bioma templado típico.

Subregión macaronésica

Canarias es un mosaico bioclimático de gran valor ecológico con ecosistemas únicos ricos en endemismos.

NIVELES

La biodiversidad, variedad de la vida, en nuestro planeta, se divide en tres niveles.

DIVERSIDAD GENÉTICA

Variabilidad referida a la información genética (genotípica) y fenotípica entre los individuos de una misma especie.

DIVERSIDAD ESPECÍFICA

Variabilidad relacionada con la cantidad, medida como variedad y abundancia relativa, de especies diferentes en un ambiente dado.

DIVERSIDAD ECOSISTÉMICA

Variedad de biocenosis en sus ecosistemas y de los complejos superiores de los que estos, a su vez, forman parte: biomas y ecozonas.

MEDICIÓN

Parámetros usados para estimar la biodiversidad.

ÍNDICES DE RIQUEZA (α)

Determinan el número de especies que integran una comunidad en estudio y que se considera homogénea (diversidad alfa).

ÍNDICES DE ABUNDANCIA (β)

Determinan la distinta composición de dos comunidades adyacentes, entendida como el número de especies comunes y diferentes entre ambas (diversidad beta).

ÍNDICES DE DIVERSIDAD (γ)

Determinan la riqueza de especies del conjunto de todas las comunidades que integran una zona determinada (diversidad gamma).

ADAPTACIONES

Son el resultado de la evolución, de tal manera que cada especie exhibe una serie de adaptaciones características, gracias a las cuales sus organismos funcionan de la forma más eficiente en su medio ambiente.

PROCEDIMIENTOS DE LA CIENCIA

Biomas alpinos y cliseries bioclimáticas

Una **cliserie bioclimática** es la secuencia de vegetación asociada a un **bioma alpino** a medida que se asciende desde la base hasta la cima.

El tipo de cliserie viene condicionado por la variación que experimentan los elementos y factores del clima, en una región montañosa.

Cliserie bioclimática de los Pirineos

En la cordillera pirenaica se distinguen cinco pisos bioclimáticos: nival, alpino, subalpino, montano y basal, cada uno de ellos caracterizado por unas formaciones vegetales típicas, el conjunto de las cuales constituye la cliserie bioclimática de los Pirineos.

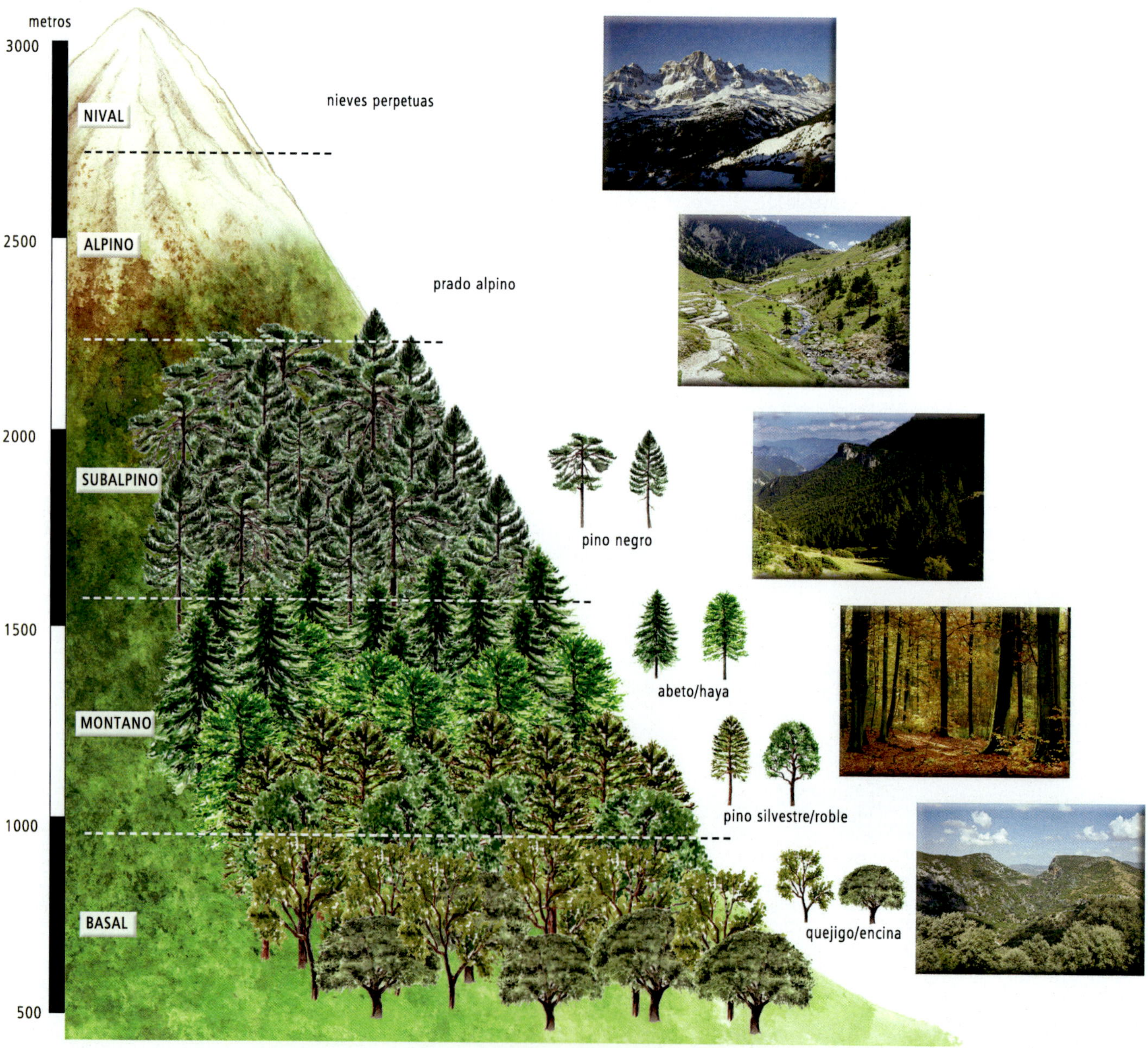

PISO NIVAL

Se sitúa a partir de los 2 800 m de altitud.

Las nieves perpetuas dominan el paisaje y la vegetación es casi nula, reducida a líquenes y algunos pequeños grupos de plantas rastreras, capaces de crecer en las grietas de las rocas, protegidas del viento y las temperaturas extremas.

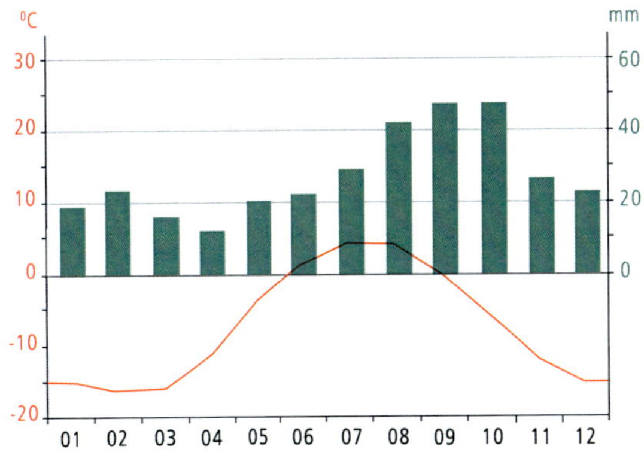

climodiagrama piso nival

PISO ALPINO

Se localiza debajo del piso nival, entre los 2 200 y 2 800 m de altitud.

Sus temperaturas, bajas todo el año, y las escasas precipitaciones, en forma de nieve, condicionan una vegetación achaparrada de prados alpinos.

PISO SUBALPINO

Se extiende entre los 1 600 y los 2 200 m de altitud.

Con inviernos fríos y largos, veranos cortos y suaves y escasas precipitaciones, la vegetación está dominada por el pino negro *(Pinus uncinata).*

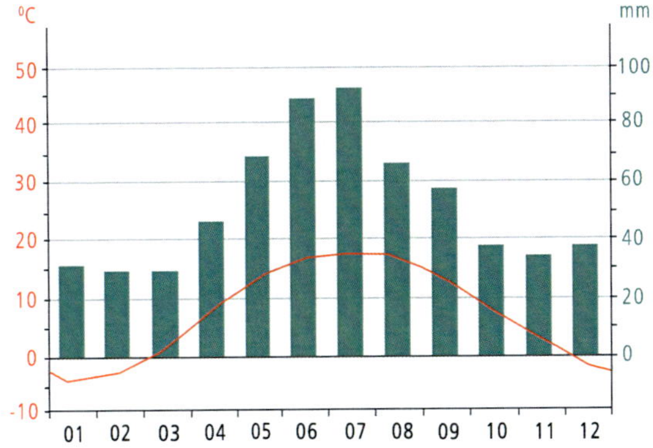

climodiagrama piso subalpino

PISO MONTANO

Se desarrolla entre los 1 000 y los 1 600 m.

Está dominado, a medida que se desciende, por abetos *(Abies alba),* hayas *(Fagus sylvatica),* pinos silvestres *(Pinus sylvestris)* y robles *(Quercus pyrenaica).*

Presenta estaciones marcadas, con inviernos fríos y secos y veranos cálidos y húmedos.

PISO BASAL

Ocupa la zona baja de las montañas, por debajo de los 1 000 m.

Predominan el quejigo *(Quercus faginea)* y la encina *(Quercus ilex rotundifolia),* propios de bioclimas con veranos cálidos y secos e inviernos suaves y lluviosos.

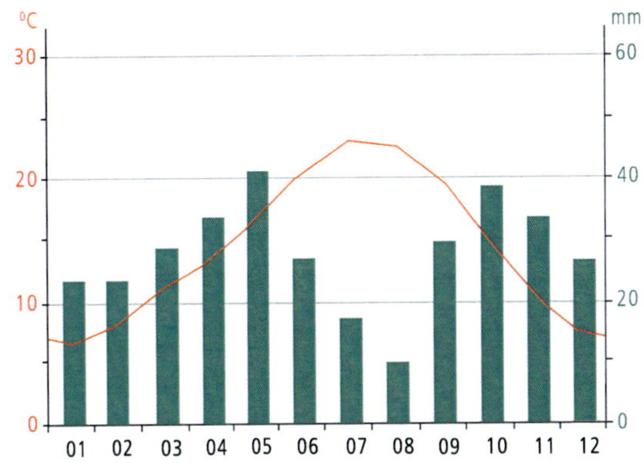

climodiagrama piso basal

ACTIVIDADES

1. ¿Crees que sería posible encontrar una cliserie similar a la pirenaica si nos desplazáramos incrementando la latitud, en lugar de la altitud? ¿Por qué?
2. Observa las imágenes de los pisos bioclimáticos pirenaicos. ¿Podrías encuadrarlas dentro de alguno de los biomas zonales estudiados? ¿Cuáles? ¿Por qué?
3. ¿Sería correcto afirmar que en España no existe la tundra?
4. Razona si una región montañosa de latitudes altas poseerá más o menos pisos bioclimáticos que una situada en las proximidades del ecuador.
5. Observa y analiza los climodiagramas de la cliserie pirenaica y asígnalos a un tipo bioclimático concreto.
6. Investiga sobre los pisos bioclimáticos de una zona montañosa de tu región y elabora un esquema con la cliserie correspondiente.

PIENSA EN INVESTIGAR

EVOLUCIÓN DE LOS ECOSISTEMAS POLARES Y BOREALES

La genética del reno aporta pistas sobre el pasado y futuro de los ecosistemas polares y boreales

17 de diciembre de 2013

El estudio de los factores que han modelado los patrones de variabilidad genética de las especies en el pasado puede tener importantes implicaciones para estimar el impacto que el cambio climático tendrá en la viabilidad futura de sus poblaciones. Esta es una de las principales conclusiones que se deriva de un estudio internacional con participación del Consejo Superior de Investigaciones Científicas (CSIC) sobre genética de las poblaciones del reno *(Rangifer tarandus)*. [...]

[...] El reno, también conocido como caribú, se distribuye en las regiones polares y boreales de América y Eurasia. La investigación revela la presencia de dos grandes linajes que divergieron hace unos 300 000 años, uno distribuido por toda Eurasia y en el oeste y norte de América, y otro con una distribución restringida a las regiones polares y boreales del este de América. [...]

[...] El estudio, liderado por la Universidad de Laval en Quebec (Canadá), ha caracterizado, con distintos marcadores moleculares, más de 1200 individuos de caribú procedentes de todo su rango de distribución. [...]

[...] Los datos ponen de manifiesto que las poblaciones localizadas en zonas climáticamente más estables y que han sido más adecuadas para la especie durante largos períodos de tiempo presentan mayores niveles de diversidad genética en la actualidad. Precisamente estas zonas son en las que los científicos prevén mayor estabilidad ante distintos escenarios de cambio climático, lo que las convierte en el punto de mira de futuras políticas de conservación encaminadas a la preservación de la especie.

«El caribú no es solo una especie carismática por distintos aspectos culturales, sino que también es de gran relevancia ecológica y económica por su gran impacto en el funcionamiento de los ecosistemas boreales y polares y por su importancia en la dieta y economía de distintos pueblos y comunidades aborígenes», añade Joaquín Ortego, investigador del CSIC en el Instituto de Investigación en Recursos Cinegéticos.

http://www.csic.es/web/guest/noticias-y-multimedia?

ACTIVIDADES

1. ¿A qué biomas hace referencia el texto? ¿En qué regiones biogeográficas están incluidos?

2. Los renos del Ártico tienen su córnea, cristalino y retina adaptados para dejar pasar y percibir longitudes de onda del ultravioleta próximo, más allá del espectro visible.

   Intenta buscar una posible ventaja de esta adaptación visual en las condiciones de vida del Ártico.

3. Documéntate sobre dos adaptaciones de los renos para conseguir mantener su temperatura corporal dentro de unos límites compatibles con la vida.

4. Puede que nunca hayas oído hablar del «liquen de los renos». Organizados en grupos de trabajo, buscad información sobre el mismo y elaborad un pequeño informe, en el que incluyáis su nombre científico, una imagen, su área de distribución natural, sus propiedades nutricionales y las razones de su nombre vulgar.

ACTIVIDADES

1. Los climodiagramas también se denominan diagramas ombrotérmicos.

   Investiga sobre el origen y significado de este último término.

2. Responde de forma razonada a las siguientes cuestiones, relativas a los climodiagramas que se muestran a continuación:

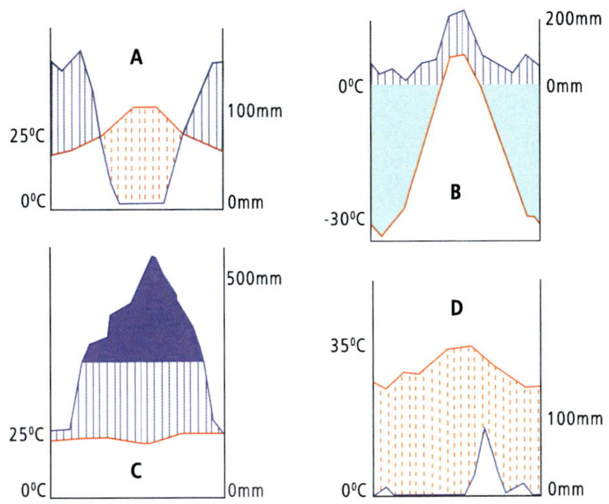

   a. Identifica y señala, en cada caso, los periodos árido, húmedo y de sobrehumedad.

   b. Relaciona cada climodiagrama con su correspondiente bioclima.

   c. Indica el bioma asociado a cada uno de los bioclimas citados anteriormente.

   d. Localiza, sobre el mapa de las regiones bioclimáticas, dos países que posean simultáneamente al menos dos de los biomas anteriormente citados.

3. A continuación se recogen los datos climatológicos de dos estaciones meteorológicas de las ciudades de Adén (A) y de Lagos (L).

A	E	F	M	A	M	J	J	A	S	O	N	D
T (ºC)	24,5	25	26	28,5	30,5	31,5	31	30,5	31	29	26,5	25
P(mm)	8	5	13	5	3	3	0	3	3	3	3	3

L	E	F	M	A	M	J	J	A	S	O	N	D
T (ºC)	27,2	27,9	28,5	28,1	27,7	26,3	25,6	25,4	25,8	26,4	27,4	27,5
P(mm)	27	53	95	146	266	474	271	71	234	197	66	20

   a. Dibuja el diagrama ombrotérmico correspondiente a cada estación meteorológica, y determina el tipo de bioclima de ambas ciudades.

   b. Localiza en un atlas ambas ciudades. ¿A qué países pertenecen? ¿Encuentras correspondencia entre los climas de estos países y los determinados a partir de los climogramas?

4. En la siguiente gráfica se representan las precipitaciones y temperaturas medias de los nueve grupos bioclimáticos.

   A la vista de la misma, sitúa de forma razonada cada bioclima y bioma asociado en su área correspondiente.

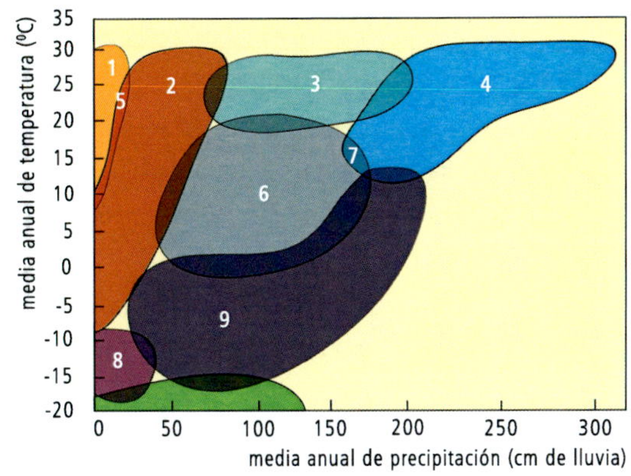

5. Se quiere estudiar la biodiversidad de dos cordilleras (A y B), representadas en la ilustración inferior. Dentro de cada cordillera hay especies exclusivas y otras comunes.

   a. Calcula la biodiversidad alfa, beta y gamma de las cordilleras en estudio.

   b. Razona en qué porcentaje comparten especies ambas cordilleras.

   c. Si solo se dispusiera de fondos para proteger una cordillera, razona, en términos de biodiversidad, cuál de ellas debería protegerse.

ACTIVIDADES

6. Teniendo en cuenta que la cordillera A del ejercicio anterior está formada por tres montañas y la cordillera B por cuatro:

   a. Calcula la biodiversidad alfa local de cada cordillera, entendida como el número medio de especies por montaña.

   b. Si solo se pudiera proteger una montaña, elegida entre ambas cordilleras, razona, basándote en tus cálculos de diversidad alfa local, cuál se debería elegir.

7. En las fotografías se muestran una cabra de Cachemira y una colonia de cochinillas grana, que crecen parásitas en las chumberas.

   Investiga sobre el área biogeográfica de distribución de las tres especies mencionadas y los productos de utilidad para los seres humanos que de ellas se obtienen.

8. En las fotografías aparecen diversas especies vegetales.

   a. ¿Qué adaptaciones a su medio observas en cada una de ellas?

   b. Asocia cada una de estas especies a un posible bioma basándote en sus adaptaciones observables.

9. En las fotografías aparecen diversas especies animales.

   a. ¿Qué adaptaciones a su medio observas en cada una de ellas?

   b. Asocia cada una de estas especies a un posible bioma basándote en sus adaptaciones observables.

10. Observa las fotografías de los siguientes biomas y responde a las preguntas:

Fotografía A

a. ¿Qué bioma reconoces en ella?

b. ¿De qué país es típica esta formación vegetal?

c. Cita dos especies animales y dos vegetales características de este bioma.

Fotografía B

a. ¿Qué bioma reconoces en ella?

b. ¿En qué subregión biogeográfica española se da este tipo de bioma?

c. Cita dos endemismos españoles, uno animal y otro vegetal, propios de este bioma.

ACTIVIDADES

1 Nueva York está en la misma latitud que Valencia: 40° N, y ambas ciudades son costeras y de altitud similar, unos 20 m. Sin embargo Nueva York tiene un bioclima templado típico, mientras que el de Valencia es mediterráneo. Razona qué factores del clima podrían ser los responsables de la diferencia bioclimática existente entre ellas.

2 Copia y completa en tu cuaderno la siguiente tabla con los datos que faltan:

Tipo de bioclima	Características	Vegetación asociada
	Invierno térmico casi perpetuo. Precipitaciones escasas y en forma de nieve.	
		Bosque templado caducifolio, resistente a las heladas.
	Verano cálido y seco. Invierno suave y lluvioso.	
		Bosque de lluvia tropical siempreverde.
	Inviernos fríos y largos; veranos cortos y cálidos. Precipitaciones escasas, con un máximo en verano.	

3 En las imágenes aparecen dos especies, una vegetal y otra animal.

a. ¿Qué adaptaciones a su medio observas en cada una de ellas?

b. ¿En qué bioma situarías estas especies?

c. Razona cuál de los siguientes climodiagramas de la siguiente columna corresponde al bioma mencionado.

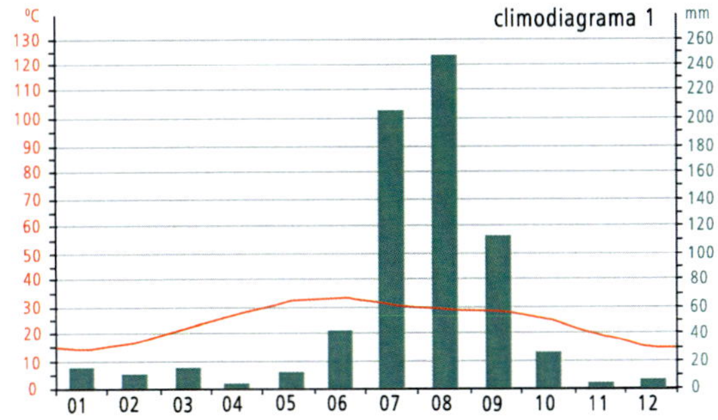

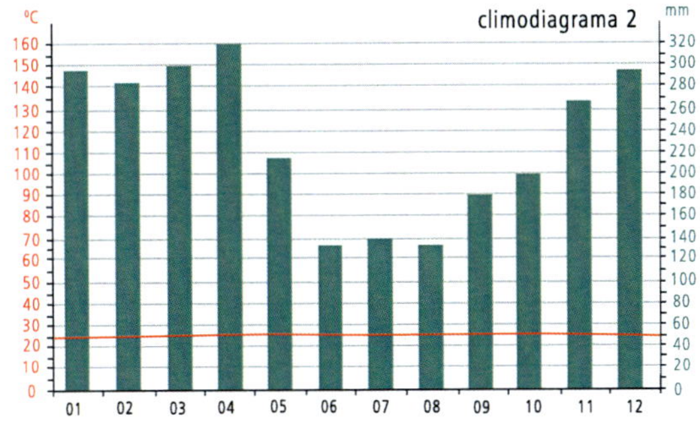

4 Relaciona las siguientes especies animales y vegetales con su bioma correspondiente:

a. Jara.
b. Tigre.
c. Manglares.
d. Hiena.
e. Líquenes.
f. Baobab.
g. Buey almizclero.
h. Elefante.
i. Camelia.
j. Orquídea.

5 Copia y completa en tu cuaderno la siguiente tabla con los datos de biodiversidad que se te piden, relativos a estas dos comunidades:

COMUNIDAD 1: roble *(Quercus pyrenaica)*; pino silvestre *(Pinus sylvestris)*; tejón *(Meles meles)*; mochuelo *(Athene noctua)*; víbora hocicuda *(Vipera latastei)*; romero *(Rosmarinus officinalis)*; herrerillo *(Cyanistes caeruleus)*.

COMUNIDAD 2: lentisco *(Pistacia lentiscus)*; mochuelo *(Athene noctua)*; roble *(Quercus pyrenaica)*; Rosal silvestre *(Rosa canina)*; topillo de campo *(Microtus arvalis)*; víbora hocicuda *(Vipera latastei)*.

	Comunidad 1	Comunidad 2
Diversidad alfa		
Diversidad beta		
Diversidad gamma		

DIARIO DE APRENDIZAJE

¿En qué ocasiones podría serme útil algo de lo que he aprendido en esta unidad?

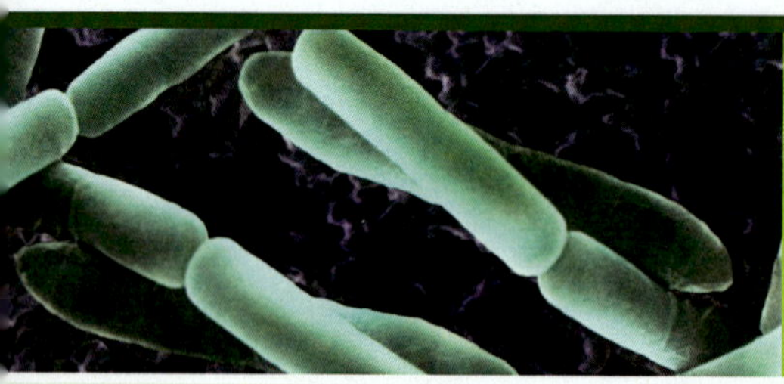

05 BIODIVERSIDAD Y CLASIFICACIÓN DE LOS SERES VIVOS

BIODIVERSIDAD

NEODARWINISMO

Actualizada teoría de la evolución por selección natural desarrollada por Charles Robert Darwin (1809-1882).

EVOLUCIONISMO

Las diferentes especies surgieron por evolución a partir de especies preexistentes.

- Domesticación
- Fósiles intermedios

ASCENDENCIA COMÚN

Para Darwin, la vida se originó una sola vez, y todas las especies comparten un antepasado común.

Las especies se diversifican a medida que evolucionan a partir de su antepasado común. Se organizan en un árbol filogenético.

SELECCIÓN NATURAL

Proceso de cambio en la frecuencia de aparición, en una población, de determinados genes que confieren mayor eficacia biológica que otros a sus portadores.

ESPECIACIÓN

La formación de nuevas especies a partir de un ancestro se debe a:

- Aislamiento de una parte de los individuos de una población o al de diferentes poblaciones entre sí.
- Barreras que imposibilitan el intercambio de material genético con las poblaciones de origen.

- Especiación alopátrida
- Especiación en islas

CONSERVACIÓN

- Incorporar la biodiversidad en todos los ámbitos gubernamentales y de la sociedad.
- Reducir las presiones sobre la biodiversidad y promover la utilización sostenible.
- Salvaguardar los ecosistemas, las especies y la diversidad genética.
- Aumentar los beneficios de la diversidad biológica.
- Mejorar la aplicación del plan estratégico con planificación participativa y gestión de los conocimientos.

PÉRDIDA

- Degradación o destrucción de hábitats naturales.
- Introducción de especies exóticas invasoras.
- Sobreexplotación de recursos.
- Contaminación.

ACTIVIDADES

1. Completa este mapa conceptual con imágenes alusivas a la pérdida y conservación de la biodiversidad.
2. Cita las diferencias entre lamarckismo y darwinismo.
3. Busca información sobre Alfred Russel Wallace y expón su importancia en relación con el darwinismo.
4. Completa y amplía este mapa conceptual con las características e imágenes de las divisiones de los reinos Moneras, Protocistas y Hongos.
5. ¿Qué diferencia a las Bacterias gram negativas de las gram positivas?

CLASIFICACIÓN DE LOS SERES VIVOS

Linneo (1707-1778) expuso la clasificación en cinco niveles jerárquicos. Después se añadieron dos más y quedaron definidos: especie, género, familia, orden, clase, filo y reino.

MONERAS

Son organismos procariotas y se hallan prácticamente en cualquier hábitat. Viven en forma libre, simbiótica o parásita.

Bacterias

Son unicelulares. En ocasiones forman colonias o filamentos.

Poseen una amplia variedad de estrategias metabólicas, y casi todas poseen pared celular de peptidoglucano.

Se reproducen asexualmente por bipartición, y tienen diferentes formas: cocos, bacilos, vibrios y espirilos.

- Gram negativas
- Gram positivas

Arqueas

Se diferencian de las bacterias en:

- Su membrana plasmática carece de ácidos grasos.
- Las que poseen pared celular carecen de peptidoglucanos.
- Son extremófilas, es decir, viven en condiciones extremas.

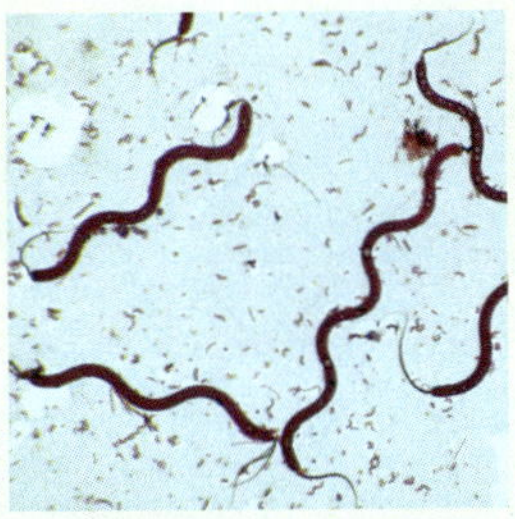

PROTOCTISTAS

Algas

Organismos acuáticos fotosintéticos, unicelulares o pluricelulares, con estructura talofítica.

Protozoos

Organismos eucariotas unicelulares aerobios, que carecen de pared celular y se alimentan mediante fagocitosis principalmente.

Viven en el suelo y en el agua y pueden ser de vida libre, saprófitos o parásitos.

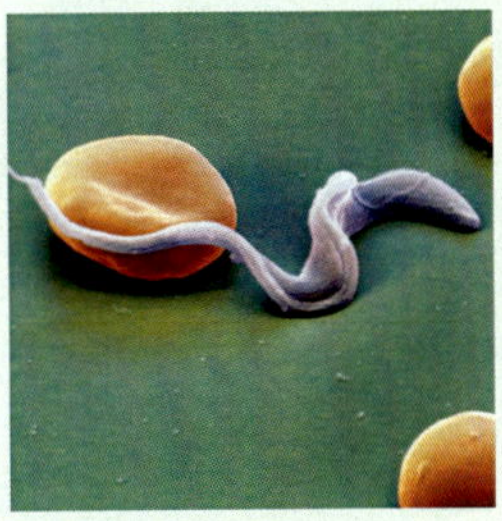

HONGOS

Organismos unicelulares o pluricelulares, heterótrofos saprofíticos, parásitos o simbiontes.

Presentan pared celular formada por β-glucanos, casi siempre de quitina.

Viven en ambientes ricos en materia orgánica.

Toman el alimento por absorción, excretando jugos digestivos al entorno.

Su cuerpo se llama micelio y está formado por un conjunto de hileras de células, las hifas.

- Ascomicetos
- Basidiomicetos
- Glomeromicetos
- Mucormicetos

PLANTAS

ANIMALES

PROCEDIMIENTOS DE LA CIENCIA

Identificación de muestras usando claves dicotómicas

Identificar un ser vivo en la naturaleza, es decir, encuadrarlo en un taxón determinado, no es en general una tarea fácil.

Por esta razón, y con el fin de simplificar dicha tarea se han desarrollado herramientas que permiten identificar un objeto a partir de características fácilmente observables: las **claves dicotómicas**.

Una clave dicotómica ofrece, para cada observación que se efectúe sobre el objeto a identificar, dos resultados contrapuestos entre los que hay que elegir; por ejemplo, «animales con concha» frente a «animales sin concha».

Hay claves para determinar seres vivos de los diferentes reinos: Animales, Plantas, Hongos, Protoctistas, Bacterias o incluso objetos inanimados, como rocas o minerales.

Construcción de claves dicotómicas

Para elaborar una clave dicotómica a partir de un conjunto de objetos se comienza formulando una pregunta sobre los mismos que tenga solo dos posibles respuestas, lo que permitirá separar el conjunto inicial en dos mitades.

A su vez, se formula una pregunta con dos respuestas para cada subconjunto, que de nuevo volverá a ser dividido en dos, hasta que solo queden objetos individuales.

Supongamos que conocemos el nombre de las especies de plantas a las que pertenecen las hojas de las fotografías que tienes más abajo y queremos elaborar una clave dicotómica de las mismas.

Comenzamos entonces a preguntar:

- Son simples (una sola lámina o folíolo por pecíolo).
- Son compuestas (varios folíolos).

A continuación interrogamos sobre los nervios que presentan, y las dividimos según sean uninervias (un nervio), pinnadas (un nervio central del que salen ramas) o palmeadas (como los dedos de la mano). Después preguntamos por la forma del borde de las hojas para completar la clave:

1	Hojas simples	**2**
	Hojas compuestas	**3**
2	Hojas con 1 nervio (uninervia)	***Cedrus atlantica***
	Hojas con varios nervios	**4**
3	Hojas con 3 folíolos	***Trifolium repens***
	Hojas con 7 folíolos	***Aesculus hippocastanum***
4	Hojas con nerviación pinnada	**5**
	Hojas con nerviación palmeada ...	***Platanus hispanica***
5	Hojas con dientes	***Ilex aquifolium***
	Hojas con borde liso	***Juglans regia***

Nogal
(Juglans regia)

Castaño de Indias
(Aesculus hippocastanum)

Acebo
(Ilex aquifolium)

Plátano de sombra
(Platanus hispanica)

ACTIVIDAD

1. Busca fotografías de *Trifolium repens* y *Cedrus atlantica* para observar la forma de sus hojas.

Manejo de claves dicotómicas

Vamos a trabajar con la siguiente clave simplificada para identificar los filos a los que pertenecen los seres vivos que aparecen en las fotografías siguientes.

1	Organismos microscópicos (menores de 5 µm)	2
	Organismos macroscópicos o microscópicos; en el último caso, con células mayores de 5 µm	3
2	Viven en condiciones extremas	**Arqueas**
	No viven en condiciones extremas	**Bacterias**
3	Células rodeadas de una pared celular gruesa	4
	Células sin pared celular	13
4	Células unidas unas a otras formando largos tubos o hifas	5
	Células claramente individualizadas	8
5	Pared celular de celulosa	**Oomicetos**
	Pared celular de quitina	6
6	Hifas sin septos	**Glomeromicetos**
	Hifas septadas	7
7	Estructuras reproductivas microscópicas en forma de saco	**Ascomicetos**
	Estructuras reproductivas microscópicas en forma de maza	**Basidiomicetos**
8	Organismos acuáticos (algas)	9
	Organismos primariamente terrestres	**Plantas**
9	Color predominantemente verde	**Clorófitas**
	Colores distintos al verde	10
10	Organismos unicelulares o coloniales	11
	Organismos pluricelulares	12
11	Color amarillo o dorado	**Crisófitas**
	Color pardo o pardoamarillento	**Diatomeas**
12	Color rojo o rojizo	**Rodófitas**
	Color pardo	**Feófitas**
13	Organismos pluricelulares	**Animales**
	Organismos unicelulares	14
14	Sin estructuras móviles	**Esporozoos**
	Con estructuras móviles	15
15	Emiten pseudópodos	**Amebozoos**
	No emiten pseudópodos	16
16	Con flagelos	**Euglenozoos**
	Con cilios	**Cilióforos**

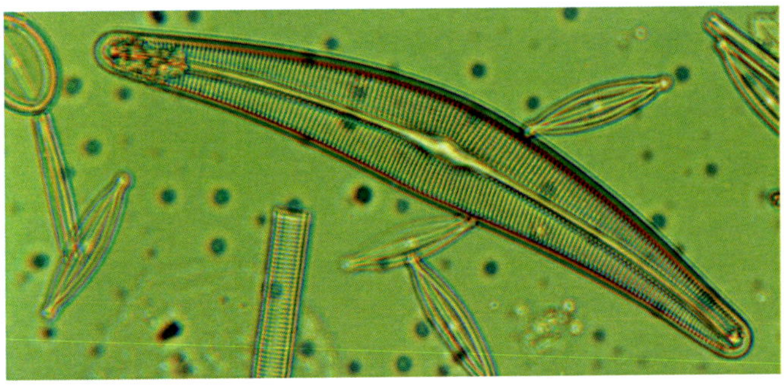

Aumento x200, tamaño 35 mm.

Según la referencia, el organismo es mayor de 5 µm. También se observa una pared celular y que es acuático. Así pues:

1	Célula mayor de 5 µm	3
3	Célula rodeada de una pared celular	4
4	Célula claramente individualizada	8
8	Organismo acuático (alga)	9
9	Color distinto del verde	10
10	Organismo unicelular	11
11	Color pardoamarillento	**Diatomea**

ACTIVIDAD

1. Clasifica los organismos de estas fotografías y escribe sus características.

PIENSA EN INVESTIGAR

BACTERIAS Y DESARROLLO DE VACUNAS

Identificado el mecanismo de división celular del neumococo

08/05/2014

Una investigación liderada por el Consejo Superior de Investigaciones Científicas (CSIC) y la Norgesmiljø-ogbiovitenskapelige Universitet ha determinado la estructura tridimensional de la proteína PcsB, esencial en el proceso de división celular del neumococo, responsable de neumonías y meningitis.

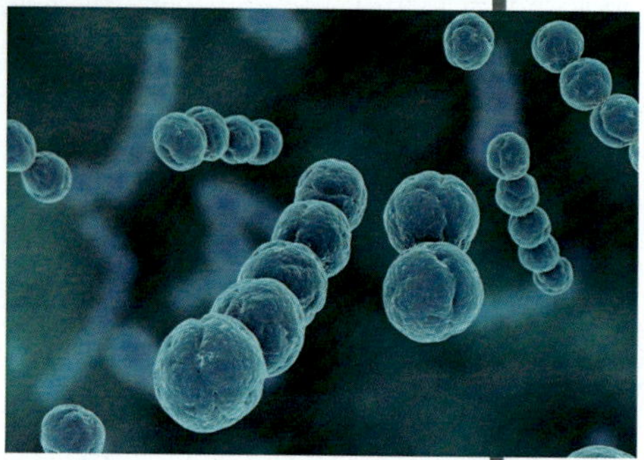

«El conocimiento de este mecanismo celular podría tener dos principales aplicaciones. Si se hallase una molécula que lo bloquee y detenga su crecimiento, se podrían desarrollar nuevos antibióticos», según explica el investigador del CSIC Juan A. Hermoso. Otra aplicación sería el desarrollo de una nueva generación de vacunas.

[...] Una de las claves de la supervivencia de las bacterias patógenas ante los antibióticos es su alta capacidad para reproducirse. Por tanto, el conocimiento de los mecanismos de división celular es crítico en la lucha contra las infecciones bacterianas. La PcsB es una proteína esencial del neumococo implicada en la separación de las células hijas. [...] La neumonía o pulmonía es la patología asociada a los neumococos con mayor índice de mortalidad infantil. Según la OMS, se registran unos dos millones de muertes de niños al año por su causa, cifra superior al número de defunciones infantiles que provocan el sida, la malaria y el sarampión juntos.

«La bacteria tiene una gran resistencia a los antibióticos: entre el 40 % y el 50 % de las cepas presentes en España son capaces de evadir la acción de la penicilina. Existe, además, un número creciente de cepas en todo el mundo que resisten la acción de varios antibióticos a la vez», apunta Hermoso.

Las vacunas actuales contienen una mezcla de azúcares (polisacáridos) de la cápsula del neumococo (envoltura de azúcares que recubre la bacteria). Esto provoca que la vacuna sea costosa y reduce su especificidad. Ya que existen al menos 90 variantes diferentes de cápsulas, es muy difícil cubrir todas ellas.

Una alternativa consiste en usar vacunas basadas en antígenos no-polisacáridos. La proteína PcsB está expuesta en la superficie del neumococo y está bien conservada entre las cepas clínicas de esta bacteria, por lo que se ha demostrado como un candidato ideal para el desarrollo de las nuevas vacunas contra el neumococo.

Sergio G. Bartual y otros. *Structural basis of PcsB-mediated cell separation in Streptococcus pneumoniae*. Nature Communications (2014).

ACTIVIDADES

1. En grupos de trabajo, buscad los términos del texto que no conozcáis.
2. Según su morfología, ¿qué tipo de bacteria es el neumococo? ¿Qué otras formas presentan las bacterias?
3. Investiga si el *Streptococcus pneumoniae* es gram positivo o gram negativo.
4. ¿Por qué crees que es tan importante el descubrimiento de la proteína PcsB?
5. ¿Qué tipo de organismo produce la penicilina? ¿A quién se debe su descubrimiento?
6. ¿Qué hace difícil obtener una vacuna específica para el neumococo?
7. Investigad en grupos qué agentes causan las enfermedades que se citan en el texto.

ACTIVIDADES

1 En la película *Parque Jurásico* (1993), el matemático Ian Malcolm afirma que «los dinosaurios tuvieron su oportunidad y la naturaleza los seleccionó para su extinción». ¿Tiene algún sentido esta frase? ¿Podría haber algo de cierto en ella?

2 ¿Cuál de estas situaciones describe, de forma explícita, un proceso de selección natural? Arguméntalo:

a. En 1987 se importaron 900 000 ejemplares de galápagos de Florida; al ser más adaptables y agresivos, están sustituyendo a los galápagos autóctonos.

b. Una isla es arrasada por una erupción volcánica, y solo sobreviven algunas especies de insectos y unas plantas herbáceas.

c. Al cabo de unos años llegan unas iguanas flotando a la isla; las que posean una tendencia innata a comer de forma variada (incluyendo, por ejemplo, algas) estarán más sanas y se reproducirán más.

3 ¿Cuáles son las diferencias entre las teorías de Lamarck y Darwin? Señálalas completando la siguiente tabla en tu cuaderno:

	Lamarck	Darwin
¿Mediante qué mecanismo se adaptan las especies al medio?		
¿Progresan las especies a lo largo de la cadena del ser? ¿Cómo lo hacen?		

4 Charles Darwin, durante su viaje en el *Beagle*, descubrió en las islas Galápagos trece especies de pinzones que presentaban diferencias en sus picos, adaptados al tipo de alimentación. Investiga sobre estas aves, dibuja los distintos tipos de picos y relaciónalos con el tipo de alimentos que consumen.

5 Observa estas fotografías. Razona por qué causan pérdida de biodiversidad y qué medidas se podrían tomar para evitarlo.

A

B

6 Observa estas fotografías.

a. Identifica estas especies españolas que se encuentran amenazadas.

b. Averigua si alguna de ellas está incluida en la Estrategia Especial de Conservación.

A

B

C

D

7 Busca información sobre los convenios internacionales de protección de la naturaleza: Ramsar, Bonn, Berna, Río y CITES.

8 Elabora una campaña de publicidad para potenciar la conservación de la biodiversidad.

9 Los espacios naturales protegidos, en función de los bienes y valores que se quieren proteger y de los objetivos de gestión que se pretenden cumplir, se clasifican, al menos, en alguna de las siguientes categorías:

a. Parques.

b. Reservas naturales.

c. Áreas marinas protegidas.

d. Monumentos naturales.

e. Paisajes protegidos.

Busca información sobre estas figuras de protección y pon algún ejemplo de cada caso.

10 Considera los siguientes grupos de organismos: Algas rojas, Insectos, Angiospermas, Bacterias, Musgos, Mamíferos, Hongos, Poríferos y Protozoos. Compara su adscripción a los distintos reinos tal y como los concebían Haeckel, Copeland, Whittaker y Margulis.

11 Describe cómo ha ido variando el estatus de las algas verdes (es decir, su adscripción a diferentes reinos) a lo largo de la historia de los sistemas de clasificación.

ACTIVIDADES

12 Lee el siguiente texto:

> La malaria es causada por un parásito denominado *Plasmodium* que se transmite a través de la picadura de mosquitos infectados. En el organismo humano, los parásitos se multiplican en el hígado y después infectan los glóbulos rojos.
>
> Entre los síntomas del paludismo destacan la fiebre, las cefaleas y los vómitos, que generalmente aparecen 10 a 15 días después de la picadura del mosquito.
>
> Si no se trata, el paludismo puede poner en peligro la vida del paciente en poco tiempo, pues altera el aporte de sangre a órganos vitales.
>
> En muchas zonas del mundo los parásitos se han vuelto resistentes a varios antipalúdicos.
>
> Entre las intervenciones fundamentales para controlar la malaria se encuentran el tratamiento rápido y eficaz con combinaciones de medicamentos basadas en la artemisinina, el uso de mosquiteros impregnados en insecticida por parte de las personas en riesgo y la fumigación de los espacios cerrados con insecticidas de acción residual, a fin de controlar los mosquitos vectores.
>
> Fuente OMS

Visita la página web de la organización mundial de la salud (OMS) http://www.who.int/mediacentre/factsheets/fs094/es/ y contesta a las siguientes cuestiones:

a. ¿Con qué otro nombre se conoce la malaria? ¿Es una enfermedad mortal?

b. ¿Qué causa la malaria? (especifica género y especie del organismo patógeno).

c. ¿Cuál es el vector del parásito?

d. ¿Dónde se desarrolla?

e. ¿De qué factores depende la transmisión?

f. ¿Cuál es el medio principal para reducir la transmisión de la malaria?

g. ¿Cuáles son los síntomas de la enfermedad?

h. ¿Dónde se registran más casos de personas enfermas?

i. ¿Existe vacuna contra la malaria?

13 Observa la siguiente gráfica publicada por la Secretaría del Convenio sobre la Diversidad Biológica, en la *Perspectiva Mundial sobre la Diversidad Biológica 3 (2010)* e interprétala.

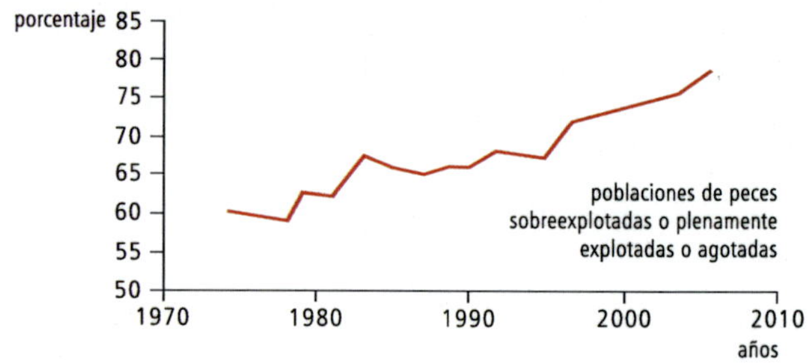

De continuar las mismas tendencias, ¿qué crees que sucederá dentro de 25 años?

14 Busca información, clasifica e indica si son patógenos estos organismos: *Entamoeba histolytica, Clostridium tetani, Escherichia coli, Vibrio cholerae, Salmonella y Lactobacillus casei.*

15 Observa estas fotografías y contesta a las siguientes cuestiones:

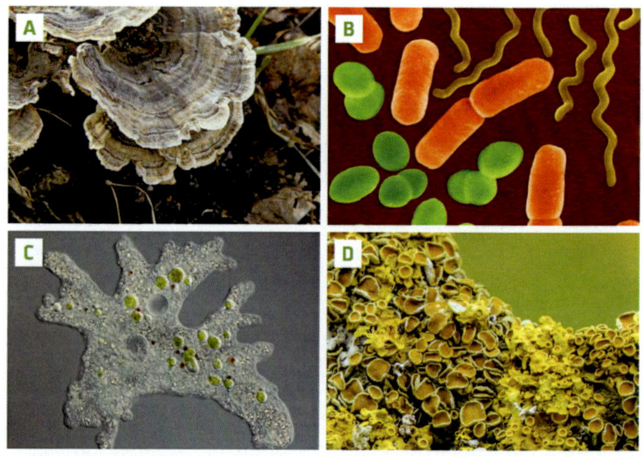

Fotografía A

a. ¿Cómo se llama el cuerpo de estos organismos?

b. ¿Qué tipo de nutrición presentan?

Fotografía B

a. Desde el punto de vista morfológico, ¿cómo se denominan estos organismos?

b. ¿Son células eucariotas o procariotas?

Fotografía C

a. ¿Cómo se desplazan estos seres vivos?

b. ¿A qué reino pertenecen?

Fotografía D

a. Este ser vivo está formado por la asociación de otros organismos. ¿Cuáles?

b. ¿Qué significa que son bioindicadores de la calidad del aire?

ACTIVIDADES

1 Indica si pertenecen a Lamarck o a Darwin estas afirmaciones:

a. Todas las especies actuales proceden de una primera forma ancestral de vida.

b. Los seres vivos se organizan en una cadena que se extiende linealmente desde los Infusorios hasta los Vertebrados.

c. Continuamente aparecen organismos simples por generación espontánea a partir de los constituyentes químicos derivados de la descomposición de los cadáveres.

d. Las especies se diversifican a medida que evolucionan a partir de su antepasado común.

2 Observa estas fotografías. Razona por qué causan pérdida de biodiversidad y cuáles serían las medidas a tomar para evitarlo.

3 Observa esta gráfica publicada por la Secretaría del Convenio sobre la Diversidad Biológica, en la *Perspectiva Mundial sobre la Diversidad Biológica 3 (2010)* e interprétala.

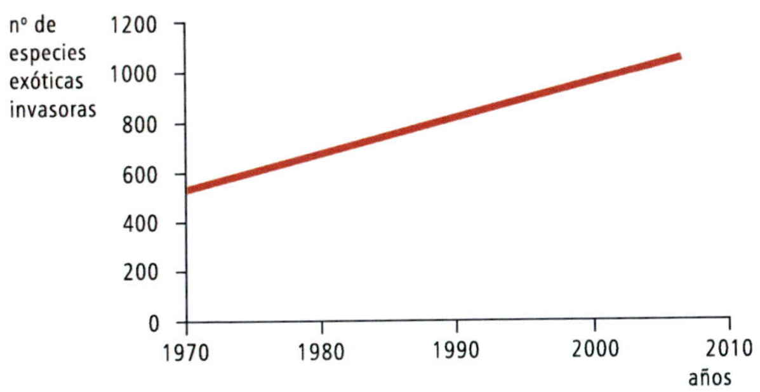

a. Define especie exótica y pon algún ejemplo.

b. Explica qué problemas causa la introducción de especies exóticas en los ecosistemas.

c. Indica si alguna de la metas de Aichi contempla las especies exóticas.

4 Observa estas fotografías y contesta a las siguientes cuestiones:

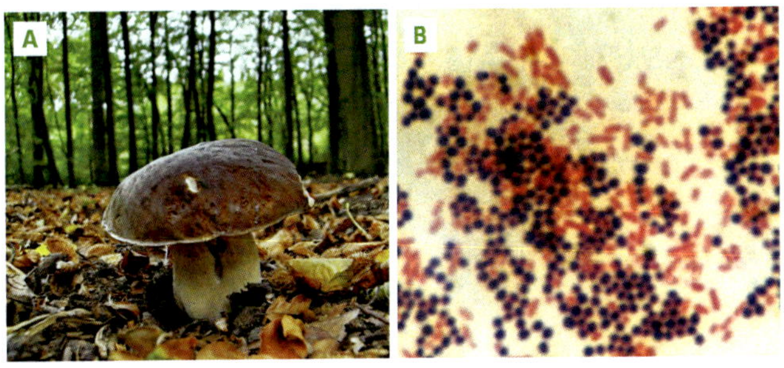

Fotografía A:

a. Indica qué polisacárido forma parte de la pared celular de estos organismos.

b. ¿Cómo se llaman las hileras de células que forman el cuerpo de estos seres vivos?

c. Razona si es correcta la frase *«Todos los hongos son setas»*.

Fotografía B:

a. Indica de qué tipo son las bacterias que se tiñen de rojo por el método de tinción de Gram.

b. ¿De qué tipo son desde el punto de vista morfológico?

c. ¿Qué otro tipo de bacterias hay según la tinción de Gram?

d. ¿Qué tipo de compuesto forma su pared celular? ¿Qué función tiene?

e. ¿Qué tipo de reproducción asexual presentan las Bacterias?

5 Completa la siguiente tabla:

	Reino	Tipo celular	Tipo de nutrición	Número de células
Alga verde				
Coco				
Ameba				
Champiñón				
Levadura				

6 Indica el papel de las bacterias nitrificantes y de las Cianofíceas.

7 Describe las diferencias entre Cilióforos y Euglenozoos.

8 Explica las semejanzas y diferencias entre Ascomicetos y Basidiomicetos.

DIARIO DE APRENDIZAJE

¿Puedo confirmar y ampliar la relación de contenidos de esta unidad en mi entorno?

06 LA CLASIFICACIÓN Y LA NUTRICIÓN DE LAS PLANTAS

REINO PLANTAS

CLASIFICACIÓN

BRIÓFITAS

Son terrestres, de pequeño tamaño y organización sencilla. Carecen de vasos conductores y deben vivir en lugares húmedos para reproducirse y evitar la desecación.

Musgos

En su cuerpo se distinguen:

- Filidios (falsas hojas).
- Caulidios (falsos tallos).
- Rizoides (falsas raíces).

Hepáticas

Tienen forma de lámina lobulada, y son plantas rastreras que se adhieren al sustrato mediante los rizoides.

CORMÓFITAS

Son plantas adaptadas al medio terrestre. En su cuerpo vegetativo se distinguen raíces, tallos y hojas, así como tejidos conductores diferenciados.

Pteridófitas

Están vinculadas al medio acuático.

Poseen esporas y carecen de flores, de semillas y de frutos.

Equisetos y helechos

Espermáfitas

Poseen flores y semillas. Estas últimas presentan cubiertas resistentes y sustancias nutritivas, para proteger y alimentar al embrión, y permiten la diseminación de los nuevos individuos.

Gimnospermas

Presentan semillas desnudas.

Son leñosas, en general de gran tamaño y de hoja perenne.

Coníferas

Angiospermas

La semilla está protegida dentro del fruto, la polinización es preferentemente entomógama, la fecundación es rápida y eficaz, y poseen dispersión de semillas zoócora, hidrócora o anemócora.

Monocotiledóneas

Tienen semillas con un solo cotiledón, haces vasculares dispersos por el tallo y la hoja de forma alargada.

Dicotiledóneas

Poseen semillas con dos cotiledones, haces vasculares en disposición anular y las hojas de formas variadas.

APARATO VEGETATIVO DE LAS CORMÓFITAS

HOJAS

Realizan la fotosíntesis, la evapotranspiración y el intercambio gaseoso fotosintético y respiratorio.

RAÍZ

Ancla el vegetal al suelo, absorbe los nutrientes inorgánicos del suelo, transporta los nutrientes absorbidos al tallo y almacena sustancias de reserva.

TALLO

Transporta la savia bruta a las hojas y la elaborada al resto de órganos, sostiene hojas, flores y frutos, expone las hojas a la luz y almacena sustancias de reserva.

ACTIVIDADES

1. Completa y amplía este mapa conceptual con las características e imágenes de todas las divisiones de plantas que has estudiado en la unidad.
2. Realiza un esquema de un tallo, una hoja y una raíz indicando en cada uno de ellos sus partes.
3. Cita los tres efectos que combinados evitan el gasto energético en el transporte de la savia bruta desde los vasos leñosos hasta las hojas.
4. Cita los factores ambientales que afectan al rendimiento de la fotosíntesis e indica de que manera lo hacen.

NUTRICIÓN

ABSORCIÓN

Tiene lugar, principalmente, a través de los pelos absorbentes de la zona pilífera de la raíz.

De agua

Se realiza mediante el proceso de ósmosis, pasando del suelo a las células epidérmicas de la raíz.

De sales minerales

Solo pueden ser absorbidas si están disueltas en agua, en forma de aniones o cationes. Estos entran en las células de la raíz por transporte activo con gasto energético.

TRANSPORTE

De la savia bruta

Está formada por el agua y los iones que son absorbidos del suelo por la raíz, y desde allí es transportada, por los vasos del xilema, hasta las hojas, donde se realiza la fotosíntesis.

De la savia elaborada

Se forma durante la fotosíntesis y es transportada desde las fuentes (órganos productores) a los sumideros (órganos que consumen), a través del floema mediante un gradiente de presión.

FOTOSÍNTESIS

Síntesis, en los cloroplastos, de materia orgánica a expensas de compuestos inorgánicos y una fuente externa de energía, la luz solar.

Fase luminosa

La energía de la luz solar es transformada en ATP y NADPH.

Este proceso ocurre en la membrana de los tilacoides de los cloroplastos.

Fase oscura

Se utiliza la energía del ATP y NADPH para fabricar glucosa a partir de CO_2 (ciclo de Calvin).

Este proceso ocurre en el estroma de los cloroplastos.

EXCRECIÓN

Eliminación de productos metabólicos resultantes del metabolismo.

El CO_2, el agua y los productos nitrogenados son reutilizados, y otros compuestos son depositados y acumulados en vacuolas.

Algunos productos son acumulados en tejidos o expulsados al exterior.

- Resinas y bálsamos
- Esencias y néctares
- Taninos
- Alcaloides

INTERCAMBIO DE GASES

Se produce a través de los estomas.

Las plantas precisan CO_2, como fuente de carbono en la fotosíntesis, y O_2, como aceptor final de electrones en la respiración aeróbica, y generan CO_2, cuando catabolizan moléculas orgánicas, y O_2, como producto de la fotosíntesis.

PROCEDIMIENTOS DE LA CIENCIA

Estudio experimental de algunos aspectos de la fotosíntesis

Detección del oxígeno producido durante la fotosíntesis

La fotosíntesis es un proceso metabólico, característico de las plantas, que consiste en la transformación de compuestos inorgánicos en compuestos orgánicos mediante la energía luminosa.

Con el fin de detectar la producción de oxígeno en el proceso de la fotosíntesis por la planta *Elodea Canadensis* se ha diseñado esta práctica.

+ ÁCIDO PIROGÁLICO

El ácido pirogálico disuelto en agua forma una disolución incolora. En presencia de oxígeno adquiere un color marrón, cuya intensidad aumenta a medida que lo hace la concentración de oxígeno.

Objetivo

Detectar la producción de oxígeno de *Elodea* al realizar la fotosíntesis.

Materiales

- Planta de *Elodea canadensis*.
- Gradilla.
- Tres tubos de ensayo.
- Tres tapones.
- Agua.
- Ácido pirogálico.
- Papel de aluminio.
- Flexo, en caso de que no haya sol.

Elodea canadensis es una planta monocotiledónea utilizada en los acuarios que, debido a su elevada actividad fotosintética, libera gran cantidad de oxígeno al agua.

El proceso es el siguiente:

1 Prepara los tubos de la siguiente manera:

a. En el **tubo 1** añade agua hasta el borde y coloca un tapón, procurando que quede la menor cantidad de aire posible.

b. En el **tubo 2** añade agua hasta el borde, introduce una rama de *Elodea* y pon el tapón.

c. Prepara el **tubo 3** de la misma forma que el 2 y cúbrelo completamente con papel de aluminio.

2 Coloca la gradilla en una zona soleada del laboratorio. Si no hay sol, ilumínala con el flexo durante casi una hora.

3 Pasado ese tiempo, añade a cada tubo la misma cantidad de ácido pirogálico. Tápalos y agítalos hasta que el ácido se disuelva. Después, observa lo ocurrido en los tres tubos.

Detección de almidón en las células fotosintéticas de las hojas

La acumulación de sustancias de reserva en las hojas depende de la cantidad de materia orgánica producida en la fotosíntesis. La síntesis de almidón se realiza a partir de glucosa, de manera que, si las células fotosintéticas no reciben luz, no habrá fotosíntesis, no se sintetizará glucosa y, por tanto, no se formará almidón.

Con el fin de detectar la presencia de almidón en las hojas como indicador de la realización de la fotosíntesis se ha diseñado esta práctica.

Materiales

- Hojas de geranio o hiedra.
- Mechero, trípode y rejilla.
- Tijeras y pinzas.
- Tres placas de Petri.
- Agua, alcohol etílico y lugol.
- Dos vasos de precipitado de 100 mL y uno de 600 mL.

Preparación previa de la práctica

Durante tres o cuatro días antes de la realización de la práctica, se someterá a la planta a diferentes condiciones de luminosidad. Colócala al lado de una ventana y prepara las hojas, con cuidado de no romperlas, de la siguiente manera:

1. Tapa varias de ellas con una tira de papel de aluminio, como se muestra en la fotografía.
2. Cubre otras hasta el tallo con papel de aluminio.
3. Deja algunas hojas al descubierto.

El proceso es el siguiente:

1 Corta tres hojas de la planta (una totalmente cubierta, otra tapada con la tira de papel de aluminio y la otra sin cubrir). Introdúcelas en el vaso de precipitados de 100 mL con agua hirviendo durante medio minuto. Antes de hervirlas, haz una marca a cada una para reconocer en qué condiciones ha estado; por ejemplo, corta los pecíolos a distinta longitud.

2 Coge las hojas con las pinzas y llévalas al vaso de precipitado con alcohol etílico, que pondrás al baño María. Hiérvelas suavemente hasta que se decoloren.

3 Saca las hojas del alcohol, colócalas en una placa de Petri, déjalas secar y añade el lugol.

ACTIVIDADES

Detección del oxígeno producido durante la fotosíntesis

1
a. Explica para qué crees que sirve el tubo 1.
b. ¿Para qué se cubre el tubo 3 con papel de aluminio?
c. Observa los resultados obtenidos y explica lo que ha sucedido en cada uno de los tres tubos de ensayo.
d. ¿Qué sucedería si al tubo 3 le quitáramos el papel de aluminio?

Detección de almidón en las hojas

2
a. ¿Observas alguna diferencia en las hojas antes de hervirlas en agua?
b. ¿Para qué se hierven las hojas en el alcohol?
c. Anota lo que observas en las tres hojas en cada uno de los pasos que vas dando.
d. ¿Qué observas una vez que has añadido el lugol?
e. ¿Qué conclusión obtienes a la vista de los resultados que has conseguido?
f. La síntesis de glucosa en las plantas, ¿requiere la presencia de luz? ¿Y la de almidón?

PIENSA EN INVESTIGAR

PLANTAS ACUÁTICAS Y CAMBIO CLIMÁTICO

La *Posidonia oceanica* está en regresión desde hace medio siglo

Un equipo de investigadores del Consejo Superior de Investigaciones Científicas (CSIC) ha evaluado el estado de las praderas de *Posidonia oceanica* en el Mediterráneo occidental desde que hay registros, y ha concluido que este tipo de hierba submarina está en regresión desde la segunda mitad del siglo XX. Su extensión se podría haber reducido entre un 13 % y un 38 % en el último medio siglo, y las áreas restantes habrían reducido su densidad en un 50 % en los últimos 20 años.

«La *Posidonia oceanica*, angiosperma marina endémica del Mediterráneo, forma el ecosistema costero dominante en este mar y proporciona importantes servicios ecosistémicos: las praderas son sumideros de carbono, estabilizan el sedimento, evitan la erosión costera e incrementan la biodiversidad y los recursos vivos», señala la investigadora del CSIC Núria Marbà, del Institut Mediterrani d'Estudis Avançats.

Marbà añade que «las praderas de *P. oceanica* son ecosistemas milenarios, crecen muy lentamente y son muy vulnerables al deterioro costero. [...]

Según indica el estudio, desde los años 60 la extensión de *Posidonia oceanica* en este mar puede haber disminuido entre un 13 % y un 38 %. «Debido a la disminución de las praderas, la cantidad de CO_2 que este ecosistema captura actualmente probablemente es entre el 62 % y el 87 % del que secuestraba antes de 1960», indica Marbà. Globalmente, el Mediterráneo ha perdido densidad de *Posidonia oceanica* a una tasa de casi un 7 % al año.

Los beneficios que prestan las praderas de posidonia al ecosistema también se habrían reducido. «Estos servicios ecosistémicos, como, por ejemplo, el aumento de la calidad del agua, la protección costera, la adaptación a la subida del nivel del mar, la reducción de la acidificación del océano, también se habrían reducido un 50 % durante los últimos 20 años», añade Marbà.

«El 67 % del declive de praderas se ha atribuido a impactos causados por el ser humano; el 30 % se debe a eutrofización (aumento excesivo de algas) costera; y el 39 %, a presiones múltiples»,señala la científica.

Los autores concluyen que «este estudio indica que es necesario implementar medidas de gestión y conservación para mitigar el deterioro costero combinando acciones locales y globales».

Núria Marbà, Elena Díaz-Almela, Carlos M. Duarte. *Mediterranean seagrass (Posidonia oceanica) loss between 1842 and 2009.Biological Conservation.* 24 mayo 2014.

ACTIVIDADES

1. Resume en 5 líneas el tema del que trata el texto.

2. En 1999, las praderas de *Posidonia* del Parque Natural de ses Salines, entre las islas de Ibiza y Formentera, fueron declaradas Patrimonio de la Humanidad por la Unesco.

   Explica el papel de esta planta en el mar Mediterráneo.

3. Explica la relación entre la *Posidonia* y el cambio climático.

4. Investiga qué factores están provocando que esta especie se encuentre en regresión.

5. ¿Cuáles son los gases de efecto invernadero y qué relación tienen con la supervivencia de la posidonia?

6. Visita la página web del CSIC (Consejo Superior de Investigaciones Científicas), www.csic.es, e indica cuáles son las últimas investigaciones realizadas sobre esta planta.

ACTIVIDADES

1. Indica las semejanzas y diferencias entre las Algas y las Briófitas.

2. ¿Por qué se afirma que los musgos son plantas no vasculares?

3. Observa esta fotografía e indica si se trata de una Cormófita, una Fanerógama o una Espermáfita. Razona tu respuesta.

4. Observa las fotografías y responde.
   a. ¿A qué grupo pertenece cada planta?
   b. ¿Qué características las definen?
   c. ¿Qué tienen en común ambas plantas?
   d. ¿En qué se diferencian de la planta de la actividad 3?

A

B

5. Indica dos características que te permitirían reconocer a simple vista una Monocotiledónea.

6. Haz un dibujo del aparato vegetativo de una Cormófita e indica sus partes.

7. Investiga qué tipo de raíz tienen el ajo, la dalia, el rábano y la hiedra.

8. Busca información sobre los tipos de hojas y clasifica (según su forma, tipo de borde, etc.) las que se muestran a continuación.

A B C D

9. Enumera los procesos que se dan en la nutrición vegetal.

10. Con frecuencia, en los suelos agrícolas el nitrógeno es un factor que limita el crecimiento de las plantas.
    a. ¿A qué se debe esto? ¿Cómo crees que se puede resolver?
    b. Explica por qué las plantas leguminosas pueden vivir en suelos pobres en nitrógeno.

11. Indica por qué no se debe utilizar agua de mar para el riego de cultivos agrícolas.

12. ¿Por dónde se produce la absorción de los abonos agrícolas que se pulverizan sobre las plantas?

ACTIVIDADES

13 Explica las diferencias entre los macronutrientes y los micronutrientes. Pon tres ejemplos de cada uno de ellos.

14 Cita las semejanzas y las diferencias entre las vías apoplástica y simplástica.

15 ¿Por qué parte de la hoja se realizará mayoritariamente el intercambio de gases?

16 Indica mediante qué mecanismo se llevan a cabo los siguientes procesos:

a. Entrada de sales minerales en la raíz.

b. Transporte de células parenquimáticas a las células acompañantes del floema.

c. Entrada de agua en la raíz.

d. Paso del agua desde el xilema al floema.

17 Se calcula que el 90 % del agua absorbida por la planta se pierde por transpiración. Razona cómo variará la transpiración si se somete a la planta a estas condiciones climatológicas:

a. Día con mucho viento.

b. Día muy caluroso.

c. Día con mucha humedad ambiental.

18 ¿Por qué crees que las plantas que viven en ambientes áridos tienen menos estomas en las hojas?

19 ¿Cómo se explica que el ascenso de savia bruta no requiera gasto de energía?

20 Razona si es cierta la afirmación «La savia elaborada siempre va en sentido descendente».

21 ¿Dónde se realiza la fotosíntesis en los cactus cuyas hojas se han transformado en espinas?

22 Dibuja una hoja e indica, mediante flechas, la entrada y la salida de gases durante el día y durante la noche.

23 ¿Qué sucederá en los periodos de sequía o en días muy cálidos de verano con la apertura estomática?

24 Indica cómo afectan a la apertura o cierre de los estomas:

a. Mucha luz (día).

b. Elevada concentración de CO_2 en la hoja.

c. Elevada concentración de K^+ en las células oclusivas.

d. Temperatura de 40 °C.

25 Observa esta ilustración. Nombra las partes marcadas con números e indica qué procesos se llevan a cabo en ellas.

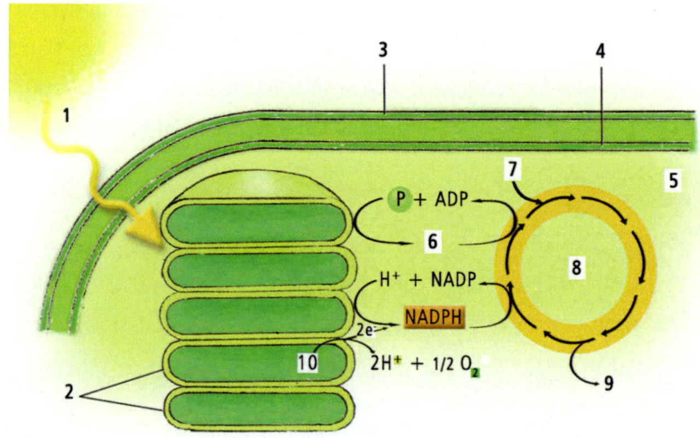

26 Observa esta gráfica sobre la fotosíntesis e interprétala.

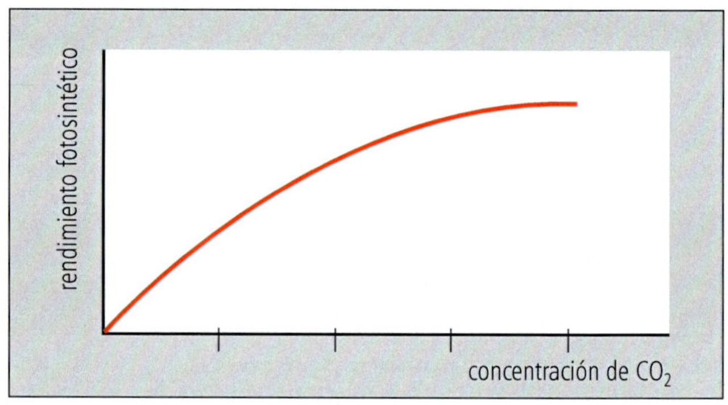

27 Contesta a las siguientes preguntas sobre la ilustración.

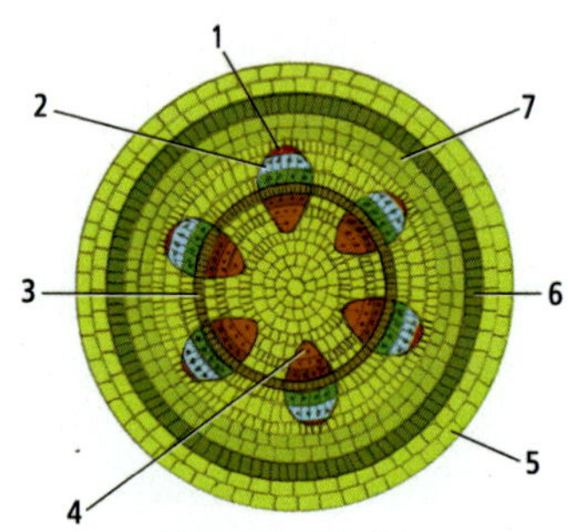

a. ¿Qué representa? ¿Cuál es la función que cumple esta estructura?

b. ¿La presentan todas las plantas?

c. ¿Qué partes aparecen numeradas?

28 Investiga y realiza un informe sobre los usos de los aceites esenciales de:

- Romero.
- Eucalipto.
- Rosa.
- Lavanda.
- Manzanilla.
- Jazmín.
- Menta.
- Poleo.
- Cantueso.

ACTIVIDADES

1 Observa la ilustración y contesta a las siguientes cuestiones:

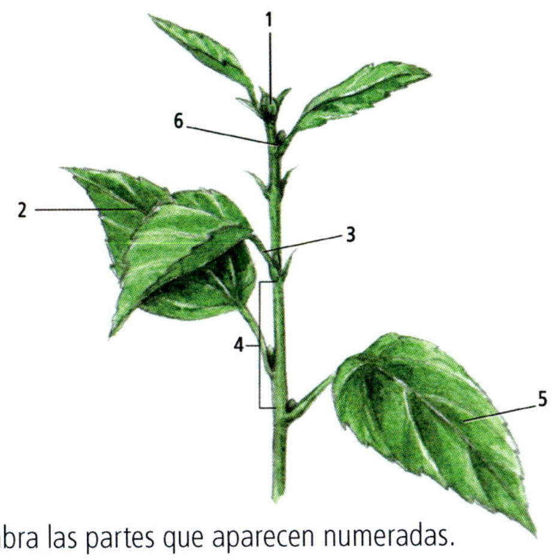

a. Nombra las partes que aparecen numeradas.
b. Indica la función de las hojas.
c. Indica qué tejidos forman 1 y 2.
d. Define: haz, envés, pecíolo y nudo.
e. Indica si 1, 5 y 6 son fuentes o sumideros.

2 Observa esta ilustración y contesta a las siguientes preguntas:

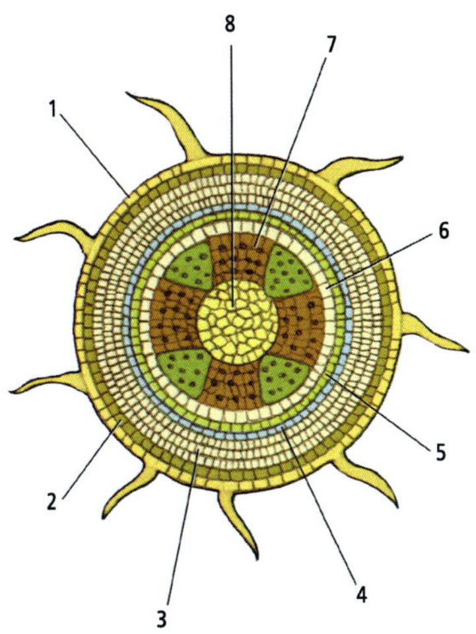

a. ¿Qué representa este dibujo?
b. ¿Qué plantas presentan esta estructura y cuál es la función que cumplen?
c. Nombra las partes que aparecen marcadas con un número.
d. Indica qué tejidos forman las capas 1, 3, 6 y 7 y qué función cumple cada uno de ellos.
e. ¿Dónde se localiza la banda de Caspary y qué función tiene?

3 ¿Qué características han proporcionado un mayor éxito evolutivo a las Angiospermas comparadas con las Gimnospermas?

4 Describe cuáles son las fases de la fotosíntesis y la importancia que tiene este proceso.

5 Observa estas fotografías y contesta a las siguientes cuestiones:

a. Asocia estas características a cada una de las plantas:
   1. Poseen rizoides, cauloides y filoides.
   2. Las flores son unisexuales, sin cáliz ni corola.
   3. Su cuerpo vegetativo se denomina cormo.
   4. Poseen las semillas protegidas por frutos.
   5. Carecen de vasos conductores.
   6. Poseen hojas aciculares o escamosas.
   7. Carecen de flores, de semillas y de frutos.
   8. Deben vivir en lugares húmedos pues necesitan agua para reproducirse.
   9. Poseen flores y semillas.
   10. Tienen polinización preferentemente entomógama.
b. Clasifica las cuatro plantas de las fotografías.

6 Observa esta gráfica e interprétala.

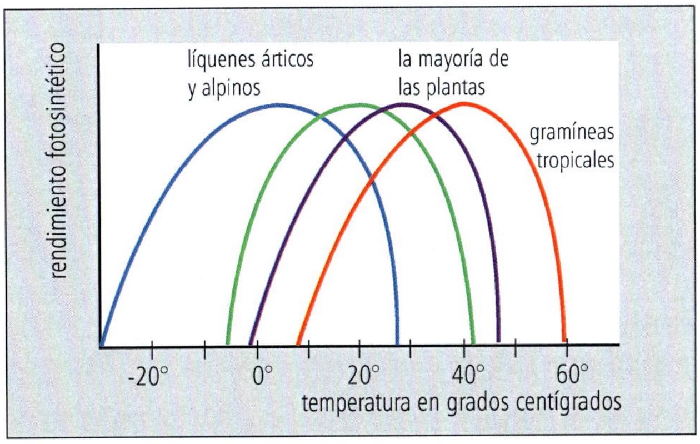

DIARIO DE APRENDIZAJE

¿Qué grado de satisfacción he alcanzado con respecto al interés que me suscitaba este tema?

07 LA REPRODUCCIÓN Y LA RELACIÓN DE LAS PLANTAS

REPRODUCCIÓN SEXUAL EN LAS PLANTAS

Ciclo haplodiplonte, donde se alternan el gametófito haploide y el esporófito diploide.

BRIÓFITAS

ESPORÓFITO

Se desarrolla a partir del cigoto y crece sobre el gametófito. Se forman las esporas.

GAMETÓFITO

Fase dominante. Forma los anteridios y los arquegonios.

PTERIDÓFITAS

ESPORÓFITO

Fase dominante. Tiene organización cormofítica.

GAMETÓFITO

De vida libre, se denomina protalo. Cuando madura desarrolla los anteridios y los arquegonios.

REPRODUCCIÓN ASEXUAL EN LAS PLANTAS

APOMIXIS

Las semillas se originan sin meiosis ni fusión de gametos. Los embriones son genéticamente idénticos a la planta madre.

MULTIPLICACIÓN VEGETATIVA

Se obtienen individuos completos a partir de unas estructuras, denominadas propágulos. Muy extendida en las Cormófitas.

ESTOLONES

Ramas rastreras que, al tocar el suelo, enraízan y generan una nueva planta.

RIZOMAS

Tallos subterráneos horizontales, que originan nuevas plantas.

TUBÉRCULOS

Tallos subterráneos engrosados.

BULBOS

Tallos cortos y cónicos con yemas.

ACTIVIDADES

1 Amplía este mapa conceptual respondiendo a las siguientes cuestiones. Incluye imágenes cuando sea posible.

a. Indica las diferencias entre los tres tipos de ciclos biológicos.

b. Razona las ventajas y desventajas de cada tipo de reproducción, sexual o asexual.

c. Describe el ciclo reproductivo de las plantas.

d. Compara las características de los gametófitos y esporófitos de los diferentes grupos de plantas en una tabla.

e. Justifica las ventajas adaptativas de las Espermáfitas, frente a las Briófitas y Pteridófitas; y de las Angiospermas respecto a las Gimnospermas.

f. Explica las características y funciones de las hormonas vegetales.

g. Diferencia entre los tropismos y las nastias.

ESPERMÁFITAS

- Gametófitos microscópicos.
- Presentan dos tipos de esporangios.
- Poseen flores.
- Forman semillas.

GIMNOSPERMAS

Flores o conos (unisexuales)

- Masculinos. Forman los granos de polen, que contienen los gametos masculinos.
- Femeninos. Forman los sacos embrionarios, que contienen arquegonios con las oosferas.

Polinización y fecundación

- Polinización anemófila.
- La semilla es el piñón.
- El cono femenino se convierte en una piña.

ANGIOSPERMAS

Flores

- Hermafroditas generalmente.
- Periantio (cáliz y corola).
- Androceo y gineceo (órganos reproductores).
- Pedúnculo floral.

Polinización y doble fecundación

- Polinización entomófila mayormente.
- El cigoto forma el embrión, el óvulo se transforma en la semilla y el ovario se convierte en fruto.

RELACIÓN EN LAS PLANTAS

SECRECIÓN DE HORMONAS

Reguladoras del desarrollo de la planta.

Auxinas, Giberelinas, Etileno, Citoquinas, Ácido abcísico, Brasinoesteroides.

MOVIMIENTOS

TROPISMOS

Movimientos de crecimiento permanentes de ciertos órganos ante su estímulo.

- Gravitropismo
- Fototropismo
- Quimiotropismo
- Tigmotropismo

NASTIAS

Movimientos no permanentes.

- Fotonastia
- Quimionastia
- Sismonastia

FOTOPERIODICIDAD

Respuesta fisiológica al fotoperiodo.

Plantas de día corto, día neutro y día largo.

PROCEDIMIENTOS DE LA CIENCIA

Intervención humana en la reproducción de las plantas: hidroponía y medio ambiente

La **hidroponía,** también conocida como agricultura hidropónica, consiste en el cultivo de plantas usando soluciones minerales en vez de suelo agrícola.

Como sustrato de fijación de la planta se emplean medios inertes y porosos (generalmente turba, perlita, lana de roca, grava o arena), a los que se suministra agua con los nutrientes incorporados a través de un sistema de bombeo y recirculación mediante drenado, para evitar el encharcamiento.

Aunque el suelo es un reservorio de nutrientes para la planta, no es indispensable para que esta se desarrolle. Prácticamente cualquier planta terrestre puede crecer con hidroponía, aunque algunas lo hacen mejor que otras.

Los primeros vegetales cultivados a nivel agrícola con técnicas hidropónicas fueron los tomates.

Durante la Segunda Guerra Mundial la hidroponía fue clave para proveer de verduras frescas a las tropas aliadas, en aquellas islas donde no había suelo disponible.

Ventajas del cultivo hidropónico

- Rápido crecimiento y maduración de la planta independientemente de las condiciones climáticas del medio.
- Bajo riesgo de exceso de irrigación, pues las raíces se mantienen en un nivel de humedad óptimo.
- Ahorra agua y nutrientes.
- Elimina los riesgos de enfermedades infecciosas por contagio a partir de patógenos presentes en el suelo.
- Permite el cultivo en regiones donde no hay suelos con la calidad agrícola adecuada.
- Favorece el descanso de la tierra, por lo que es útil en suelos desgastados por ciclos de cultivo reiterados.
- No requiere de grandes espacios, lo que resulta muy rentable económicamente.

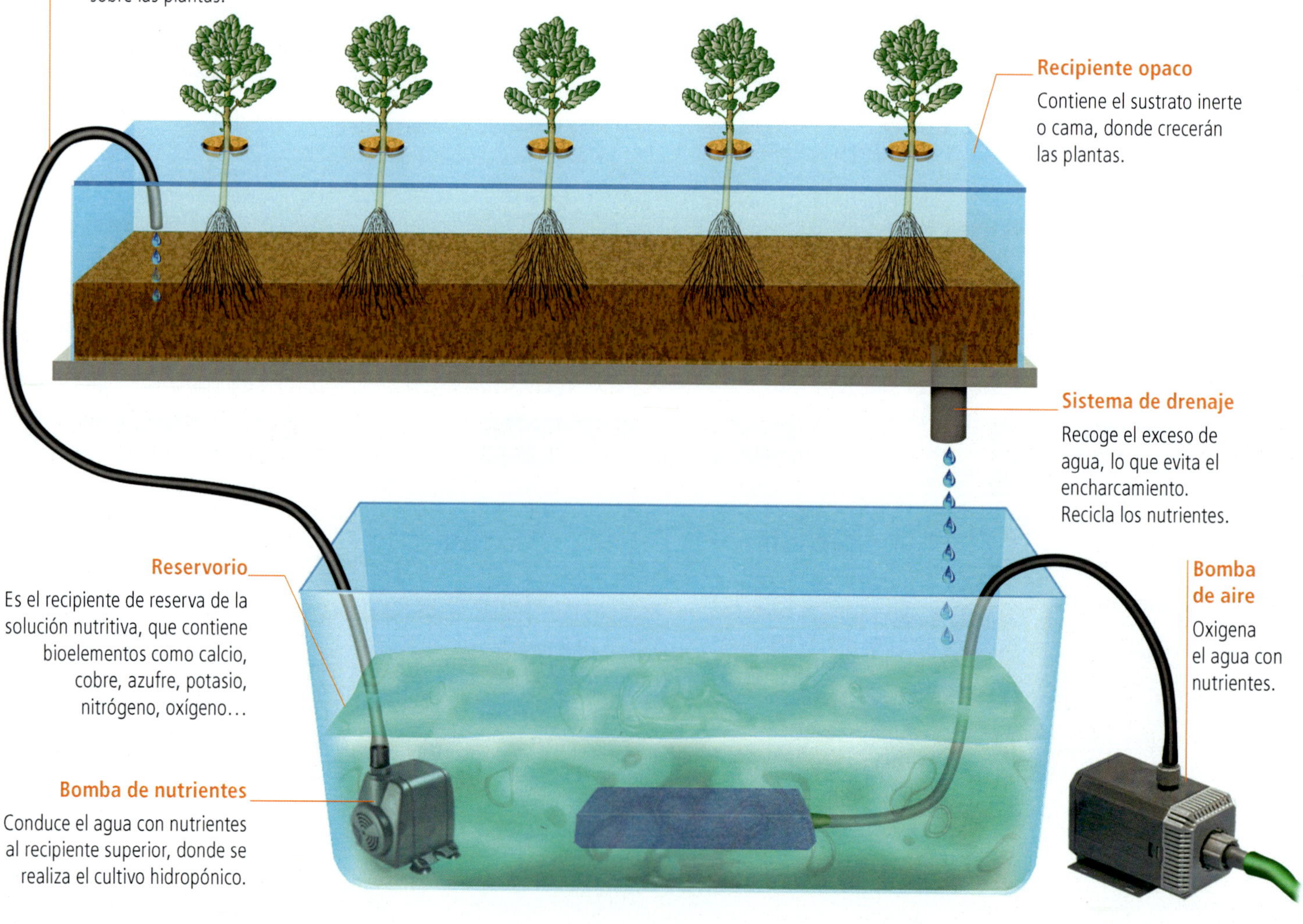

Micropropagación en el laboratorio

La micropropagación es una técnica que consiste en tomar las células meristemáticas de la planta, que se encuentran en las yemas, y proporcionarles artificialmente, mediante cultivo hidropónico, las condiciones físicas y químicas apropiadas para que se formen nuevas plantas. Una vez que la planta está completa y puede absorber nutrientes por la raíz, se trasplanta al invernadero. A los fragmentos extraídos de la planta madre se los denomina **explantos**, y su cultivo se realiza:

- En recipientes de vidrio.
- Sobre un sustrato artificial estéril libre de microorganismos.
- Sobre un sustrato que contiene los nutrientes necesarios para el crecimiento de las plantas.
- Con un aporte de hormonas vegetales (auxinas, giberelinas, citoquinas...) sobre el sustrato.

La técnica de micropropagación permite el desarrollo fácil y rápido de plantas idénticas que se utilizan para la investigación agrícola.

PLANTAS CLÓNICAS

La micropropagación permite obtener miles de plantas clónicas, con la ventaja de que, si el ejemplar madre está sano, todas las que se originen a partir de él lo estarán, pues son genéticamente iguales. De este modo se asegura la homogeneidad de la producción.

El proceso es el siguiente:

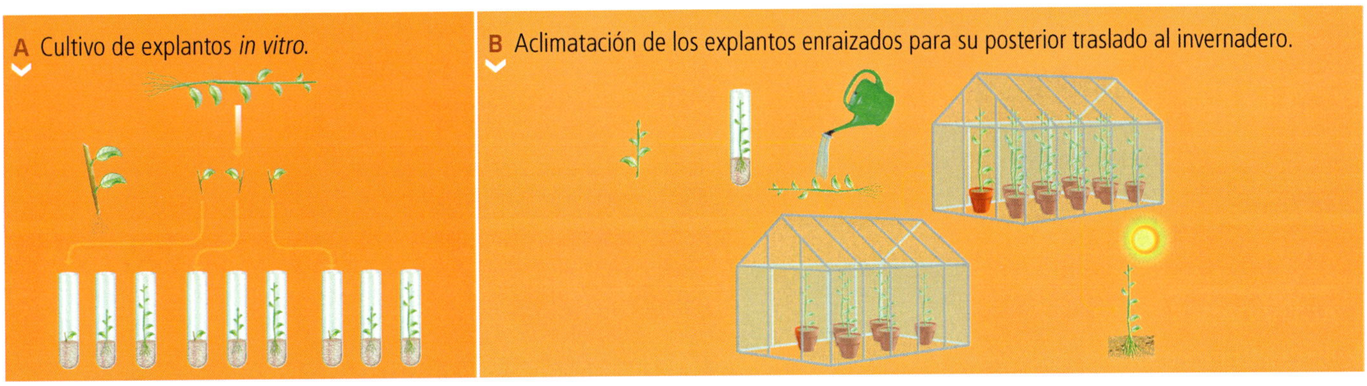

ACTIVIDADES

1 Organizados en grupos de trabajo, realizad las siguientes actividades relacionadas con la hidroponía.

Buscad información sobre los cultivos hidropónicos y elaborad un informe que incluya los siguientes aspectos:

a. Historia de los cultivos hidropónicos.
b. Problemas agrícolas asociados a las regiones del sudeste de España y soluciones adoptadas por la agricultura tradicional para poder desarrollar cultivos en estas áreas.
c. Problemas derivados del trabajo del suelo bajo invernadero.
d. Soluciones aportadas por las nuevas técnicas hidropónicas.
e. Tipos de cultivos más adecuados para la hidroponía.
f. Razones que avalan el uso de la hidroponía.
g. Futuro de la hidroponía en España.

2 En el texto se nombran tres hormonas vegetales. Redactad un informe sobre las funciones que dichas hormonas desempeñan en el desarrollo del vegetal.

Razonad cuál o cuáles de ellas serían las más adecuadas para el desarrollo de los explantos *in vitro*.

3 ¿Por qué las plantas obtenidas por micropropagación son clónicas?

4 Debate en clase con tus compañeros sobre las siguientes cuestiones:

- ¿Qué ventajas pensáis que tienen el cultivo y la comercialización de plantas clónicas?
- ¿Qué desventajas podría tener el cultivo de plantas clónicas?

PIENSA EN INVESTIGAR

OBTENCIÓN DE EMBRIONES A PARTIR DE GAMETOS

Método de obtención de embriones haploides y plantas doble-haploides de encina

Las especies forestales, como la encina, están sometidas a largos ciclos reproductivos que impiden la obtención de **líneas puras** mediante métodos convencionales [...]. Este hecho dificulta aún más la mejora genética clásica, ya de por sí lenta, puesto que se necesitan varios años para que las plantas alcancen la madurez sexual. Por este motivo se ha buscado una alternativa válida para obtener líneas puras en una sola generación.

El método utilizado se basa en la producción de embriones haploides y plantas **doble-haploides** de encina mediante **embriogénesis gamética.**

El método, desarrollado por científicos españoles del INIA en colaboración con la Universidad de Córdoba, consiste en la inducción de la embriogénesis gamética en las micrósporas de la encina mediante la siguiente técnica.

http://wwwsp.inia.es

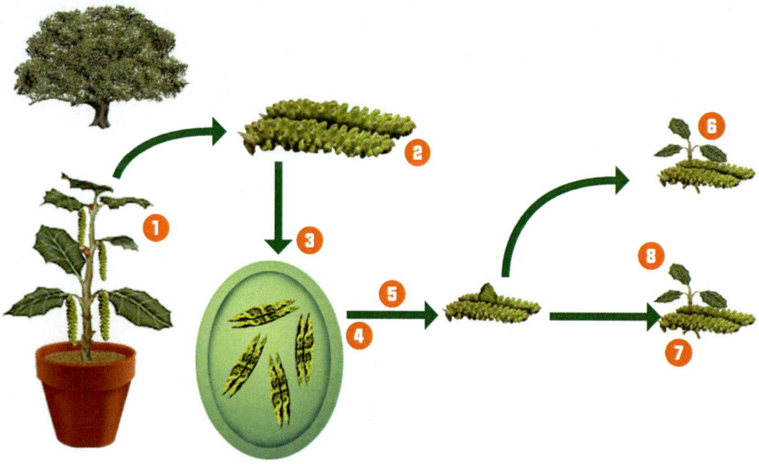

1 Choque térmico por frío. Los amentos se someten a estrés por frío.
2 Extracción de anteras.
3 Choque térmico por calor de las anteras.
4 Inducción de embriogénesis gamética.
5 Obtención de embriones haploides.
6 Desarrollo de plantas haploides.
7 Diploidización de embriones haploides.
8 Desarrollo de plantas doble-haploides.

ACTIVIDADES

1. Busca información sobre el significado de los términos destacados y aquellos que desconozcas.

   A continuación, elaborad entre toda la clase un glosario con los mismos.

2. Investiga el efecto de la colchicina sobre el proceso mitótico, relacionándolo con su uso para la obtención de plantas doble-haploides.

3. ¿Con qué tipo de reproducción asexual natural relacionas este método de embriogénesis gamética?

4. El método descrito en el texto está registrado como patente española.

   Lee el artículo de la Fundación para el Conocimiento Madrimasd y debatid en clase sobre el problema de las patentes en España.

   http://www.madrimasd.org/informacionidi/noticias/noticia.asp?id=58210&origen=notiweb&dia_suplemento=viernes

5. En el siguiente vídeo se explica, de forma clara y didáctica, la obtención de embriones haploides de la planta del tabaco a partir del cultivo de sus anteras:

   http://politube.upv.es/play.php?vid=48721

   a. El vídeo se estructura en cuatro apartados: introducción, objetivo, materiales, protocolo y resultados. Relaciona este esquema con los pasos del método científico.
   b. ¿Por qué resultan interesantes las plantas haploides?
   c. ¿Cuántas generaciones se requieren para obtener plantas homocigotas mediante el procedimiento tradicional de autofecundación? ¿Y mediante la obtención de plantas doble-haploides?
   d. ¿Qué diferencia existe entre la ginogénesis y la androgénesis? ¿Cuál es el mejor método para obtener embriones haploides? ¿Por qué?
   e. ¿Por qué es conveniente convertir las plantas haploides en diploides? ¿Cómo se consigue esto?

ACTIVIDADES

1 Indica cuál de las siguientes afirmaciones es verdadera:

a. Los gametos pueden ser haploides o diploides y se forman siempre por mitosis.

b. Los gametos son siempre haploides y se forman por meiosis.

c. Los gametos pueden ser haploides o diploides y pueden formarse por mitosis o por meiosis.

d. Los gametos son siempre haploides y se pueden formar por mitosis o por meiosis.

e. Los gametos son siempre diploides y se forman por mitosis.

2 Observa el ciclo biológico del carbonero (*Parus major*) y responde:

a. ¿Qué tipo de ciclo biológico es?

b. ¿Qué nombre reciben las células 1 y 2? ¿Son diploides o haploides?

c. ¿Cómo se llaman los procesos A y B?

d. ¿Qué nivel de ploidía poseen los carboneros adultos, señalados con el número 3?

3 Observa la imagen, que representa una fase del ciclo biológico de un helecho, y responde:

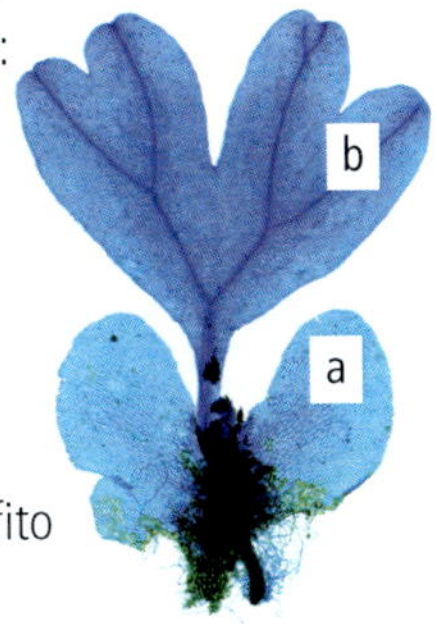

a. ¿Qué parte corresponde al esporófito y cuál al gametófito?

b. ¿Cuál es diploide y cuál haploide?

c. ¿Dónde se desarrollan los arquegonios?

d. ¿Por qué en las Pteridófitas es imposible encontrar el gametófito cuando el esporófito ha alcanzado un cierto tamaño?

4 Observa la fotografía y responde:

a. ¿A qué grupo de plantas pertenece?

b. ¿Qué estructuras observas en ella? ¿Son diploides o haploides?

c. ¿Qué ocurre dentro de las formaciones de color marrón con aspecto redondeado?

5 Observa las fotografías, y después, responde.

a. ¿A qué grupo pertenece cada una?

b. ¿Qué partes se observan en ellas?

c. ¿Cuáles son las semejanzas y las diferencias entre ambos tipos de estructuras?

6 La siguiente fotografía corresponde al gametófito femenino de una Espermáfita.

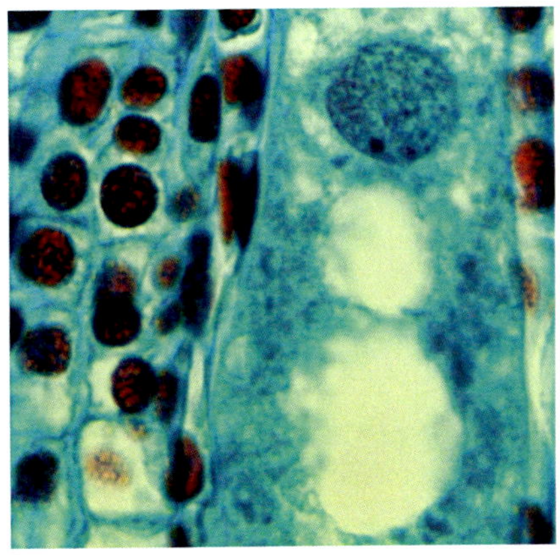

a. ¿Qué otro nombre reciben los gametófitos femeninos?

b. ¿Cuál es su función en el contexto del ciclo biológico?

c. Razona si se trata de un gametófito de una Gimnosperma o de una Angiosperma.

7 Observa la siguiente fotografía y responde:

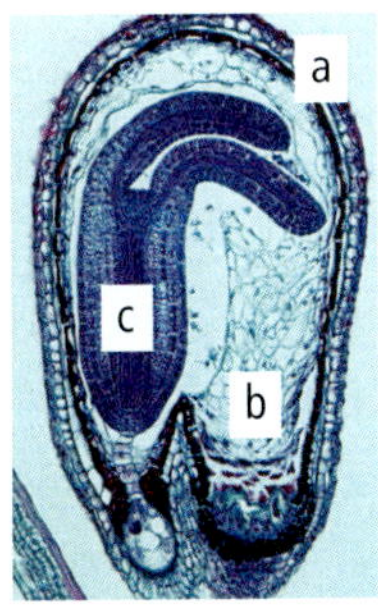

a. ¿Qué estructura observas?

b. ¿Pertenece a una Gimnosperma o a una Angiosperma?

c. ¿Qué finalidad tiene la formación de esta estructura?

d. ¿Qué nombre reciben las partes rotuladas?

8 Las plantas dioicas, como la papaya, presentan esporófitos exclusivamente masculinos, con flores masculinas, y esporófitos femeninos, con flores femeninas. Razona cómo es posible que en un jardín donde solo existen ejemplares femeninos de papaya se obtengan frutos con semillas viables.

ACTIVIDADES

9 En las fotografías se observan diversos tipos de frutos. A la vista de los mismos y de las estructuras que observas en ellos, razona qué mecanismo de dispersión utilizan.

10 Observa las dos fotografías siguientes y responde:

Fotografía A

a. ¿Pertenecen a una Gimnosperma o a una Angiosperma?

b. ¿Cómo se denominan las estructuras señaladas con las letras a, b y c? ¿De dónde derivan?

c. ¿Cuál es la función de este órgano?

Fotografía B

a. ¿A qué corresponden las estructuras que observas?

b. ¿Cuál es el número de células que integran cada una de esas estructuras?

c. ¿Qué son y para qué sirven las estructuras señaladas con la letra a?

11 ¿Todos los reguladores de crecimiento son fitohormonas? Razona tu respuesta.

12 Indica las fitohormonas que utilizarías para realizar los procesos que se indican a continuación:

a. Acelerar la maduración de los tomates.

b. Obtener naranjas sin semillas.

c. Retrasar la floración de una plantación de melocotoneros.

d. Evitar el desarrollo de yemas en patatas almacenadas.

13 ¿Por qué las flores cortadas se mantienen más tiempo sin marchitarse si se colocan en un florero con agua y azúcar?

14 Explica si el siguiente enunciado tiene algún fundamento científico: «Una fruta podrida en una cesta pudre a las demás».

15 ¿Qué hormonas se añaden a las flores cortadas en las floristerías para evitar que se marchiten rápidamente?

¿Y a las «piñas» de plátanos para que maduren uniformemente?

16 Describe qué cambios se producen en los frutos durante el proceso de maduración.

17 Muchas semillas presentan una elevada concentración de ácido abscísico durante el invierno. ¿Qué provoca esto?

18 Completa la siguiente tabla sobre los efectos de las fitohormonas:

Actividad fisiológica	Auxinas	Giberelinas	Etileno
Latencia de semillas			
Desarrollo de yemas laterales			
Crecimiento de las plantas			
Desarrollo y maduración de los frutos			

19 Completa la siguiente tabla:

Estímulo	Tropismo	Respuesta	
	geotropismo	raíz	tallo
luz		raíz	tallo
	tigmotropismo	hojas	
agua		raíz	

ACTIVIDADES

1 Razona cómo será la ploidía de las siguientes estructuras, según el ciclo biológico del organismo al que pertenecen.

a. El cigoto de un caballito de mar.
b. Una hoja de equiseto.
c. Un paramecio.
d. Un césped de musgo.
e. Una diatomea.
f. Un espermatozoide de tiburón.
g. Un pétalo de rosa.

2 Las células de la fotografía están en proceso de división dentro de los sacos polínicos de la antera de un lirio.

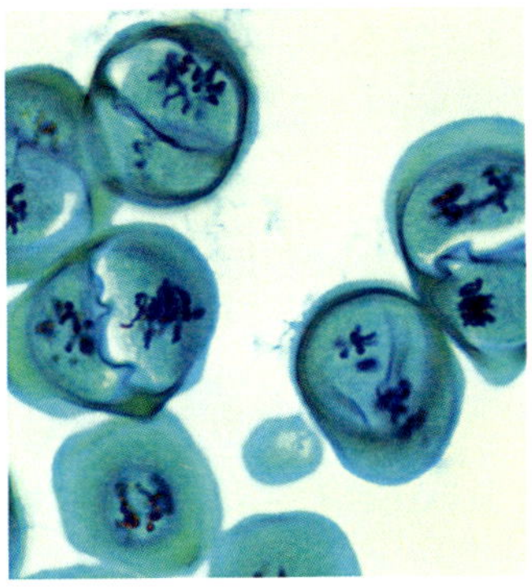

a. Razona qué tipo de división están experimentando.
b. ¿Qué fases de la división identificas. Explica en qué te has basado.

3 Las fotografías representan dos momentos del ciclo biológico de un vegetal.

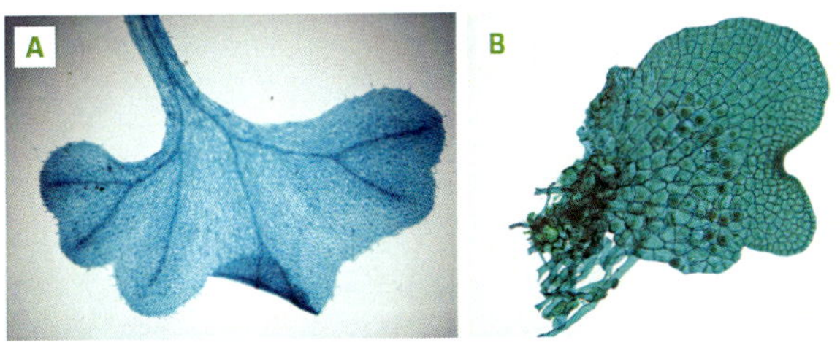

a. ¿A qué filo y subfilo vegetal pertenece?
b. ¿Forma semillas y flores? ¿Tendrá frutos? Explica tus respuestas.
c. Razona qué tipo de organización, talofítica o cormofítica, presentan los organismos de las imágenes.
d. Explica la relación que existe entre ambos organismos, indicando su nivel de ploidía.
e. ¿Cuál de ellos desarrollará arquegonios y anteridios? ¿Cuál formará esporas?

4 En relación con los ciclos haplodiplontes de los vegetales:

a. ¿Qué partes del vegetal equivalen, en Angiospermas, al esporangio de los helechos? ¿Cómo se denominan y dónde se localizan?
b. Describe, mediante un dibujo con todas sus partes, el gametófito femenino de una Angiosperma. ¿Qué otro nombre recibe?
c. Describe, mediante un dibujo con todas sus partes, el gametófito masculino de una Angiosperma. ¿Qué otro nombre recibe?

5 En la fotografía se muestra la semilla de una Espermáfita.

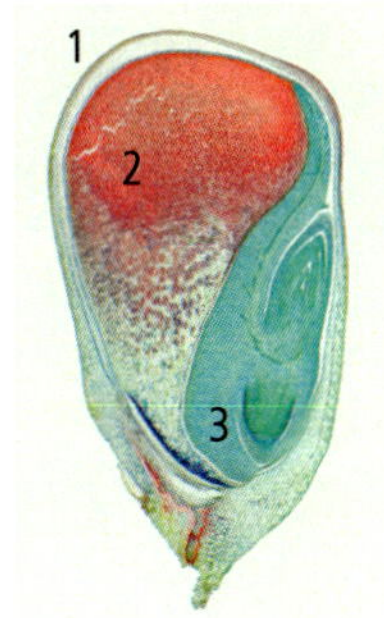

a. Nombra las partes numeradas.
b. Indica el nivel de ploidía de cada una de las partes numeradas.
c. Describe las partes reconocibles en la estructura numerada como 3.
d. Explica el proceso de la doble fecundación en Angiospermas e indica qué estructuras se originan en dicho proceso.
e. Esta semilla, ¿es de una planta dicotiledónea o monocotiledónea? ¿Cómo lo has deducido?

6 Usa esta clave dicotómica para clasificar los siguientes frutos: cereza, pera, naranja, tomate, calabaza.

1a. Frutos con una sola semilla encerrada en una estructura dura .... DRUPA
1b. Frutos con más de una semilla, no encerradas en una estructura dura 2
2a. Frutos indehiscentes, epicarpio delgado y endocarpio no correoso 3
2b. Frutos indehiscentes, epicarpio delgado y endocarpio correoso .... POMO
3a. Epicarpio no glanduloso 4
3b. Epicarpio glanduloso, septos presentes .... HESPERIDIO
4a. Septos presentes .... BAYA
4b. Septos ausentes .... PEPÓNIDE

7 Observa la siguiente fotografía y responde a las preguntas.

a. ¿Qué proceso fisiológico se está produciendo?

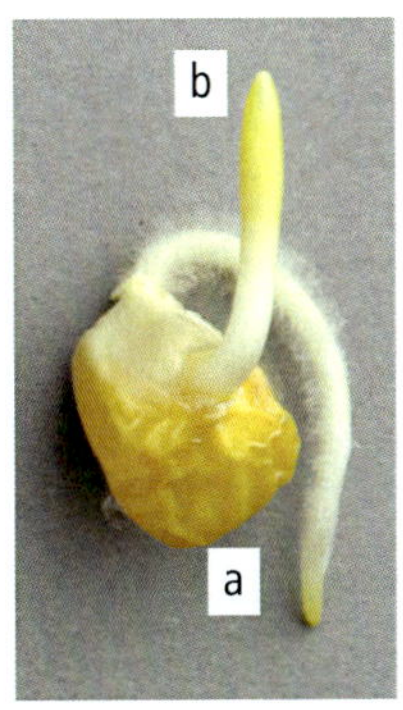

b. Identifica, de forma razonada, los órganos del vegetal designados con letras.
c. ¿Qué tipo de movimiento es el responsable de la curvatura de ambos órganos? ¿Qué tipos de estímulos lo han provocado? ¿Qué hormonas vegetales intervienen en este tipo de movimientos? Explica cómo actúan sobre las células de la raíz y las del tallo, respectivamente.

DIARIO DE APRENDIZAJE

Una vez estudiada la unidad, ¿con qué imágenes ilustraría yo la presentación?

08 LA CLASIFICACIÓN Y LA RELACIÓN DE LOS ANIMALES

FILOS DE ANIMALES

- **PORÍFEROS**
- **CNIDARIOS**
  - Clase Antozoos
  - Clase Escifozoos
  - Clase Hidrozoos
- **NEMATODOS**
- **PLATELMINTOS**
  - Clase Turbelarios
  - Clase Trematodos
  - Clase Cestodos
- **ANÉLIDOS**
  - Clase Oligoquetos
  - Clase Poliquetos
  - Clase Hirudíneos
- **MOLUSCOS**
  - Clase Gasterópodos
  - Clase Bivalvos
  - Clase Cefalópodos
- **ARTRÓPODOS**
  - **SUBFILO QUELICERADOS**
    - Clase Arácnidos
      - Orden Aráneos
      - Orden Escorpiónidos
  - **SUBFILO CRUSTÁCEOS**
    - Clase Malacostráceos
  - **SUBFILO UNIRRÁMEOS**
    - Clase Insectos
    - Clase Quilópodos
    - Clase Diplópodos
- **EQUINODERMOS**
- **CORDADOS**
  - **SUBFILO VERTEBRADOS**
    - Clase Condrictios
    - Clase Osteíctios (peces)
    - Clase Anfibios
      - Orden Anuros
      - Orden Urodelos
    - Clase Reptiles
      - Orden Saurios
      - Orden Crocodilios
      - Orden Ofidios
      - Orden Quelonios
    - Clase Aves
      - Subclase Paleognatas
      - Subclase Neognatas
    - Clase Mamíferos
      - Subclase Prototerios (monotremas)
      - Subclase Metaterios (marsupiales)
      - Subclase Euterios (placentarios)

ACTIVIDADES

1 Amplía este mapa conceptual respondiendo a las siguientes cuestiones. Incluye imágenes siempre que sea posible.

a. Indica las características de cada grupo de animales.

b. Describe cada parte del sistema nervioso en Vertebrados e indica su función.

c. Nombra las glándulas endocrinas de los Vertebrados, sus hormonas y función.

FUNCIÓN DE RELACIÓN EN LOS ANIMALES

ESTÍMULOS llegan a → RECEPTORES SENSORIALES → parten → como → IMPULSOS NERVIOSOS → a través de → NEURONAS

RECEPTORES SENSORIALES → hacia los → CENTROS NERVIOSOS → elaboran respuestas → como → IMPULSOS NERVIOSOS

elaboran respuestas → llegan a → **ÓRGANOS EFECTORES** → que son → **MÚSCULOS** / **GLÁNDULAS ENDOCRINAS**

GLÁNDULAS ENDOCRINAS → producen → **HORMONAS**

SISTEMA NERVIOSO EN INVERTEBRADOS

PLEXO NERVIOSO (Cnidarios)

Red de células nerviosas, sin ganglios, situadas en la pared del cuerpo. Un impulso se transmite en todas las direcciones.

CORDAL (Platelmintos)

Constituido por un par de ganglios cerebroideos anteriores de los que parten un par de cordones nerviosos longitudinales.

RADIAL (Equinodermos)

Integrado por un anillo nervioso periesofágico, del que parten cinco cordones nerviosos radiales.

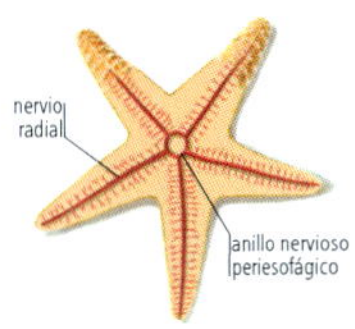

ESCALERIFORME (Anélidos, Moluscos y Artrópodos)

Constituido por un ganglio cerebral dorsal, un collar periesofágico que conecta con un ganglio subesofágico, y un cordón nervioso ventral, con un par de ganglios en cada segmento conectados por nervios transversales.

SISTEMA NERVIOSO EN VERTEBRADOS

SISTEMA NERVIOSO CENTRAL

- **Encéfalo**
  - Cerebro: Telencéfalo, Diencéfalo, Mesencéfalo
  - Cerebelo: Metencéfalo
  - Bulbo raquídeo: Mielencéfalo
- **Médula espinal**

SISTEMA NERVIOSO PERIFÉRICO

Está formado por ganglios nerviosos y nervios.

Los nervios pueden ser raquídeos o espinales y craneales.

- **Aferente**
- **Eferente**
  - Somático
  - Autónomo
    - Simpático
    - Parasimpático

PROCEDIMIENTOS DE LA CIENCIA

Identificación de animales con claves dicotómicas

Los animales se clasifican de forma sencilla usando claves dicotómicas.

A continuación se incluyen cuatro claves dicotómicas y un ejemplo de los pasos que se deben seguir para usarlas de forma correcta.

A. Clave de identificación de filos animales

1	Animales con simetría indefinida y cuerpo recubierto de poros ...	**Poríferos**
	Animales con simetría conspicua ...	**2**
2	Simetría radial, incluso en la larva ...	**Cnidarios**
	Simetría bilateral, al menos en la larva ...	**3**
3	Animales con metamería, al menos en alguna etapa de su vida ...	**4**
	Animales sin metamería ...	**6**
4	Animales con apéndices articulados ...	**Artrópodos**
	Animales sin apéndices articulados ...	**5**
5	Animales con notocorda en alguna etapa de su vida ...	**Cordados**
	Animales sin notocorda ...	**Anélidos**
6	Animales con cabeza ...	**7**
	Animales sin cabeza ...	**Equinodermos**
7	Animales con aspecto de gusano ...	**8**
	Animales sin aspecto de gusano y generalmente con concha ...	**Moluscos**
8	Animales con boca y ano ...	**Nematelmintos**
	Animales con boca, pero sin ano ...	**Platelmintos**

B. Clave de identificación de Artrópodos

1	Tres pares de patas ...	**Insectos**
2	Cuatro pares de patas ...	**Quelicerados**
3	Cinco pares de patas ...	**Crustáceos**
4	Numerosos pares de patas ...	**Miriápodos**

C. Clave de identificación de Moluscos

1	Concha dorsal enrollada en espiral, excepcionalmente sin ella ...	**Gasterópodos**
2	Concha dividida en dos valvas ...	**Bivalvos**
3	Concha interna o inexistente, corona de tentáculos ...	**Cefalópodos**

A

B

C

D

D. Clave sistemática de los órdenes de Insectos de la península ibérica

1	Insecto sin alas	2
	Insecto con alas	4
2	Abdomen con cercos terminales	3
	Abdomen sin cercos	**Colémbolos**
3	Cercos muy cortos. Animales con aspecto de palo u hoja	**Fásmidos**
	Cercos largos. Insecto saltador	**Tisanuros**
4	Un par de alas, el segundo reducido a balancines	**Dípteros**
	Dos pares de alas	5
5	Primer par de alas endurecido y recubriendo el segundo	6
	Todas las alas membranosas	10
6	Primer par de alas muy duro	**Coleópteros**
	Primer par de alas poco endurecido ..	7
7	Abdomen acabado en una pinza	**Dermápteros**
	Abdomen sin pinza	8
8	Tercer par de patas desarrolladas para saltar y primer par de alas como placas protectoras	**Ortópteros**
	Tercer par de patas no saltadoras	9
9	Primer par de patas prensiles	**Mántidos**
	Primer par de patas no prensiles y cercos abdominales	**Blatoideos**
10	Alas con muchos nervios transversales	11
	Alas con pocos nervios transversales .	12
11	Alas anteriores y posteriores casi iguales. Grandes ojos	**Odonatos**
	Alas anteriores y posteriores distintas	**Efemerópteros**
12	Alas con escamas o pelos	13
	Alas sin escamas ni pelos	14
13	Alas con escamas muy coloreadas y vistosas	**Lepidópteros**
	Alas con pelos y de colores apagados (castaño)	**Tricópteros**
14	Abdomen con cercos terminales	**Plecópteros**
	Abdomen con cercos terminales	**Himenópteros**

ACTIVIDADES

1. Clasifica los animales que aparecen en las imágenes de la página anterior con la ayuda de las claves dicotómicas dadas.

Usando claves dicotómicas para clasificar animales

Claves A, B y C

Opción 1
¿Qué tipo de simetría presenta?
Tiene una simetría definida, nos vamos por el camino 2.

Opción 2
¿Tiene simetría radial o bilateral?
Su simetría es bilateral; elegimos la opción 3.

Opción 3
¿Tiene metamería?
Sí, claramente en su cuerpo se distinguen segmentos; seguimos la opción 4.

Opción 4
¿Cómo son sus apéndices?
Si nos fijamos en sus patas, vemos que están articuladas. Como tiene apéndices articulados, ya hemos acabado la clasificación: este animal es un **Artrópodo** y como, además, tiene tres pares de patas, es un **Insecto.**

Clave D

Opción 1
¿Tiene alas?
Sí, bastante grandes; por tanto, nos vamos por el camino 4.

Opción 3
¿Cuántos pares de alas tiene?
Tiene dos pares de alas, lo que nos conduce a elegir la opción 5.

Opción 5
¿Cómo son sus alas?
Ambas son membranosas, seguimos la opción 10.

Opción 10
¿Tienen muchos o pocos nervios transversales estas alas?
Tienen muchos nervios transversales; vamos por el camino 11.

Opción 11
¿Cómo es el tamaño relativo de sus alas anteriores y posteriores?
Son aproximadamente del mismo tamaño.
Y sus ojos, ¿cómo son?
Son muy grandes.
Ya sabemos a qué orden pertenece el insecto: se trata de un **Odonato,** el orden de las libélulas y caballitos del diablo.

PIENSA EN INVESTIGAR

PROYECTO CEREBRO HUMANO

El CSIC lidera en España los proyectos FET FLAGSHIP de la Comisión Europea

28 de enero de 2013

Europa apuesta por la incorporación del grafeno a la industria y por los avances en el conocimiento del cerebro.

La Comisión Europea ha escogido dos proyectos liderados en España por investigadores del Consejo Superior de Investigaciones Científicas (CSIC) como iniciativas FET FLAGSHIP, un programa en el campo de las tecnologías de la información y el conocimiento impulsado dentro de Horizonte 2020, el Programa Marco de Investigación e Innovación para el período 2014-2020. Cada iniciativa contará con un presupuesto aproximado de mil millones de euros durante 10 años.

En primer lugar, la Comisión, que ha anunciado hoy en Bruselas los dos proyectos elegidos, ha escogido la iniciativa *Graphene*.[...]

Reconstruir el cerebro

El otro proyecto FLAGSHIP es *The Human Brain Project* (Proyecto Cerebro Humano), una iniciativa que tiene como objetivo aglutinar todo el conocimiento existente sobre el cerebro para reconstruirlo, parte por parte, gracias a modelos y simulaciones elaboradas mediante un supercomputador.

El proyecto, liderado en España por el investigador del CSIC en el Instituto Cajal, Javier de Felipe, y que cuenta también con la implicación de investigadores del Instituto de Neurociencias de Alicante (CSIC) y de seis universidades españolas, es el resultado de más de tres años de trabajo en su preparación. El objetivo es aportar nuevas herramientas que describan los mecanismos fundamentales que rigen el funcionamiento del cerebro, con el objetivo de aplicarlas directamente en medicina e informática. [...]

[...] «Entender el cerebro es uno de los grandes retos que la ciencia abordará a lo largo de este siglo. Cuando descifremos cómo funciona, podremos desarrollar nuevos tratamientos para enfermedades que afectan al cerebro, así como disponer de novedosas tecnologías en neurociencia e informática», precisa De Felipe, que actualmente desarrolla su actividad en el Laboratorio conjunto CSIC-UPM Cajal de Circuitos Corticales.

The Human Brain Project, coordinado por la École Polytechnique Fédérale de Lausana(Suiza), por el neurocientífico Henry Markram y en el que participan más de 80 instituciones europeas y de otros continentes, supondrá también la recolección de datos que unifiquen los modelos y simulaciones del cerebro, la comparación de esta información con los estudios biológicos y la divulgación de todo este conocimiento acientíficos de todo el mundo. [...]

Departamento de Comunicación del CSIC
http://www.csic.es/web/guest/noticias-y-multimedia?

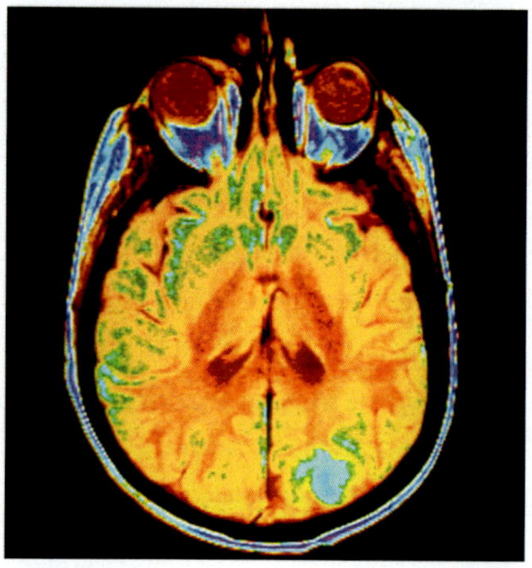

Escáner, coloreado por ordenador, de una sección de encéfalo humano.

ACTIVIDADES

En los siguientes enlaces puedes encontrar información, en inglés, sobre el Proyecto Cerebro Humano:

- https://www.humanbrainproject.eu/
- http://player.vimeo.com/video/53109450

Elabora un trabajo de investigación sobre los siguientes aspectos:

a. ¿Qué significan las siglas FET?

b. ¿Qué son los FET *flagship*?

c. ¿Qué instituciones españolas hay detrás del Proyecto Cerebro Humano?

d. ¿Qué objetivos persigue este proyecto?

e. ¿Qué aplicaciones prácticas se espera lograr?

ACTIVIDADES

1 ¿Qué tipo de simetría tienen los siguientes animales? ¿A qué filo pertenece cada uno de ellos?

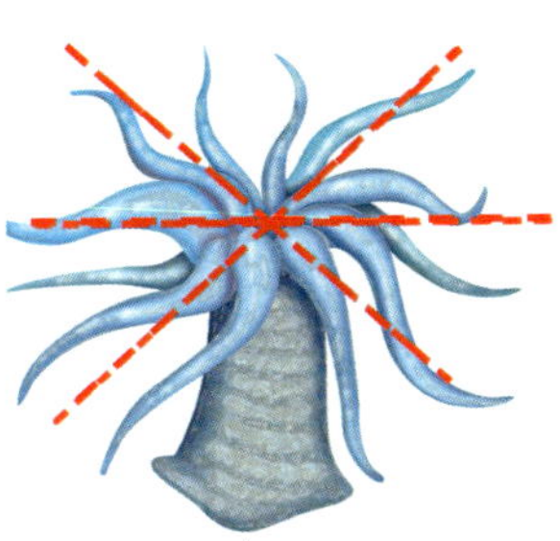
A

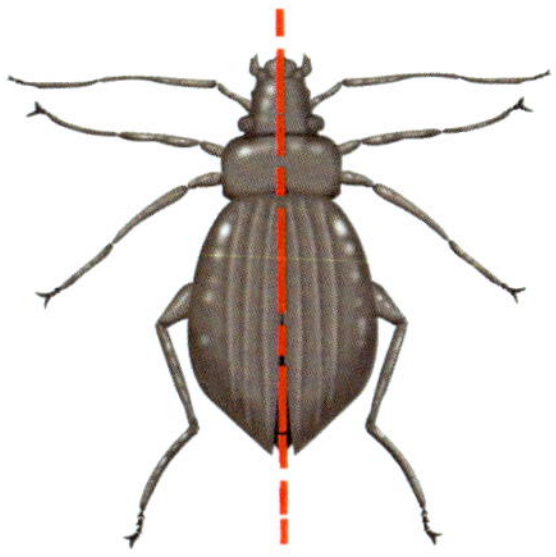
B

2 Observa la siguiente imagen:

a. ¿A qué filo, subfilo, clase y orden pertenece?

b. Cita una característica propia de ese filo, subfilo, clase y orden.

c. Copia el dibujo y rotula las partes señaladas.

d. Cita dos diferencias entre este animal y un escorpión.

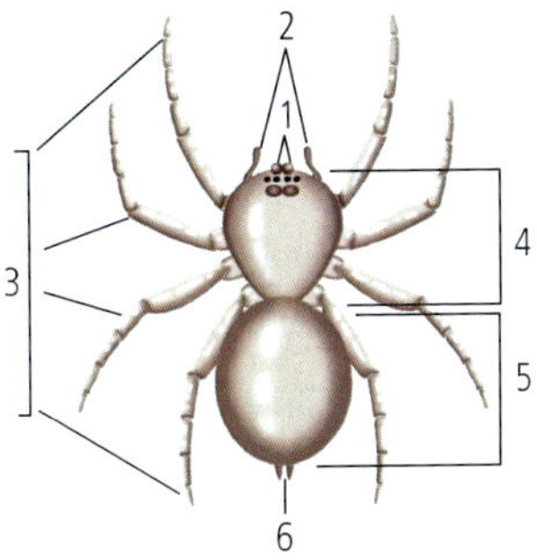

3 Enumera las características que comparten el animal B de la actividad 1 y el de la actividad 2.

4 Copia en tu cuaderno y completa la siguiente ficha para cada uno de estos animales.

Animal	
Filo	
Subfilo (si hay)	
Clase	
Subclase (si hay)	
Orden	

5 Define los siguientes términos y relaciónalos con alguno de los animales de las fotografías: forcípula, rádula, clitelo.

6 Existen tres grupos de animales conocidos comúnmente con el nombre de *gusanos*. Elabora una tabla en la que recojas las principales diferencias entre dichos grupos y razona por qué el término *gusano* resulta poco científico.

7 Clasifica los animales que aparecen en esta imagen. A continuación, elabora una lista con las diferencias que encuentres entre ellos.

8 Indica si las siguientes frases son ciertas y, en caso de que no lo sean, razona la respuesta correcta:

a. Todos los insectos vuelan.

b. Todos los insectos pasan por una fase de pupa durante su desarrollo.

9 Una ardilla y una rana son ambos Vertebrados, responde a las siguientes preguntas relativas a ambas:

a. ¿Cuál posee diez pares de nervios craneales?

b. ¿Cuál tiene metamorfosis? ¿Cuál es su clase y orden?

c. ¿Cuál es euterio? ¿Qué significa *euterio*?

10 Elabora una tabla en la que relaciones los siguientes invertebrados con su filo y tipo de sistema nervioso: sanguijuela, sepia, garrapata, medusa y erizo de mar.

11 Copia y completa la siguiente tabla:

Área del encéfalo	Localización	Función
Corteza cerebral		
Bulbo raquídeo		
Puente de Varolio		
Tubérculos cuadrigéminos		
Hipotálamo		

ACTIVIDADES

12 ¿Qué representa el siguiente esquema? Escribe los nombres que faltan.

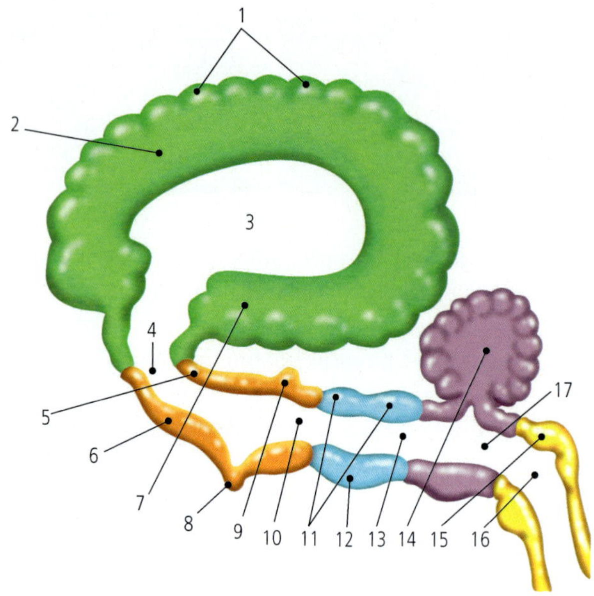

13 La siguiente imagen representa una sección del encéfalo de un Vertebrado.

a. Indica los nombres de las meninges, señaladas con números.

b. Documéntate sobre el seno venoso de la duramandre (marcado con la letra A en la ilustración) que es la zona de las meninges en la que se inyecta la anestesia epidural y escribe en qué consiste este proceso.

c. ¿Por qué crees que una de las meninges recibe el nombre de aracnoides?

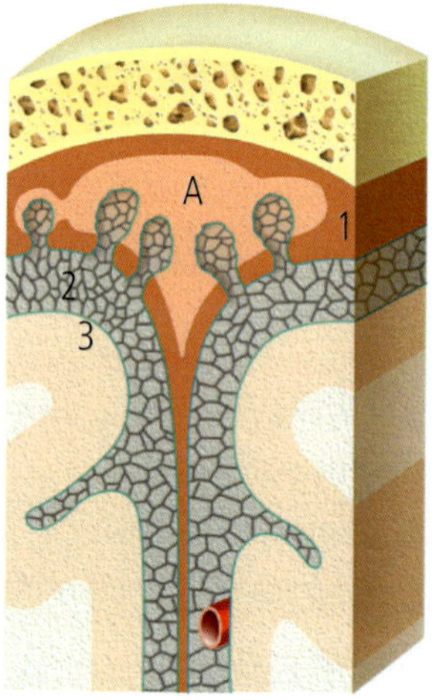

14 ¿Qué representa el siguiente esquema? Indica los nombres de los elementos señalados.

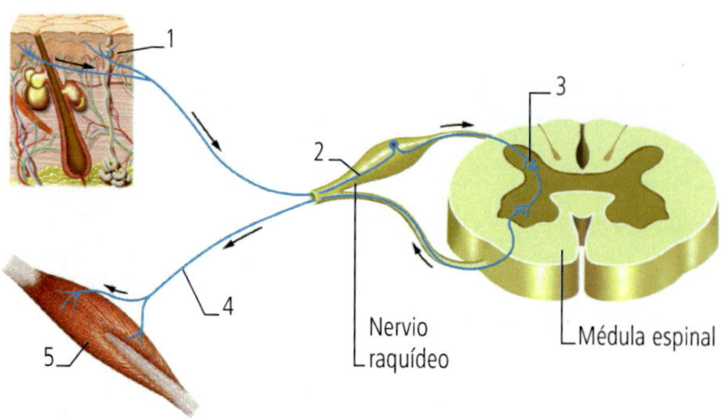

15 Alguna vez habrás oído la expresión «empalidecer de terror». Explica, en términos de estímulo-respuesta, por qué las situaciones de miedo pueden provocar palidez en el rostro.

16 Indica cuáles de las siguientes afirmaciones referidas al potencial de acción son correctas:

a. Su valor es de –30mV.

b. Las bombas sodio-potasio están inactivas.

c. Los canales de sodio están abiertos.

d. Hay una mayor concentración de cargas positivas en el interior con respecto al exterior.

17 La siguiente fotografía representa una sinapsis neuromuscular.

a. Identifica las estructuras rotuladas.

b. Señala el sentido del impulso nervioso.

c. Indica si la fibra nerviosa es sensitiva o motora.

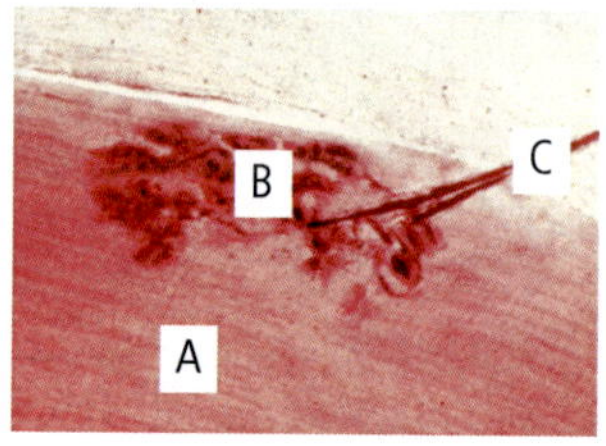

18 Razona qué niveles hormonales habrá en un gusano de seda. ¿Y en el capullo de seda? ¿En qué glándulas se producen las hormonas que has citado?

19 Muchas razas de caballos enanos tienen su origen en un déficit hormonal congénito durante su etapa infantil. ¿Qué producción hormonal deficitaria podría ser la causa de que estos caballos sean así?

20 Observa estas fotografías y responde a las preguntas:

Fotografía A

a. ¿A qué grupo y subgrupo pertenece?

b. ¿En qué estado se encuentra? ¿Qué hormona mantiene este estado?

c. ¿Cuántos pares de patas tendrá este animal?

Fotografía B

a. ¿A qué grupo y subgrupo pertenece?

b. ¿Qué característica comparte con las Aves?

c. ¿Qué características comparte con los Mamíferos?

ACTIVIDADES

1 Di si las siguientes afirmaciones relacionadas con el reino de los animales son correctas y en el caso de que no lo sean vuelve a redactarla corrigiendo los errores:

a. Las quetas son estructuras típicas de todos los Anélidos.

b. Los Cefalópodos son Moluscos carentes de concha.

c. El esqueleto de los Artrópodos tiene la misma composición química que la pared celular de los Hongos.

d. Los Insectos son el único grupo de Artrópodos que poseen dos pares de antenas.

e. Los Ortópteros poseen metamorfosis completas, pasando por un estado en el que sufren profundas transformaciones, para alcanzar el estado adulto.

f. Las plumas y los pelos son formaciones epidérmicas típicas de todos los Vertebrados tetrápodos.

g. Los Cordados poseen un sistema nervioso en posición ventral.

h. Los Poríferos son animales carentes de sistema nervioso.

2 Observa detenidamente los seres vivos que aparecen en las siguientes fotografías, contesta a continuación las preguntas referidas a cada uno de ellos:

A

B

a. Reino al que pertenecen y características de diagnóstico del mismo.

b. Filo al que pertenecen y características de diagnostico del mismo.

c. Completa la clasificación de cada especie, estableciendo los subgrupos adecuados e indicando las características en que te has basado para incluirlas en cada subgrupo.

3 Copia en tu cuaderno la siguiente tabla y asocia cada término con un grupo concreto de animales.

Pedipalpo	
Ósculo	
Umbrela	
Cuerpos alados	
Furca	

4 Copia en tu cuaderno y completa la siguiente tabla.

	Clasificación	Sistema nervioso
Sanguijuela		
Salamandra		
Carabela portuguesa		
Erizo de mar		

5 ¿Qué características poseen en común los dos animales de las fotografías? Nómbralas y explica brevemente qué son.

A

B

6 Observa la siguiente fotografía:

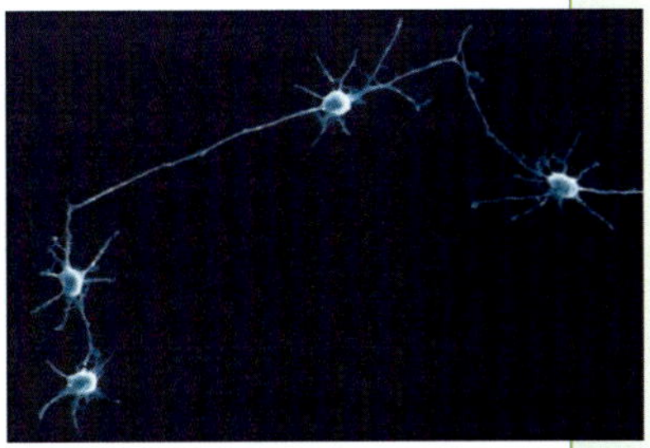

a. ¿Cómo se denominan estas células? ¿Cuántas hay? Haz un esquema de una de ellas, en el que indiques el nombre de sus partes.

b. Nombra y describe el proceso fisiológico que se observa en la imagen.

7 El médico y físico Luigi Galvani descubrió en 1780, de forma accidental, que las extremidades de una rana podían moverse si se producía una descarga eléctrica en su médula, incluso aunque la rana estuviera muerta. ¿Qué dos grandes aportaciones crees que hizo este descubrimiento al campo de la neurofisiología?

DIARIO DE APRENDIZAJE

¿Qué técnica he empleado para estudiar las características de todos los grupos de animales?

09 LA NUTRICIÓN EN LOS ANIMALES. LA DIGESTIÓN Y LA RESPIRACIÓN

LA DIGESTIÓN

FUNCIÓN

CAPTURA E INGESTIÓN DE LOS ALIMENTOS

- **Animales micrófagos**: Ingieren alimentos de pequeño tamaño.
- **Animales macrófagos**: Toman alimentos de tamaño considerable.
- **Animales parásitos**: Muchos se alimentan de líquidos, de los que absorben sustancias nutritivas.

DIGESTIÓN DE LOS ALIMENTOS

- Intracelular
- Extracelular
- Mixta

ABSORCIÓN DE LOS NUTRIENTES

EGESTIÓN

EN INVERTEBRADOS

PORÍFEROS

Digestión intracelular. Se alimentan principalmente de plancton.

CNIDARIOS

Digestión mixta, con boca rodeada de tentáculos con células urticantes.

PLATELMINTOS

Digestión extracelular.

ANÉLIDOS

Digestión extracelular.

MOLUSCOS

Digestión extracelular con aparato digestivo completo y glándulas digestivas.

EQUINODERMOS

Digestión extracelular, con una boca que puede tener aparato masticador.

ARTRÓPODOS

La mayoría poseen tubo digestivo completo, con boca rodeada de apéndices bucales.

EN VERTEBRADOS

LAS GLÁNDULAS DIGESTIVAS

Vierten sus secreciones al tubo digestivo para realizar la digestión.

- Glándulas salivales
- Glándulas gástricas
- Glándulas intestinales
- El hígado
- El páncreas

EL TUBO DIGESTIVO

Conducto que comienza en la boca y termina en el ano.

Se sitúa en posición ventral.

- **Boca**
  - Labios
  - Pico
  - Lengua
  - Dientes
- **Faringe**
  - Glotis
  - Epiglotis
- **Esófago**: Tubo que comunica la faringe con el estómago con movimientos peristálticos.

ACTIVIDADES

1. Completa y amplía este mapa conceptual con características e imágenes de los aparatos digestivo y respiratorio de los diferentes grupos de animales estudiados.
2. Realiza el esquema de un tubo digestivo de mamífero, indicando las funciones de las estructuras que lo componen.
3. ¿Qué diferencias hay entre las branquias de los Peces óseos y los cartilaginosos?
4. Realiza unos dibujos que representen los pulmones de los distintos grupos de Vertebrados.

LA RESPIRACIÓN

TIPOS

RESPIRACIÓN CUTÁNEA

Se da en animales de pequeño tamaño que viven en medios muy húmedos. El intercambio de gases se realiza a través de la superficie del cuerpo.

- Algunos Moluscos
- Anélidos oligoquetos
- Anfibios

RESPIRACIÓN TRAQUEAL

El intercambio gaseoso se realiza a través de finos conductos, denominados tráqueas, que se comunican con el exterior por los espiráculos.

- Artrópodos terrestres

RESPIRACIÓN BRANQUIAL

Las branquias son prolongaciones delgadas y muy vascularizadas formadas por evaginaciones del tegumento.

BRANQUIAS EXTERNAS

No precisan sistemas de ventilación, ya que las corrientes y el desplazamiento del animal son suficientes para renovar el medio en contacto con ellas.

- Algunos Moluscos
- Larvas acuáticas de Insectos
- Larvas acuáticas de Anfibios

BRANQUIAS INTERNAS

En el interior de cavidades protectoras.

Precisan de un mecanismo de ventilación que impulse el agua hacia las cavidades.

- Moluscos bivalvos
- Crustáceos
- Equinodermos
- Peces

RESPIRACIÓN PULMONAR

DE LOS INVERTEBRADOS

Presentan finos vasos sanguíneos, a través de los cuales difunden los gases.

- Caracoles terrestres
- Arácnidos

DE LOS VERTEBRADOS

Órganos pares en forma de saco, de paredes finas, húmedas y vascularizadas.

El intercambio gaseoso con el exterior se produce mediante vías respiratorias.

- Anfibios
- Reptiles
- Aves
- Mamíferos

Estómago

En él, el alimento es sometido a procesos mecánicos y químicos que lo convierten en el quimo.

Intestino grueso

Es más corto que el delgado y se comunica con él a través de la válvula ileocecal.

Intestino delgado

Su longitud es variable, depende del tipo de dieta del animal. En herbívoros es largo, en carnívoros corto.

PROCEDIMIENTOS DE LA CIENCIA

Investigación de la actividad de la amilasa salival

Las **enzimas** son proteínas que tienen una acción biocatalizadora, es decir, favorecen las reacciones químicas que tienen lugar en las células de los organismos. Es una de las funciones más importantes de las que realizan las proteínas.

Existe un gran número de enzimas y todas son específicas.

La actividad de una enzima depende de varios factores, entre los que se encuentran:

- La temperatura.
- El pH.
- La concentración del sustrato.

Si una disolución de proteínas es sometida a cambios de pH, variaciones de temperatura, etc., los enlaces que mantienen la estructura tridimensional de las proteínas se rompen; este cambio de conformación se denomina **desnaturalización** y supone que la enzima pierde su actividad biocatalizadora, es decir, su función.

Enzimas en la saliva

La **saliva** es una secreción alcalina, producida por las glándulas salivales y formada en un 98 % por agua, sales minerales, mucina, ptialina y lisozima.

La **amilasa** o **ptialina** es la enzima responsable de la descomposición del **almidón** (polisacárido de reserva energética en los vegetales, formado por muchas unidades de glucosa), presente en los alimentos en moléculas de maltosa (disacárido formado por dos unidades de glucosa). Las moléculas de maltosa serán hidrolizadas, posteriormente, dando lugar a moléculas de glucosa, que son absorbidas en el intestino delgado.

Para determinar la presencia de polisacáridos, concretamente, de almidón en una muestra, se utiliza **lugol**, que es una solución de I_2 (1 %) en equilibrio con KI (2 %) en agua destilada.

El almidón se colorea de azul-violeta en presencia de yodo, debido a la fijación del yodo en la superficie de la molécula del almidón.

Para comprobar la acción de la ptialina sobre el almidón y la acción desnaturalizante que factores como la temperatura y el pH ejercen sobre las enzimas, se diseña la siguiente actividad.

Factores que influyen en la actividad de una enzima

Temperatura

Existe una temperatura óptima para la cual la actividad enzimática es máxima. Si la temperatura es excesiva, la enzima se desnaturaliza y pierde sus propiedades, lo que le impide llevar a cabo su función.

En esta actividad, las muestras se someten a dos temperaturas diferentes: por un lado, se calientan varios tubos hasta conseguir la temperatura corporal del ser humano; y por otro, se calienta un tubo hasta conseguir la ebullición de la muestra.

pH

Todas las enzimas tienen dos valores límite de pH entre los cuales son efectivas. Si esos valores se sobrepasan, la enzima se desnaturaliza y deja de actuar. Entre los valores límite existe un pH óptimo, en el que la enzima presenta una eficacia máxima.

Para producir variaciones de pH de las muestras de la actividad mencionada se utilizan ácido clorhídrico y sosa.

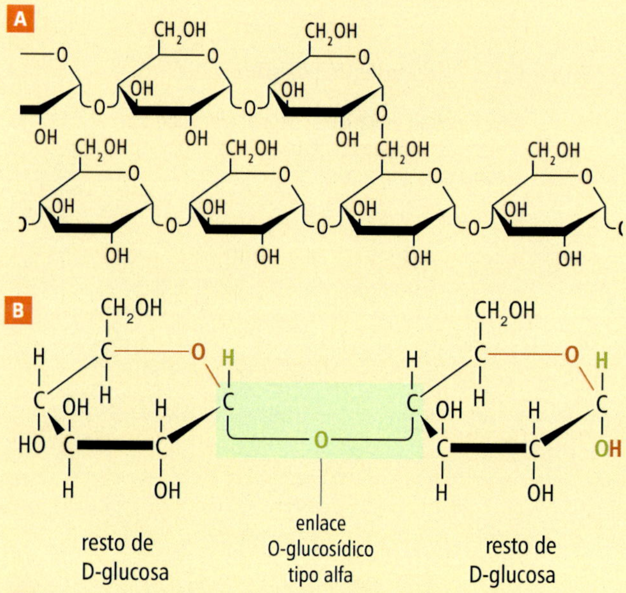

A. Molécula de almidón. B. Molécula de maltosa.

PRÁCTICA

Materiales

- Gradilla con seis tubos de ensayo.
- Rotulador de vidrio.
- Vaso de precipitados de 600 mL.
- Dos vasos de precipitados de 100 mL.
- Mechero de alcohol y cerillas.
- Trípode y rejilla de amianto.
- Termómetro y pinzas de madera.
- Pipetas.
- Almidón.
- Saliva.
- Lugol.
- Agua destilada.
- HCl (al 4 %).
- NaOH (al 4 %).

El proceso es el siguiente:

1. Se recoge un poco de saliva en un tarro de vidrio y se vierte en un vaso de precipitados, junto con 50 mL de agua destilada.

2. En un vaso de precipitados se prepara una disolución de almidón al 1 %.

3. Se preparan los siguientes tubos de ensayo y se numeran:

Tubos	Disoluciones
Tubo 1	5 mL de la disolución de almidón.
Tubo 2	5 mL de la solución de saliva + 1 mL de agua destilada + 5 mL de la disolución de almidón.
Tubo 3	5 mL de la solución de saliva + 1 mL de HCl al 4 % + 5 mL de la disolución de almidón.
Tubo 4	5 mL de la solución de saliva + 1 mL de NaOH al 4 % + 5 mL de la disolución de almidón.
Tubo 5	5 mL de la solución de saliva. Se calienta el tubo hasta que la saliva hierva y, a continuación, se añaden los 5 mL de la disolución de almidón.
Tubo 6	5 mL de la disolución de almidón y se calienta el tubo.

4. Se hierven los tubos de ensayo 2, 3, 4 y 5 al «baño María» durante 15 minutos, vigilando que la temperatura del agua no supere la temperatura corporal humana.

5. Se dejan enfriar los tubos, se añaden unas gotas de lugol en cada uno y se observan los resultados obtenidos.

6. Se anotan los resultados en una tabla como la que se muestra a continuación:

	Tubo 1	Tubo 2 (agua destilada)	Tubo 3 (HCl)	Tubo 4 (NaOH)	Tubo 5 (calor)	Tubo 6
Resultados obtenidos						

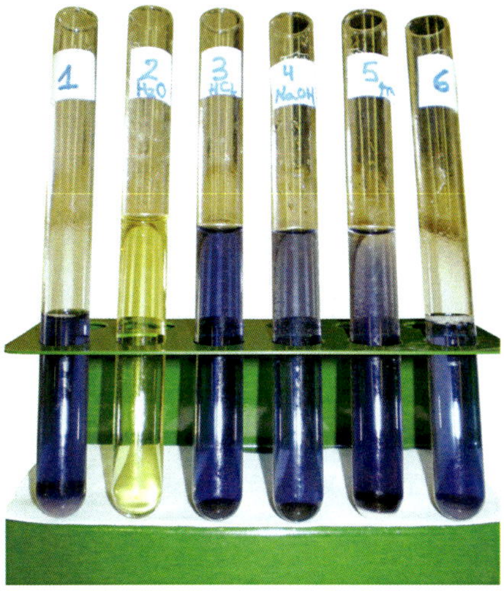

Resultados obtenidos después de añadir lugol.

ACTIVIDADES

1. ¿Qué tipo de biomolécula es el almidón? ¿Qué función desempeña?
2. ¿Qué tipo de biomolécula es la maltosa? ¿Cuál es su composición?
3. ¿Qué enzima hay en la saliva? ¿Se encuentra en otro jugo digestivo? ¿Qué acción realiza?
4. ¿Cómo actúa el yodo sobre el almidón? ¿Varía su acción con la temperatura?
5. Interpreta los resultados obtenidos en cada uno de los tubos.

PIENSA EN INVESTIGAR

ALIMENTOS ENRIQUECIDOS EN OMEGA 3

El CSIC consigue leche rica en omega-3 de forma natural

5 de noviembre de 2013

Un estudio elaborado por el Consejo Superior de Investigaciones Científicas (CSIC) y la Universidad de Córdoba ha desarrollado una nueva estrategia para obtener de forma natural leche rica en ácidos grasos omega-3, nutrientes asociados con la disminución del riesgo de enfermedades cardiovasculares. [...]

La leche es un alimento muy pobre en ácidos grasos omega-3. Hasta el momento, la mayoría de los intentos para enriquecer la leche en omega-3 de forma natural se basaban en un aumento de la cantidad de este tipo de ácidos grasos en la dieta del ganado. Sin embargo, cuando los ácidos grasos omega-3 transitan por el rumen, los microorganismos presentes los modifican enzimáticamente, convirtiéndolos en otros ácidos grasos sin su valor biológico. [...]

Para evitar esa transformación enzimática, denominada biohidrogenación, esta investigación ha centrado sus esfuerzos en evitar que los ácidos grasos transiten por el rumen para que lleguen intactos al intestino. Para ello se han empleado cabras entrenadas desde su nacimiento para mantener activo el reflejo de la gotera reticular en la edad adulta, siendo por lo demás rumiantes funcionales.

[...] «Para mantener el reflejo de la gotera reticular, se ha hecho uso de estímulos sensoriales, principalmente visuales, ofreciendo diariamente en un biberón una pequeña cantidad de lactorreemplazante a los animales desde el destete», explica el investigador del Instituto de Investigación en Ciencias de la Alimentación del CSIC, Miguel Ángel de la Fuente.

Fuente de omega-3

Según este estudio, la leche obtenida mediante este nuevo método presenta un contenido en ácidos grasos omega-3, en concreto de ácido α-linolénico, del 13 %, es decir, 10 veces más que cuando el alimento enriquecido transita por el rumen. «Es un porcentaje de omega-3 inédito hasta el momento, que multiplica por 50 los valores habituales de ácido α-linolénico presentes en la grasa láctea procedente de rumiantes que no han recibido ningún suplemento lipídico», comenta De la Fuente. Además, añade el investigador, esta estrategia reduce sustancial y simultáneamente el contenido en leche de ácidos grasos trans y el porcentaje de ácidos grasos saturados, ambos considerados poco saludables desde un punto de vista nutricional.

De acuerdo con la legislación vigente en la Unión Europea, esta leche posee un contenido en ácido α-linolénico doble del requerido para ser denominada «rica en ácidos grasos omega-3» y podría calificarse como «con alto contenido en ácidos grasos omega-3».

www.csic.es/web/guest/noticias-y-multimedia

ACTIVIDADES

1. En grupos de trabajo, investigad qué son los ácidos grasos omega-3 y por qué se dice que son ácidos grasos cardiosaludables.
2. Visita la página web de la Universidad de Alcalá (Madrid), http://www2.uah.es/biomodel/model2/lip/hidrogenacion-bio.htm, y compara la biohidrogenación con la hidrogenación industrial.
3. ¿En qué consiste el acto reflejo de la gotera reticular?
4. Explica en qué consiste la investigación que se describe en el texto.
5. Desde el punto de vista nutricional, ¿cómo es la leche que producen las cabras que han participado en la investigación?
6. Dibuja y nombra las partes del estómago de un rumiante, de un ave y de un ser humano.

ACTIVIDADES

1. Indica las diferencias entre alimento y nutriente.

2. Razona si es lo mismo alimentación que nutrición.

3. Cita los aparatos que intervienen en la nutrición y escribe dos ejemplos de animales que carezcan de alguno de esos aparatos. Indica cómo se alimentan.

4. Enumera y describe brevemente los procesos de la función digestiva.

5. Describe los tipos de ingestión de alimentos que existen. Después, cita dos ejemplos de animales que presenten cada uno de ellos.

6. Describe los tipos de digestión que existen y cita un ejemplo de cada caso.

7. Observa estas fotografías y responde:

   a. Clasifica estos animales según la forma de capturar las partículas alimenticias y el tamaño de las mismas.
   b. Indica el tipo de digestión que poseen.
   c. Relaciona cada uno de estos términos con el animal correspondiente: cnidoblastos, amebocitos, hepatopáncreas, coanocitos, rádula y espiritrompa.

8. Indica qué tipo de aparato bucal presentan: un escarabajo, una pulga, una avispa y una hormiga.

9. Explica las funciones del pico en las Aves.

10. Indica cómo es la lengua de una rana y la de una serpiente.

11. ¿Qué funciones desempeña la saliva? ¿En qué grupos de animales se produce?

12. Describe las estructuras relacionadas con la trituración de los alimentos que existen en los Moluscos cefalópodos, los Crustáceos y los Equinodermos.

13. ¿Qué estructuras existen en la boca de los Vertebrados? Descríbelas.

14. Busca información sobre la estructura y función de los dientes en el ser humano.

15. ¿Qué son los movimientos peristálticos?

16. Observa la ilustración y contesta:

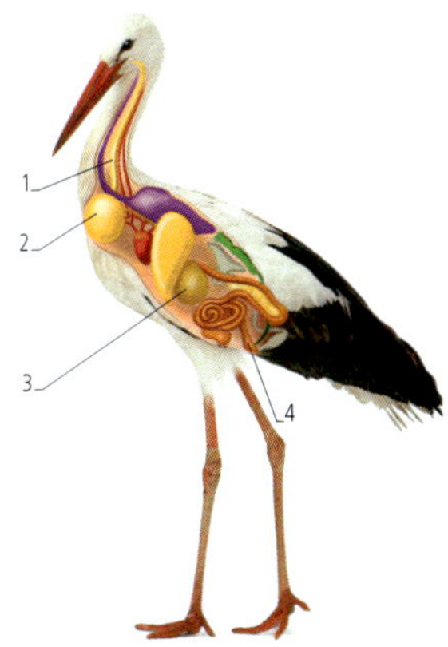

   a. Nombra las partes señaladas e indica la función de cada una de ellas.
   b. ¿Qué otros grupos de animales presentan buche? ¿Y molleja?

17. Observa la ilustración, nombra las partes señaladas e indica la función de cada una de ellas.

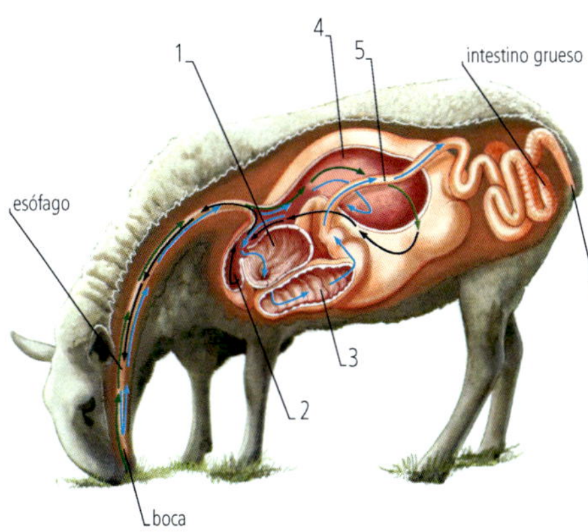

18. ¿De qué depende la longitud del tubo digestivo de los Vertebrados?

19. Dibuja el tubo digestivo humano y señala en él el nombre de los órganos que lo componen.

ACTIVIDADES

20 ¿Qué función tiene el ácido clorhídrico segregado por las células gástricas? ¿Cómo se protegen las paredes del estómago de dicho ácido?

21 Observa la ilustración y responde:

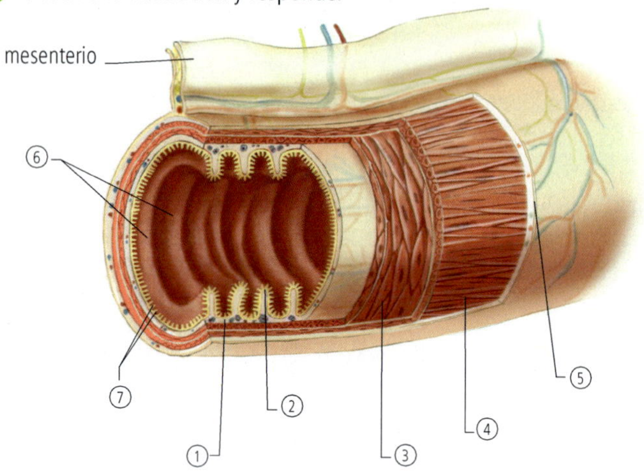

a. ¿Qué representa?

b. ¿Qué nombre reciben las partes señaladas?

c. ¿Qué fase de la función digestiva se da en él?

d. ¿Qué relación tienen los tejidos muscular, conjuntivo y epitelial con las capas que se representan?

e. Dibuja con detalle la parte señalada con el número 7.

22 ¿Qué glándulas segregan jugos al intestino?

23 ¿Qué son los quilomicrones?

24 ¿Dónde se localizan los vasos quilíferos? ¿Cuál es su función?

25 Imagina que comes un bocadillo de lomo a la plancha, unas patatas fritas y una botella de agua.

Explica detalladamente el proceso seguido en su digestión, sabiendo que el pan y las patatas tienen glúcidos, el lomo proteínas y las patatas están fritas con aceite de oliva.

26 Define los siguientes términos y relaciónalos con el grupo de animales al que pertenecen:

- Hepatopáncreas.
- Conducto de Wirsung.
- Coanocitos.
- Ampolla de Vater.
- Cnidoblastos.
- Ciegos gástricos.
- Píloro.
- Cuajar.
- Conducto cístico.

27 Explica las características que debe poseer una superficie respiratoria.

28 ¿Qué gases se intercambian en el proceso respiratorio? ¿Cómo se produce dicho intercambio? ¿Dónde ocurre?

29 Observa la fotografía y responde.

a. ¿Qué características presenta la respiración de estos animales?

b. ¿Qué otros animales tienen el mismo tipo de respiración?

30 Observa la imagen y contesta:

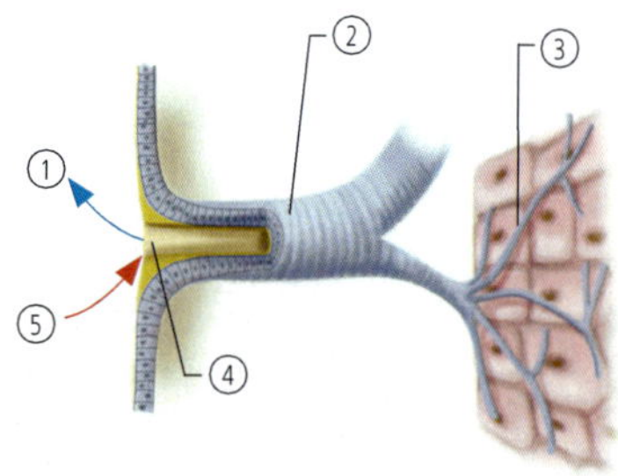

a. ¿Qué representa?

b. ¿Qué nombre reciben las partes señaladas?

c. ¿En qué animales se encuentra?

d. ¿Cómo se renueva el aire?

31 Observa esta fotografía y responde:

a. ¿Qué son las estructuras marcadas con las flechas?

b. ¿En qué animales se encuentran?

c. ¿Qué ventajas y desventajas presentan estas estructuras?

32 ¿Cuáles son las ventajas de las branquias internas con respecto a las externas?

ACTIVIDADES

1 En los Vertebrados, indica la función de los labios, el pico, la lengua y los dientes.

2 Relaciona los picos de estas Aves con la alimentación que presentan.

3 Relaciona estas características con el grupo de animales correspondiente:

a. Tienen boca pero carecen de ano.

b. Poseen linterna de Aristóteles.

c. Tienen hepatopáncreas.

d. Con cinco pares de ciegos hepáticos.

4 Observa estas ilustraciones y contesta a las siguientes cuestiones.

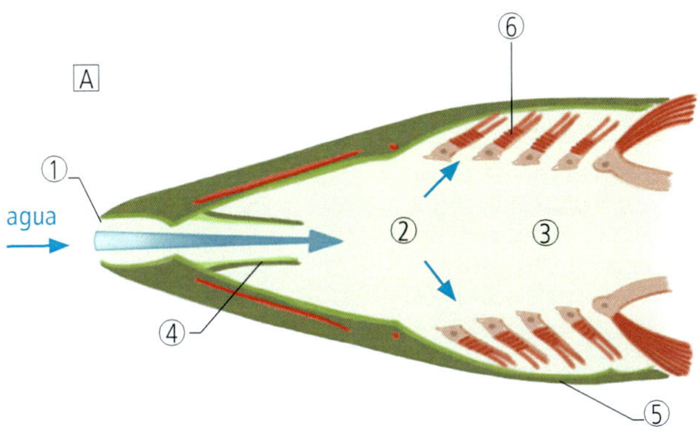

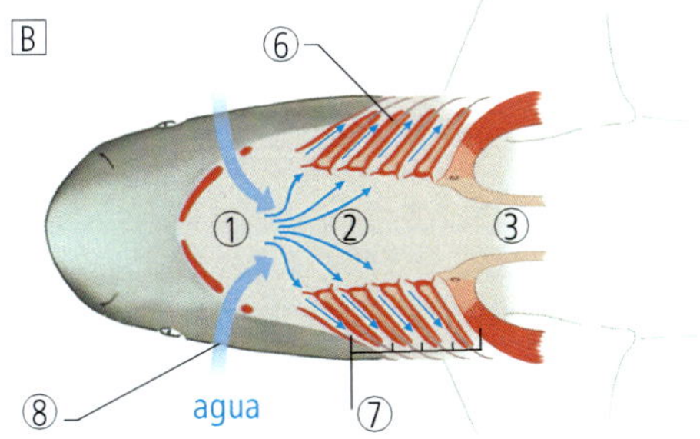

a. Indica qué representan y pon ejemplos de animales que presenten estas estructuras.

b. Nombra las partes que aparecen numeradas y explica las diferencias que existen entre las ilustraciones A y B.

5 Razona si son verdaderas o falsas las siguientes afirmaciones:

a. Los Cnidarios presentan digestión mixta.

b. Tienen glándulas salivales todos los Vertebrados.

c. Las vellosidades son pliegues de la membrana de las células intestinales.

d. Todos los Vertebrados tienen dientes.

e. Para aumentar la superficie de absorción intestinal, los Peces cartilaginosos tienen la válvula espiral dentro del intestino.

f. En Mamíferos el intestino delgado está dividido en duodeno, ciego e íleon.

6 Explica las funciones del hígado en el ser humano.

7 Relaciona los jugos digestivos con su composición:

- Saliva •
- Jugo gástrico •
- Bilis •
- Jugo intestinal •
- Jugo pancreático •

- • Sales minerales
- • Lisozima
- • Nucleasa
- • Ácido clorhídrico
- • Pigmentos biliares
- • Lipasa
- • Mucina
- • Ptialina
- • Pepsina
- • Enteroquinasa
- • Peptidasa
- • Disararidasa

8 Fíjate en esta ilustración, nombra las estructuras marcadas con un número e indica la función que desempeñan.

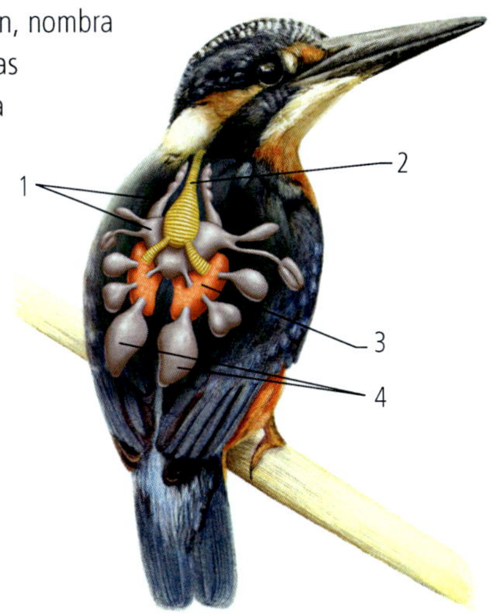

DIARIO DE APRENDIZAJE

¿Qué contenido me gustaría ampliar o estudiar con más profundidad?

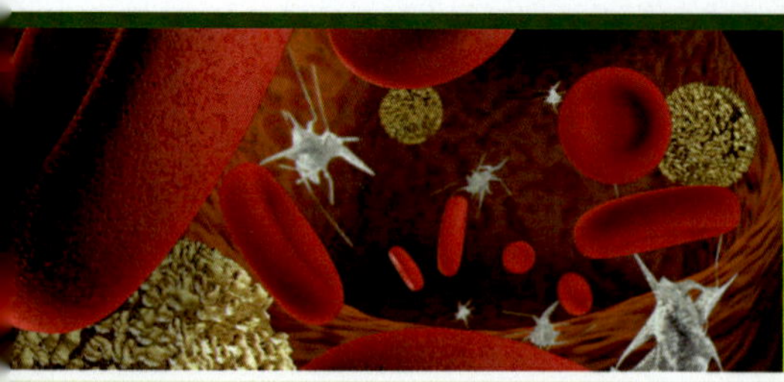

10 LA NUTRICIÓN EN LOS ANIMALES. LA CIRCULACIÓN Y LA EXCRECIÓN

LA CIRCULACIÓN

EN INVERTEBRADOS

SISTEMAS DE TRANSPORTE NO ESPECIALIZADOS

Se presentan en animales carentes de aparato circulatorio.

- Poríferos
- Cnidarios
- Platelmintos

SISTEMAS DE TRANSPORTE ESPECIALIZADOS

Abiertos

Constan de vasos que desembocan en senos o lagunas, donde vierten el líquido que transportan.

- Artrópodos
- Moluscos no cefalópodos
- Equinodermos

Cerrados

El líquido circulante, la sangre, no sale de los conductos.

- Moluscos cefalópodos
- Anélidos

EN VERTEBRADOS

SISTEMAS DE TRANSPORTE ESPECIALIZADO CERRADO

Sistema sanguíneo

Es circular y bidireccional.

Simple

La sangre pasa solo una vez por el corazón para completar una vuelta por el cuerpo.

- Peces

Doble

La sangre pasa dos veces por el corazón para completar una vuelta por el cuerpo. Se diferencian una circulación menor y una circulación mayor.

Incompleta

La sangre oxigenada y la desoxigenada se mezclan en el corazón.

- *Anfibios*
- *Reptiles*

Completa

La sangre oxigenada y la desoxigenada no se mezclan en el corazón.

- *Aves*
- *Mamíferos*

Sistema linfático

Es abierto, lineal y unidireccional.

Constituido por venas, capilares y ganglios linfáticos por donde circula la linfa, un líquido incoloro de composición similar a la del plasma sanguíneo.

Sus funciones son:

- Drenaje del líquido intersticial.
- Transporte de las grasas.
- Formación de células del sistema inmunitario.

ACTIVIDADES

1. Completa y amplía este mapa conceptual con características e imágenes del sistema circulatorio y aparato excretor de los diferentes grupos de animales estudiados.
2. Indica qué diferentes líquidos circulantes se encuentran en los sistemas circulatorios de los animales.
3. ¿Qué productos de desecho metabólico, tanto nitrogenados como no nitrogenados, pueden generar los animales?
4. Realiza un esquema de un protonefridio, de una glándula de la sal y de una glándula verde, e indica en qué grupos de animales se encuentran.

LA EXCRECIÓN

EN INVERTEBRADOS

SIN APARATOS EXCRETORES ESPECIALIZADOS

Poríferos

Eliminan principalmente amoniaco a través de las corrientes de agua que circulan por sus canales.

Cnidarios

Excretan sobre todo amoniaco, que difunde por la superficie corporal.

APARATOS EXCRETORES ESPECIALIZADOS

Protonefridios

Estructuras filtradoras, encargadas sobre todo de la regulación hídrica, ya que la secreción de sustancias de desecho tiene lugar por las paredes del cuerpo. Se presenta en: Platelmintos, larvas de Anélidos y Moluscos.

Metanefridios

Estructuras tubulares y sinuosas abiertas por ambos extremos (nefrostoma y nefridióporo).

Se da en Anélidos adultos.

Glándulas renales

Estructuras análogas a los nefridios pero más complejas y limitadas a ciertas partes del cuerpo. Se da en Moluscos adultos y Artrópodos.

Tubos de Malpighi

Son tubos delgados, cerrados por uno de sus extremos y comunicados por el otro con el intestino. Se presentan en: Artrópodos quelicerados y Artrópodos unirrámeos.

EN VERTEBRADOS

RIÑONES

Su unidad funcional es la nefrona.

Holonefros

Se considera el riñón primitivo de los Vertebrados.

Pronefros

Aparece en mixinas, algunos Peces óseos y en larvas de Anfibios.

Parte anterior funcional del holonefros.

Mesonefros

Característico de Peces y Anfibios y de los embriones de Reptiles, Aves y Mamíferos.

La filtración desde los capilares del glomérulo se produce en una zona ensanchada que comunica con el conducto de Wolff.

Metanefros

Se da en Reptiles, Aves y Mamíferos adultos.

No se abre al exterior a través del conducto de Wolff, sino del uréter.

En Aves y Reptiles desemboca, junto a los conductos sexuales, en la cloaca.

En hembras de Mamíferos degenera y el conducto de Wolff desaparece.

En machos subsiste como vía de evacuación de espermatozoides y converge con el conducto excretor formando la uretra.

OTRAS ESTRUCTURAS EXCRETORAS

- **Aparato respiratorio:** elimina CO_2.
- **Hígado:** vierte sustancias tóxicas al intestino.
- **Branquias:** eliminan el exceso de sal y amoniaco.
- **Glándulas digestivas:** eliminan desechos nitrogenados.
- **Glándula de la sal:** elimina el exceso de sal.
- **Glándulas sudoríparas:** eliminan sales inorgánicas.
- **Superficie del cuerpo:** elimina amoniaco.

PROCEDIMIENTOS DE LA CIENCIA

Estudio del riñón de un mamífero

Con el fin de observar la morfología de un riñón vamos a realizar esta práctica.

Materiales

- Un riñón de cordero.
- Cubeta de disección.
- Bisturí.
- Jeringuilla.
- Cuentagotas.
- Probeta graduada.
- Balanza
- Microscopio.
- Aguja enmangada
- Alfileres de disección.
- Portaobjetos y cubreobjetos.
- Agua oxigenada de 20 volúmenes.

El proceso es el siguiente:

1. Si el riñón tiene la capa de grasa que lo recubre, quítala con los dedos.

2. Observa la morfología externa del riñón y mídelo en sus tres dimensiones (alto, ancho y largo). A continuación pésalo en la balanza y, por último, calcula su volumen. Para ello introdúcelo en una probeta graduada con agua y observa el volumen que desplaza.

3. Al tirar de la superficie del riñón con unas pinzas, podrás observar una membrana transparente resistente que continúa por toda la superficie: se trata de la cápsula renal, que aísla y protege al riñón de infecciones.

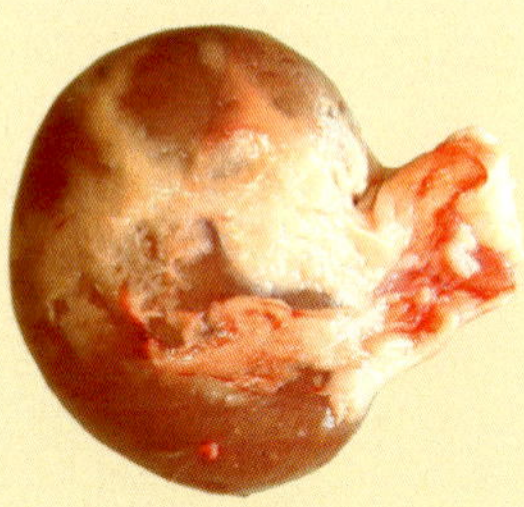

Riñón de cordero con capa de grasa y cápsula renal.

Riñón de cordero desprovisto de grasa y de cápsula renal.

4. Localiza la arteria renal, la vena renal y el uréter. Resulta fácil si, con el riñón dentro del agua, introducimos aire dentro de él con la ayuda de una jeringuilla. El aire, al salir, indicará la posición de dichas estructuras.

5. A continuación, observa el interior del riñón. Secciónalo longitudinalmente con el bisturí, a lo largo de la pelvis renal, y distingue sus partes.

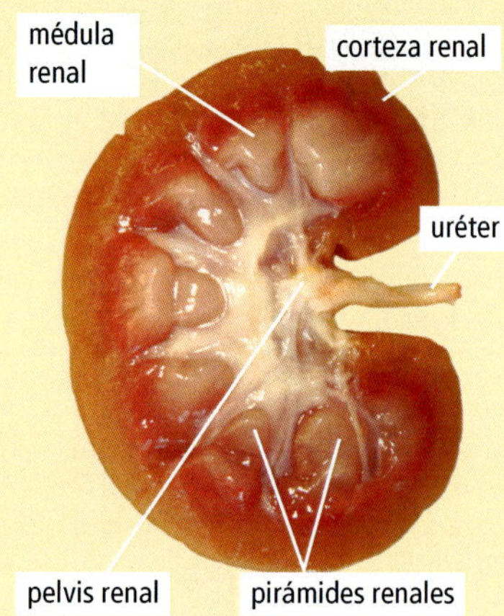

6. Con ayuda de un cuentagotas añade una pequeña cantidad de agua oxigenada sobre la superficie fresca recién cortada del riñón y observa que se produce efervescencia. Al cabo de unos pocos segundos, elimina el agua oxigenada pasando el dedo por la superficie. Observarás las marcas de los tubos renales, de los tubos colectores y de las asas de Henle, en donde se mantiene el proceso de formación de burbujas.

7. Separa una pequeña porción de la corteza renal, disgrégala con ayuda de alfileres sobre un portaobjetos y coloca una gota de agua. Pon encima un cubreobjetos y realiza un aplastamiento, apretando el cubre con la yema del dedo pulgar. Observa esta preparación al microscopio.

8. Realiza las mismas operaciones que en el apartado anterior, pero con una porción de médula renal. Observa la preparación al microscopio.

ACTIVIDADES

1. Realiza dibujos de la anatomía externa e interna del riñón y señala sus partes.

2. Explica las diferentes etapas que se dan en la formación de la orina en la nefrona humana.

Análisis de orina humana

Un análisis de orina es uno de los métodos más comunes que se utilizan en medicina para diagnosticar enfermedades como las renales, infecciones, etc. En un análisis rutinario de una muestra de orina se realizan un estudio químico y un estudio microscópico.

Densidad (g /L)
V.N. = 1 010 a 1 030
Es la concentración de iones en la orina. Puede variar según la hora de recogida, la cantidad de comida ingerida o el ejercicio realizado. Su alteración puede indicar problemas de la función renal.

Color
V.N. = amarillo pálido a ámbar
Pueden alterar el color normal los medicamentos, la dieta y sustancias químicas procedentes de procesos patológicos.
Una orina muy clara o incolora indica que está muy diluida; y puede deberse a un elevado consumo de líquidos, diabetes, medicación diurética, etc. Si la orina es roja puede haber eritrocitos (hematuria), hemoglobina, mioglobina, etc.

pH
V.N. = 4,6 - 8
Una orina ácida puede deberse a diarreas crónicas, diabetes, inanición, etc. Si es alcalina, puede ser por insuficiencia renal o infecciones debidas a algunas bacterias.

Proteínas (mg / dL)
V.N. = negativo
Su presencia puede darse por enfermedad renal como la glomerulonefritis (inflamación de los glomérulos), embarazo, estados febriles, infecciones bacterianas, etc.

Glucosa (mg / dL)
V.N. = negativo
Una alta concentración indica alta concentración en sangre (glucemia), que se da si hay alteración de la función renal o diabetes mellitus.

Nitritos
V.N. = negativo
Si existen indican infecciones del tracto urinario por bacterias como *Escherichia coli*, entre otras.

V.N. = valores normales

Eritrocitos (células / µL)
V.N. = negativo
Su presencia indica hemorragias en riñón o en vías urinarias, debidas a cálculos renales, tumores, glomerulonefritis, etc.

Leucocitos (células / µL)
V.N. = negativo
Pueden aparecer con diversas enfermedades renales.

Microorganismos
V.N. = negativo
Si existen son los causantes de alguna infección.

Aspecto
V.N. = transparente
Puede alterarse por la presencia de leucocitos, bacterias, sales de ácido úrico, etc.

Cuerpos cetónicos
V.N. = negativo
Se sintetizan por el catabolismo de los ácidos grasos en las células del hígado. Se forman en situaciones como la descompensación diabética de la glucosa, ayuno prolongado, etc.

Bilirrubina
V.N. = negativo
Su presencia indica problemas hepáticos o de las vías biliares.

Urobilinógeno (mg / dL)
V.N. = trazas
Se produce en el intestino por la acción de la flora bacteriana sobre la bilirrubina. El exceso puede deberse a enfermedades hepáticas.

ACTIVIDADES

1. Se tienen dos muestras de orina: una muy pálida (A) y otra más oscura (B) que pertenecen a dos personas sanas. ¿Qué orina es más diluida? ¿Qué relación existe entre el color de la orina y la ingesta de líquidos?

2. En un análisis de orina se detecta exceso de bilirrubina. ¿De dónde procede este compuesto? ¿Qué indica el resultado de la muestra? Indica en qué jugo digestivo tenemos normalmente este compuesto.

3. Un paciente acude a la consulta médica porque ha observado que su orina es oscura y rojiza. Además presenta hinchazón en la cara, ojos, extremidades inferiores y abdomen.

   Por prescripción facultativa se le realiza un análisis de orina que da estos resultados: presencia de proteínas (proteinuria) y eritrocitos (hematuria).

   Teniendo en cuenta estos datos, ¿cuál podría ser un posible diagnóstico?

PIENSA EN INVESTIGAR

CORDÓN UMBILICAL Y CÉLULAS MADRE

Donación de sangre de cordón umbilical (SCU)

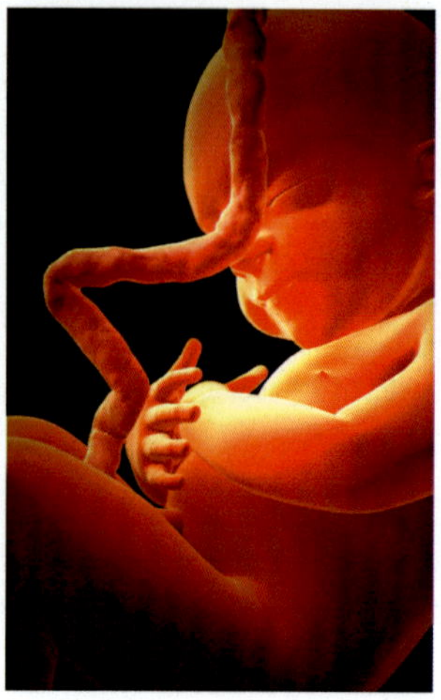

Normalmente tras el nacimiento, el cordón umbilical y la sangre que contiene son desechados. Sin embargo, hace unos años, se descubrió que la sangre del cordón umbilical contiene «células madre», especializadas en la renovación de las células sanguíneas.

Éstas «células madre» pueden ser beneficiosas si se trasplantan a otros pacientes cuya médula ósea esté enferma. El trasplante permite producir nuevas células sanguíneas sanas, imprescindibles para la vida.

Personas con enfermedades congénitas o adquiridas de la médula ósea tales como las leucemias agudas, son un ejemplo de potenciales beneficiarios de este tipo de donaciones de sangre de cordón umbilical.

Lo prioritario para dichos pacientes es encontrar un donante compatible entre sus familiares más directos. Pero esto desgraciadamente sólo ocurre en el 30 % de los casos.

Es por éste motivo, por el que funcionan desde hace años en todos los países desarrollados los llamados Registros de Donantes Voluntarios de Médula Ósea. [...] En España, nuestro registro es el REDMO (Registro Español de Donantes de Médula Ósea) creado por la Fundación Carreras en 1991 y que dispone de un Acuerdo con la ONT y el Ministerio de Sanidad y Política Social desde 1994.

[...] En España existen varios Bancos de SCU (sangre de cordón umbilical) y el REDMO coordina las búsquedas, tanto de donantes de médula ósea, como de unidades de sangre de cordón.

Para la donación de la sangre de cordón umbilical resulta imprescindible:

- Historia clínica de la madre sobre las posibles enfermedades de cualquier otro tipo que contraindiquen el empleo de la sangre de cordón.
- Análisis de sangre de la madre en el momento del parto, para descartar cualquier proceso infeccioso que pudiera ser transmisible a la sangre del cordón, en especial, los test de la hepatitis B y C, HIV y sífilis, entre otros.
- Examen clínico del bebé al nacimiento y opcionalmente a los 3 meses de la recogida de la muestra.

[..] La sangre del cordón umbilical se recoge tras del nacimiento del niño y después de la sección del cordón umbilical. Para ello se realiza una punción del cordón umbilical cuando la placenta está todavía en el útero. La recogida de la sangre del cordón no comporta ningún peligro, ni para la madre ni para el niño.

Organización Nacional de Trasplantes (ONT)
Ministerio de Sanidad, Servicios Sociales e Igualdad

ACTIVIDADES

1. ¿Qué son las células madre?
2. ¿Qué es la médula ósea y qué tipos hay?
3. Averigua en qué consisten las enfermedades que se citan en el texto.
4. Busca información en qué consiste los Registros de Donantes Voluntarios de Médula Ósea.
5. Visita la página web de la ONT: http://www.ont.es/informacion/Paginas/DonacionSangredeCordonUmbilical.aspx y contesta a estas cuestiones:

   a. ¿Quién y cómo puede hacerse donante de sangre de cordón umbilical?

   b. Compara la donación de sangre de cordón umbilical con la de médula ósea y con la de sangre periférica.

ACTIVIDADES

1. ¿Por qué la difusión no es un método eficaz para obtener las sustancias nutritivas y eliminar las de desecho en los animales de gran volumen?

2. ¿Por qué los animales con sistema circulatorio abierto suelen ser pequeños?

3. ¿Tiene sentido distinguir entre plasma y líquido intersticial en los Artrópodos? Razona tu respuesta.

4. Observa las siguientes fotografías, clasifica los animales e indica en cada caso:
   a. Tipo de aparato circulatorio que poseen.
   b. Tipo de circulación.
   c. Líquido circulante.
   d. Pigmento respiratorio.
   e. Células que transporta el líquido circulante.

5. Nuestros glóbulos rojos viejos (cuatro meses de edad) se destruyen en el bazo, en el hígado o en la médula ósea. Sus moléculas de hemoglobina se convierten en pigmentos como la bilirrubina, que llegan al intestino formando parte de la bilis y, finalmente, se eliminan junto con las heces.
   ¿Por qué se dice entonces que se trata de un proceso de excreción y no de defecación?

6. Las varices son dilataciones de las venas que suelen aparecer en las piernas, en el esófago o en el recto, donde producen las hemorroides.
   ¿Por qué son habituales en personas sedentarias?

7. La parte derecha del corazón de los Mamíferos contiene sangre desoxigenada y la izquierda, sangre oxigenada.
   ¿Todas las arterias de estos animales contienen sangre arterial y todas las venas sangre venosa? Razona tu respuesta.

8. Observa esta ilustración y contesta a estas cuestiones:

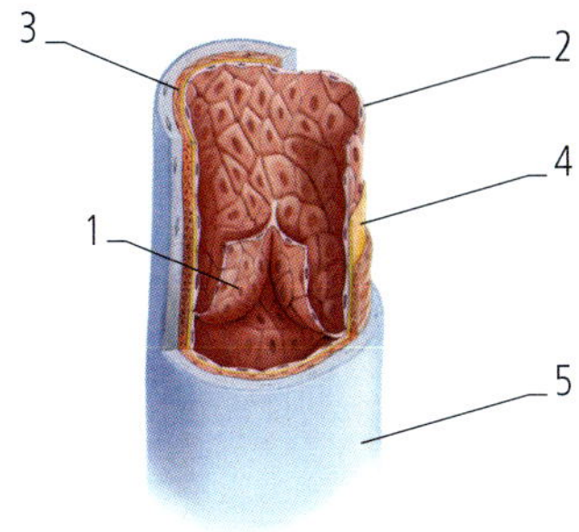

   a. ¿Qué representa?
   b. Nombra las partes que están numeradas.
   c. ¿Qué líquido circula por el interior? Marca con una flecha el sentido de la circulación.
   d. ¿Qué función tiene la parte señalada con el número 1?

9. ¿Qué diferencias hay entre el corazón de los Mamíferos y el de los Peces?

10. Explica las semejanzas y diferencias entre:
    a. Hemolinfa e hidrolinfa.
    b. Sangre y linfa.
    c. Arterias y venas.
    d. Aparato circulatorio abierto y cerrado.
    e. Circulación doble incompleta y completa.

11. ¿Qué representa el siguiente esquema? ¿En qué animales se da?

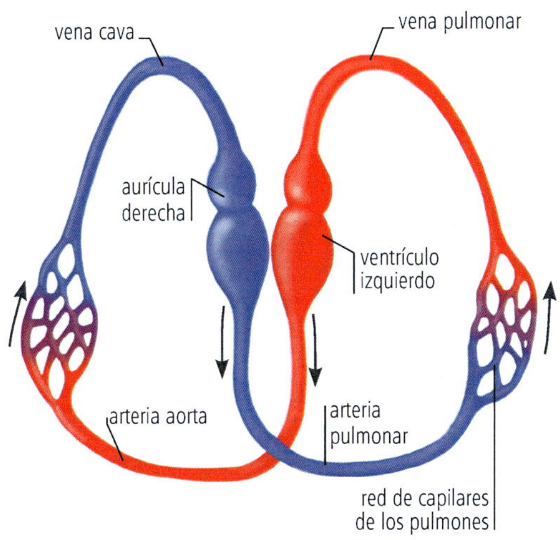

12. Explica las etapas del latido cardiaco.

13. ¿Por qué puede emplearse el masaje para mejorar el drenaje linfático en una zona del cuerpo?

ACTIVIDADES

14. Explica cómo se vería afectada la nutrición celular si no existiera el sistema linfático en Vertebrados.

15. Dibuja un pez de agua dulce y esquematiza la regulación osmótica.

16. ¿Qué diferencias existen entre los protonefridios y los metanefridios?

17. Observa esta fotografía y nombra las partes señaladas con un número.

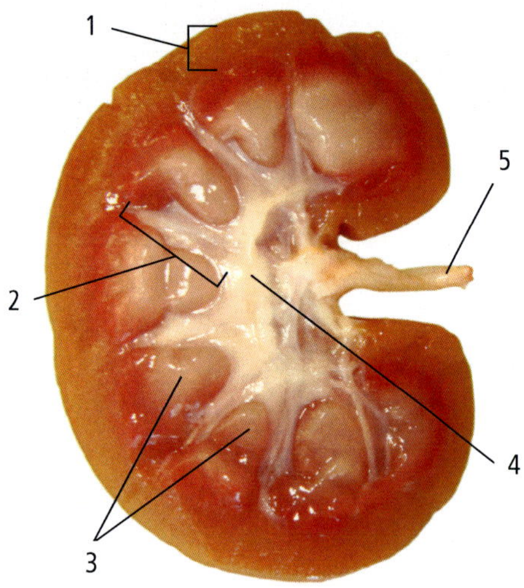

18. ¿Qué sustancia nitrogenada eliminan una lagartija, un cangrejo de río, un renacuajo, un Anélido marino y un gorila?

19. ¿Qué le ocurriría a un náufrago si solo pudiese beber agua de mar?
¿Por qué, por el contrario, las gaviotas pueden beberla sin ningún problema?

20. ¿Qué representa la siguiente ilustración? Identifica las partes numeradas del mismo.

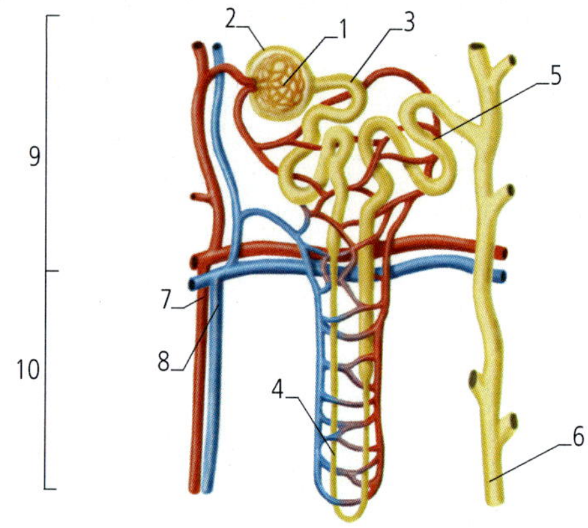

21. Realiza un esquema de la nefrona, indicando en qué zonas se produce la filtración y la secreción de sustancias.
Posteriormente, especifica cuáles son las sustancias implicadas.

22. Completa la siguiente tabla:

¿Circulación abierta o cerrada? ¿Sencilla o doble?			
Estructura del corazón			
Pigmento respiratorio del líquido circulante			
¿El corazón bombea sangre oxigenada, desoxigenada, ambas o ninguna? ¿Hay mezcla?			
Órganos respiratorios			
Tipo de aparato excretor			
Sustancia nitrogenada de desecho			

ACTIVIDADES

1 Observa estas ilustraciones y contesta a las siguientes cuestiones:

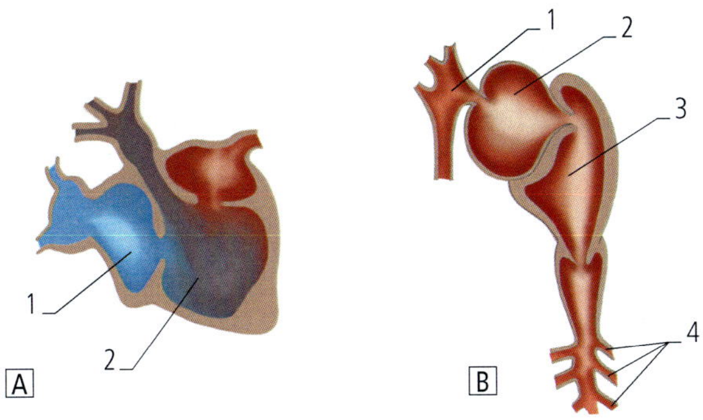

a. ¿A qué animales pertenece cada uno de estos corazones?

b. ¿Qué tipo de circulación sanguínea presentan?

c. Nombra las estructuras marcadas con un número.

d. En la ilustración A, ¿la sangre de 1 es rica o pobre en oxígeno? ¿Desde dónde viene la sangre que llega a 2?

e. En la ilustración B, ¿la sangre que está en 3 es pobre o rica en oxígeno? ¿Hacia dónde va la sangre desde el número 4?

2 Observa esta ilustración y contesta a las siguientes cuestiones:

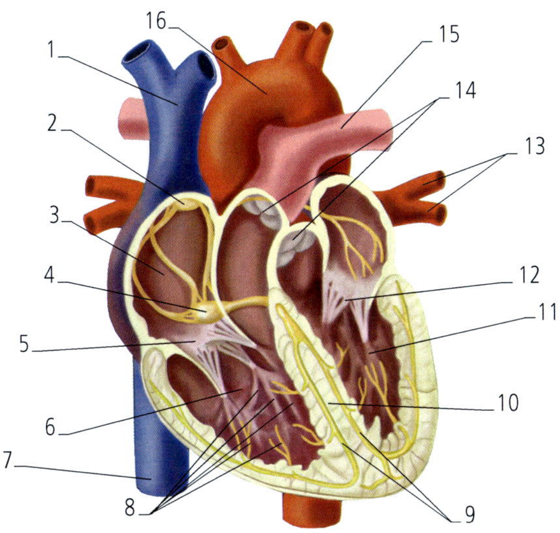

a. Nombra las partes marcadas con un número.

b. ¿Qué animales presentan este tipo de corazón?

c. ¿De qué tipo es el tejido que forma la pared del corazón?

d. ¿Qué tipo de tejido recubre las cavidades internas del corazón?

e. ¿Qué pared será más gruesa, la del ventrículo derecho o la del izquierdo? ¿Por qué?

f. ¿Hacia dónde va la sangre que circula por el vaso 15?

g. ¿La sangre que circula por el número 16 es rica en oxígeno?

h. ¿Qué tipo de aparato respiratorio presentan los animales que tienen este tipo de corazón?

3 Explica las diferencias entre animales uricotélicos y ureotélicos. Pon dos ejemplos de cada caso.

4 Describe las características de los productos de desecho que excretan los distintos tipos de animales.

5 Dibuja una nefrona indicando sus partes y explica qué sustancias útiles se reabsorben y en qué zonas de la nefrona.

6 Indica la función excretora de:

- Las branquias
- El hígado.
- Las glándulas de la sal.
- El tegumento.

7 Observa estas ilustraciones y contesta a las siguientes cuestiones:

A

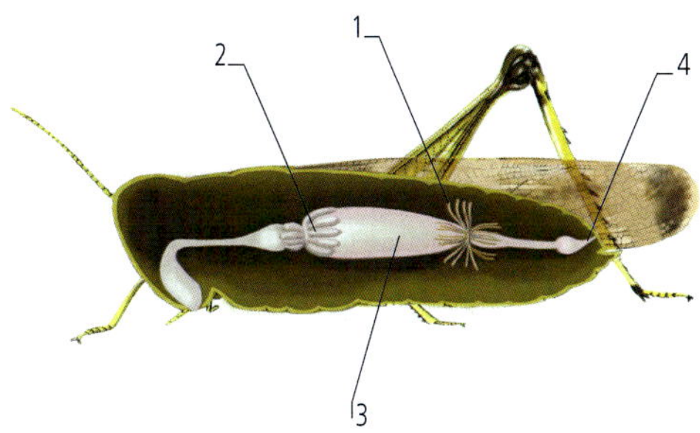

B

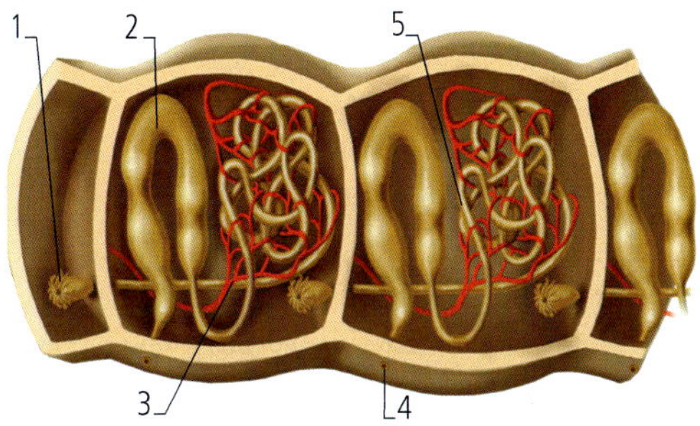

a. Nombra las partes marcadas con un número.

b. ¿Cómo se llaman los aparatos excretores que tienen estos animales?

c. Indica si los animales representados tienen sistema circulatorio abierto o cerrado.

d. ¿Qué pigmento respiratorio poseen?

e. ¿Qué líquido circulante presentan? ¿Qué células transporta dicho líquido?

f. ¿Qué tipo de respiración tienen estos animales?

DIARIO DE APRENDIZAJE

¿Qué conocimientos previos me han resultado útiles para entender esta unidad?

11 LA REPRODUCCIÓN EN LOS ANIMALES

LA REPRODUCCIÓN

REPRODUCCIÓN ASEXUAL

GEMACIÓN

El individuo progenitor desarrolla yemas que, al crecer, originan nuevos seres vivos.

Se da en: Poríferos, Cnidarios, hidrozoos y antozoos.

ESCISIÓN

El organismo progenitor se fragmenta y cada porción regenera un individuo completo.

Se da en: Poríferos, Cnidarios, Platelmintos, algunos Anélidos y Equinodermos.

POLIEMBRIONÍA

Un cigoto procedente de la reproducción sexual se divide en varios embriones, que son clónicos e idénticos.

Se da en: algunos animales Vertebrados, como el armadillo.

REPRODUCCIÓN SEXUAL

PARTENOGÉNESIS

Es una forma de reproducción gamética sin fecundación. Los nuevos individuos se desarrollan a partir de gametos femeninos sin fecundar.

Se da en: Platelmintos, Anélidos, Insectos sociales, Peces, Anfibios y Reptiles.

- Facultativa
- Cíclica

ANFIGÉNESIS

Los nuevos individuos se obtienen mediante la fusión de los gametos. Es una reproducción gamética con fecundación, y la más extendida.

Gametogénesis

Es el proceso de formación de las células sexuales o gametos, mediante meiosis, a partir de células madre diploides.

- *Espermatogénesis*
- *Ovogénesis*

Fecundación

Es la fusión de un espermatozoide y un óvulo para formar un cigoto.

- *Externa*
- *Interna*

Desarrollo embrionario

Es la transformación del cigoto en un organismo completo.

- *Segmentación*
- *Gastrulación*
- *Organogénesis*

ACTIVIDADES

1. Realiza un esquema por cada uno de los modos de reproducción asexual.
2. Nombra y explica con un ejemplo los tipos de fecundación estudiados.
3. Explica, mediante un dibujo, las diferentes etapas del proceso de desarrollo embrionario.
4. Explica la diferencia que existe entre hermafroditismo simultáneo y consecutivo.
5. Completa y amplía este mapa conceptual con características de los aparatos reproductores de Poríferos, Platelmintos, Moluscos, Artrópodos y Mamíferos.
6. Describe las técnicas asociadas a la fecundación *in vitro*.

APARATOS REPRODUCTORES

ESPECIES

Especies dioicas

Presentan sexos separados, es decir, hay individuos unisexuales.

Cuando machos y hembras son morfológicamente diferentes, se habla de dimorfismo sexual.

Especies monoicas o hermafroditas

Los individuos son bisexuales, ya que poseen gónadas masculinas y femeninas, es decir, los sexos no están separados.

- *Hermafroditismo simultáneo*
- *Hermafroditismo consecutivo*

INVERTEBRADOS

A excepción de los Poríferos y los Cnidarios, poseen gónadas, conductos sexuales y glándulas accesorias.

La inmensa mayoría presentan desarrollo indirecto.

Poríferos

Cnidarios

Los pólipos suelen presentar reproducción asexual.

Las medusas tienen sexos separados, fecundación externa y desarrollo indirecto a través de la larva plánula.

Platelmintos

Anélidos

Los Oligoquetos e Hirudíneos son hermafroditas, con fecundación interna, cruzada y desarrollo directo.

Los Poliquetos tienen sexos separados, con fecundación externa y desarrollo indirecto.

Moluscos

Equinodermos

Poseen sexos separados y fecundación externa.

El desarrollo es indirecto.

Artrópodos

VERTEBRADOS

Todos los Vertebrados, excepto las Aves, poseen gónadas pares, conductos sexuales y glándulas anejas. La mayoría tienen sexos separados.

La fecundación suele ser externa en los acuáticos e interna en los terrestres.

Peces

Los Peces óseos son ovíparos y su fecundación es externa.

Los Peces cartilaginosos son ovíparos u ovovivíparos, y su fecundación es interna.

Anfibios

La fecundación es externa y son ovíparos.

Su desarrollo es indirecto.

Reptiles

Su fecundación es interna.

Son ovíparos u ovovivíparos.

Aves

Su fecundación es interna.

Son ovíparos.

Mamíferos

TÉCNICAS DE REPRODUCCIÓN ASISTIDA

Inseminación artificial

Consiste en depositar los espermatozoides en el interior del útero femenino mediante una jeringuilla, durante la ovulación.

Fecundación *in vitro*

Mediante esta técnica se logra la fecundación fuera del cuerpo de la madre. Esta es sometida previamente a un tratamiento hormonal ovulatorio, con el fin de estimular la producción de ovocitos.

PROCEDIMIENTOS DE LA CIENCIA

Clonación reproductiva y clonación terapéutica

Mediante las técnicas de clonación se obtienen organismos genéticamente idénticos a aquel que se desea clonar. Para ello se parte de una célula o núcleo de dicho organismo. En la clonación, las células clonadas no son modificadas genéticamente.

Existen dos tipos de clonación: la reproductiva y la terapéutica.

Clonación reproductiva

Tiene como finalidad obtener individuos adultos clónicos, genéticamente idénticos entre ellos y al organismo progenitor.

La clonación reproductiva ya se ha experimentado con éxito en diversos animales mamíferos. Un uso muy interesante es la clonación de animales en peligro de extinción. Actualmente existen miles de especies en esta situación que, si no se interviene, terminarán desapareciendo.

El primer mamífero clonado con éxito a partir de una célula adulta fue la oveja Dolly. Los autores de la clonación fueron los científicos Ian Wilmuty y Keith Campbell, del Instituto Roslin de Edimburgo. El proceso se realizó de la siguiente manera:

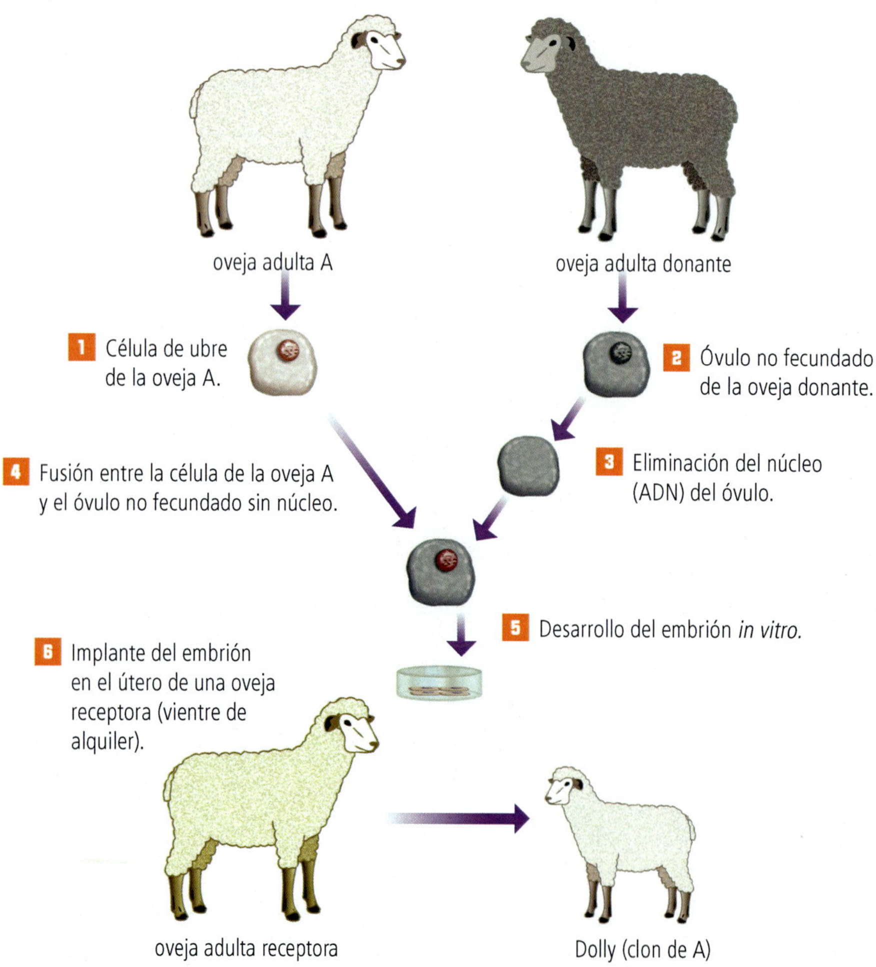

CLONACIÓN DEL PRIMER TORO DE LIDIA

En 2010, científicos de la Fundación Valenciana de Investigación en Veterinaria (VIVE) clonaron con éxito el primer toro de lidia. Se le ha bautizado con el nombre de Got, es clon del toro semental Vasito, y nació del vientre de alquiler de una vaca frisona.

Para los científicos que han llevado a cabo este proyecto, esta clonación supone la posibilidad de crear un banco de tejidos destinado a evitar la desaparición de animales de gran valor genético o en vías de extinción.

La clonación parece abrir un campo de posibilidades en la lucha contra la extinción total de especies. Pero resulta evidente que de poco servirá clonar animales en peligro si no se modifican simultáneamente las causas que los han llevado al borde de la extinción, como pueden ser la caza masiva o el deterioro de sus hábitats naturales.

Clonación terapéutica

La clonación terapéutica tiene como objetivo la obtención de embriones clónicos, en estado de blastocisto (blástula), para extraer de ellos células madre embrionarias. Se trata de células indiferenciadas con capacidad ilimitada de división y potencialidad para diferenciarse y dar células especializadas de diferentes tipos. Esto las convierte en fuente de tejidos u órganos para trasplantes, sin que exista el riesgo de rechazo.

Si a las técnicas de clonación se les suman las de ingeniería genética, se abre un abanico de posibilidades terapéuticas:

- Animales (ovejas, vacas o cabras) clonados y modificados genéticamente con el objetivo de que fabriquen y segreguen en su leche sustancias de utilidad terapéutica, como la insulina, la hormona del crecimiento, etc.
- Producción de animales clónicos para ensayos clínicos de terapias frente a ciertas enfermedades. Esto reduciría el número de animales de investigación, pues al ser genéticamente idénticos se podrían ensayar simultáneamente los distintos tratamientos o procedimientos alternativos.
- Obtención de animales transgénicos como donantes de órganos para realizar trasplantes a seres humanos. Es una línea de investigación prometedora, si bien muy discutida por la comunidad científica.

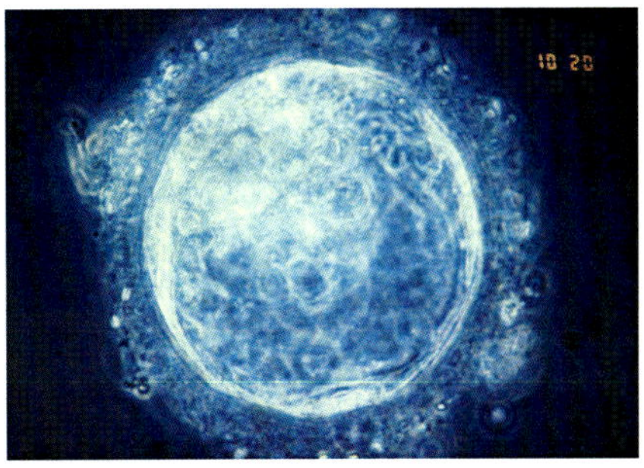

Imagen microscópica de un blastocisto humano de 4 a 5 días después de la fertilización. En este estado, el blastocisto representa una fuente de células madre embrionarias con fines terapéuticos.

Implicaciones éticas de la clonación

La clonación reproductiva en los humanos está prohibida. En cambio, la clonación terapéutica es legal en muchos países, entre ellos España. La razón es el beneficio que supone para la salud de las personas. Sin embargo, estos procedimientos llevan asociados cuestiones éticas difíciles de resolver, pues los embriones humanos clonados, fuente de tejidos para el trasplante, son posteriormente destruidos.

El 18 de octubre de 2011, una sentencia del Tribunal de la UE de Luxemburgo prohibía patentar métodos de investigación con células madre de óvulos fecundados. Literalmente dice: «Un proceso que suponga la extracción de una célula madre de un embrión humano en la fase de blastocisto, entrañando la destrucción de ese embrión, no se puede patentar [....]. Queda excluida cualquier posibilidad de patentar algo si el respeto por la dignidad humana puede verse afectado por ello [...]».

La máxima instancia judicial de la UE va más allá, al señalar que «deberá considerarse como "embrión humano" a todo óvulo humano a partir de la fecundación. Incluso, un óvulo no fertilizado que haya sido manipulado científicamente y, por ello, esté en disposición de iniciar el proceso de desarrollo de un ser humano, debe ser considerado como un embrión a todos los efectos de protección legal [...]».

De esta manera, los jueces no solo han dado un revés a la clonación terapéutica, en tanto implica la investigación con células madre embrionarias, sino que, al mismo tiempo, han proporcionado una cobertura legal, a la protección de la inviolabilidad del embrión humano como ser y sujeto de dignidad.

La solución quizá sea el uso de células madre de adulto. Se trata de células localizadas en tejidos adultos concretos y diferenciados, pero que, bajo ciertas circunstancias, son capaces de diferenciarse para dar otros tipos celulares. Esto permitiría obtener tejidos para trasplante sin necesidad de clonar embriones.

ACTIVIDADES

1. Los animales originados por poliembrionía, ¿pueden considerarse clónicos? Razona tu respuesta.
2. Investiga qué diferencias existen entre los gemelos univitelinos y los bivitelinos en los seres humanos. ¿En qué caso estos gemelos podrían considerarse clónicos?
3. Realiza un esquema de los pasos seguidos en la clonación terapéutica en seres humanos.
4. Debatid en clase vuestras opiniones personales sobre las implicaciones éticas y la necesidad de legislar el uso de la clonación, tanto reproductiva como terapéutica.

PIENSA EN INVESTIGAR

INFLUENCIA DE LA TEMPERATURA EN LA DETERMINACIÓN DEL SEXO

Hallado el mecanismo molecular que vincula la temperatura con el sexo en algunas especies

30-12-2011

Una investigación liderada por el Consejo Superior de Investigaciones Científicas (CSIC) ha identificado el mecanismo molecular que vincula el aumento de la temperatura con la inhibición de la aromatasa. Esta enzima convierte los andrógenos en estrógenos, esenciales estos últimos en la formación de los ovarios en todos los vertebrados no mamíferos. [...]

Lubina macho (*Dicentrarchus labrax*).

[...] Ejemplo de este último caso es el de la lubina, pez cuya determinación sexual depende de la combinación de factores genéticos y ambientales. [...] Durante el trabajo, los investigadores expusieron a dos grupos de larvas de lubina a diferentes temperaturas, normal y alta, durante las primeras semanas de vida. [...]

[...] Los resultados de este trabajo explican a nivel molecular cómo el incremento de unos pocos grados lleva consigo la masculinización de algunos animales. [...]

[...] Se trata del primer estudio en animales que describe el funcionamiento de un mecanismo epigenético entre el factor ambiental y el mecanismo celular que lleva a la determinación sexual del animal. [...]

http://www.csic.es/web/guest/

Determinación del efecto de la temperatura de cultivo sobre la proporción de sexos en las progenies del rodaballo

La temperatura ha sido descrita como uno de los factores ambientales más importantes que alteran la proporción del sexo en peces, y que por lo tanto, puede afectar la estructura de las poblaciones y su potencial reproductivo. [...]

El objetivo de este proyecto es estudiar el efecto de la temperatura, del componente familiar y de su interacción sobre la proporción de sexos en las progenies de rodaballo. Asimismo, se analizará la influencia de la temperatura sobre la expresión de genes implicados en la cascada de diferenciación gonadal para tratar de explicar las modificaciones en las proporciones sexuales por efecto de la temperatura.

A partir de esta información y de la existente previamente, se definirá un protocolo de cultivo para incrementar la proporción de hembras. [...]

http://www.ieo.es/
Página web del Instituto Español de Oceanografía en el apartado de Proyectos de Acuicultura.

ACTIVIDADES

1. Investiga sobre el mecanismo epigenético. Busca ejemplos y ponlos en común con tus compañeros de clase.
2. ¿Qué efectos puede tener el incremento de la temperatura del agua de los océanos sobre la estructura de las poblaciones de peces y su potencial reproductivo?
3. En grupos de trabajo, elaborad un informe sobre el IOE. ¿Qué es? ¿Cuándo y por qué se fundó?
4. Busca información en internet relavita a los planes nacionales de I+D+I.
   a. ¿Qué es el Plan Nacional de I+D+I?
   b. ¿Cuántos Planes Nacionales de I+D+I hasta hoy día se han puesto en marcha en España?
   c. ¿En qué Plan se encuentra encuadrado el proyecto sobre la determinación del efecto de la temperatura en la proporción de sexos en las progenies del rodaballo?

ACTIVIDADES

1 Observa las siguientes fotografías:

a. Identifica el filo al que pertenecen estos animales.

b. ¿Qué proceso observas en cada una de ellas? Nómbralo y descríbelo brevemente.

2 En la fotografía se esquematiza el ciclo vital de un animal.

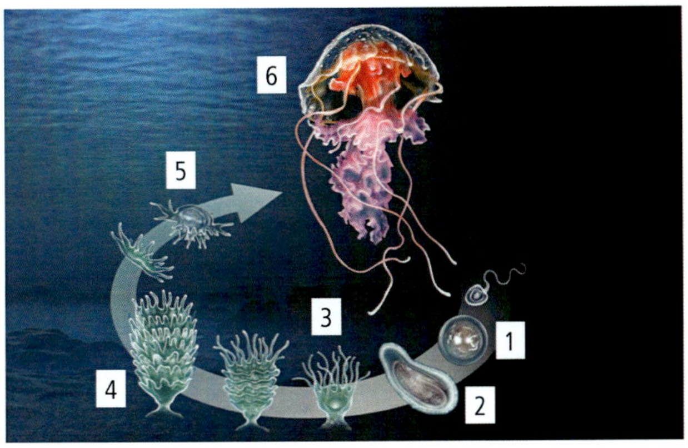

a. ¿A qué filo y clase pertenece?

b. Nombra las estructuras numeradas.

3 Indica si los siguientes animales son haploides o diploides y di cómo se originan:

a. Macho de avispa.

b. Macho de pulga de agua.

c. Hembra de hormiga.

d. Hembra de chinche.

4 Ordena secuencialmente las siguientes células surgidas en la espermatogénesis e indica si son haploides o diploides: espermatocito de segundo orden, espermatogonia, espermátida, espermatozoide, espermatocito de primer orden.

5 Explica por qué en la pieza intermedia de los espermatozoides abundan las mitocondrias.

6 ¿Por qué crees que la espermatogénesis genera cuatro espermatozoides, y la ovogénesis solo un óvulo?

7 En algunos Moluscos bivalvos los espermatozoides del macho penetran por los sifones y alcanzan los óvulos de la hembra en la cavidad paleal. ¿Se considera esta una fecundación externa o interna? Justifica tu respuesta.

8 Explica la diferencia entre anfigonia, singamia y anfimixis.

9 ¿Qué tipos de animales producirán más cantidad de gametos, los que tienen fecundación externa o los que la tienen interna? Razona tu respuesta.

10 Elabora una tabla en la que indiques el tipo de huevo, de segmentación y de gástrula de los siguientes animales: trucha, pólipo, araña, holoturia, sanguijuela, caracol, pingüino.

11 En la fotografía se muestra un momento del desarrollo embrionario de una estrella de mar.

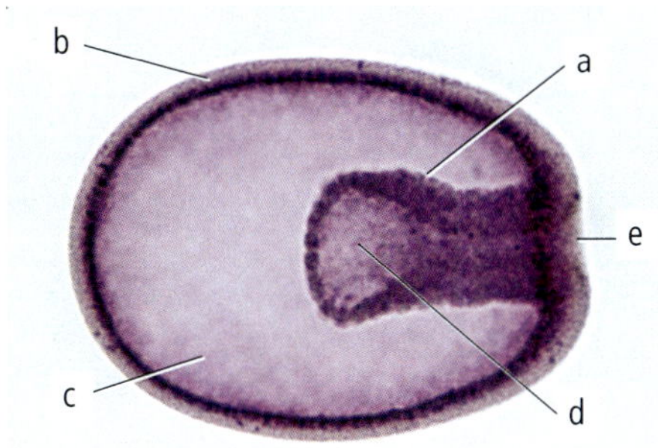

a. Nombra la etapa concreta del desarrollo representada y las partes señaladas con letras.

b. Razona si el orificio rotulado con la letra *e* originará el ano o la boca en el animal adulto.

12 Si la misma estructura del ejercicio anterior fuera de un anélido, ¿qué estructura se originaría a partir de dicho orificio? ¿Por qué?

13 Indica a partir de qué hoja embrionaria se desarrollarían los siguientes órganos de un mamífero:

a. Encéfalo.

b. Diafragma.

c. Piel.

d. Corazón.

e. Testículos.

f. Riñones.

14 El dibujo representa el sistema reproductor femenino de una vaca. Nombra las partes numeradas.

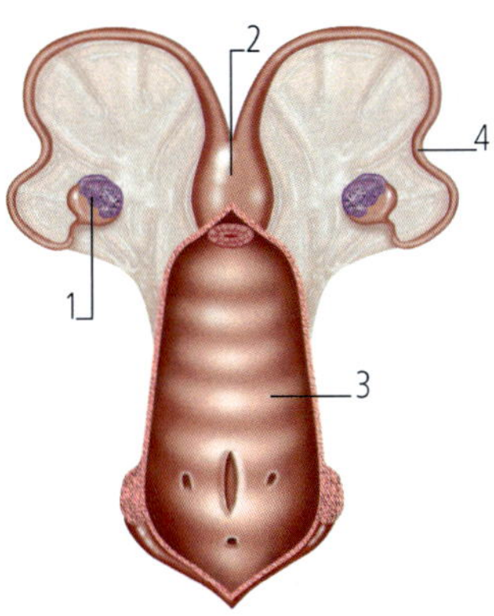

ACTIVIDADES

15 Observa el ciclo vital de la ostra.

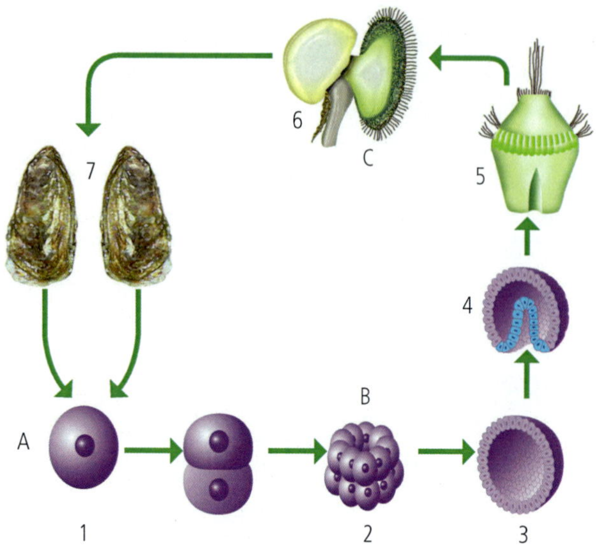

a. ¿Qué representan las etapas designadas con letras?

b. ¿Cómo se denominan las estructuras u organismos señalados con números?

c. ¿Qué proceso ocurre entre 1 y 3? ¿Y entre 3 y 4? ¿Y entre 4 y 5?

16 Nombra el grupo o grupos de Invertebrados que presenten las siguientes características:

a. Fecundación interna mediante espermatóforos.

b. Hermafroditas, con fecundación cruzada e interna.

c. Desarrollo directo.

d. Desarrollo indirecto, con estados larvarios tipo trocófora.

e. Carecen de gónadas diferenciadas.

f. Existe metagénesis.

g. Larvas trocófora y velígera.

h. Órganos copuladores, conocidos con el nombre de cirros.

17 ¿A qué clase o clases de Vertebrados se refieren las siguientes características?

a. Espermiductos, con función urogenital.

b. Oviductos que desembocan en un útero.

c. Fecundación interna mediante aposición cloacal.

d. Ovíparos, con huevos amnióticos.

e. Órganos copuladores dobles, llamados hemipenes.

f. Desarrollo indirecto.

g. Vivíparos placentarios.

h. Las hembras solo poseen el ovario y oviducto izquierdos.

i. Vivíparos no placentarios.

18 El vitelo es la reserva de la que se nutre el embrión durante el desarrollo embrionario, de manera que, en los huevos con poco vitelo, el desarrollo embrionario es de corta duración y, por tanto, lo poseen animales poco evolucionados como los Poríferos y Cnidarios.

Sin embargo, los Mamíferos también presentan huevos oligolecitos con escasa cantidad de vitelo.

¿Cómo puedes explicar este hecho?

19 Observa las siguientes fotografías y responde a las preguntas:

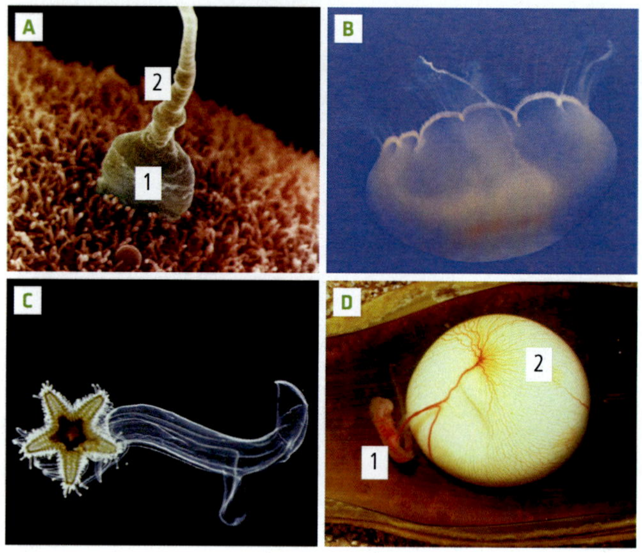

Fotografía A

a. ¿Qué etapa de la fecundación se observa?

b. Nombra las partes del espermatozoide numeradas.

c. ¿Cómo se denomina la etapa de la fecundación en la que el espermatozoide (gameto masculino) perfora las envueltas del óvulo (gameto femenino)?

Fotografía B

a. ¿Se trata de un animal diblástico o triblástico?

b. ¿Presenta sexos separados o es hermafrodita?

c. ¿Cómo se denomina su estado larvario característico?

Fotografía C

a. ¿Cómo se denomina el organismo de esta fotografía?

b. ¿Qué tipo de simetría posee el organismo adulto?

c. ¿Es un animal protostomado o deuterostomado?

Fotografía D

a. ¿Qué tipo de huevo, respecto a la cantidad de vitelo, posee el animal de la fotografía?

b. Nombra los elementos numerados.

c. ¿A qué grupos de animales podría pertenecer este huevo?

ACTIVIDADES

En las fotografías se observan tres especies animales: **A**. Hormiga saltadora *(Myrmecia pilosula)*; **B**. Gallina *(Gallus gallus)*; y **C**. Estrella espinosa *(Echinaster sepositus)*. Resuelve las siguientes cuestiones relativas a ellas.

1 Clasifica cada una de las especies animales anteriores en sus correspondientes categorías taxonómicas.

2 Completa y copia en tu cuaderno la siguiente tabla, con los datos que se te piden.

	Myrmecia pilosula	*Gallus gallus*	*E. sepositus*
Aparato respiratorio			
Aparato circulatorio			
Pigmento respiratorio			
Sistema nervioso			

3 Una gallina, al alcanzar la madurez sexual, produce células como la que observas en la imagen.

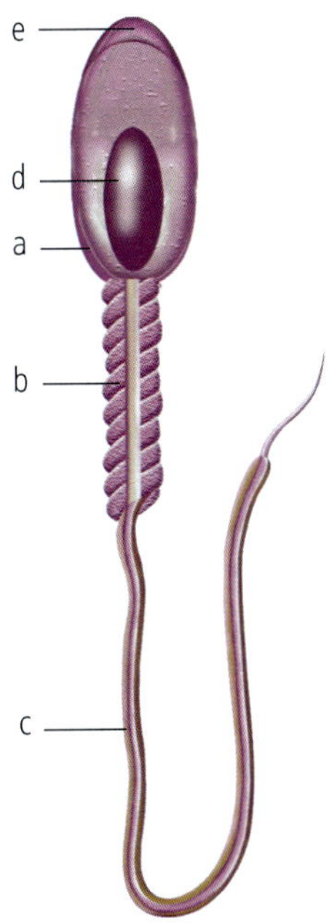

a. Razona cuál es el sexo de esta gallina.

b. ¿Cómo se llama esta célula?

c. ¿Cómo se denomina el proceso por el que se fabrica la célula de la imagen?

d. ¿Qué glándulas y hormonas están implicadas en su formación?

e. Nombra las partes señaladas.

f. Sabiendo que la gallina tiene $2n = 78$ cromosomas, razona el número de cromosomas que tendrán: una espermatogonia, un espermatocito de primer orden, un espermatocito de segundo orden y una espermátida.

4 Cuando se estudia el cariotipo de las hormigas saltadoras se comprueba que las hembras de esta especie poseen 2 cromosomas, mientras que los machos solo poseen 1 cromosoma.

a. ¿Cuál es el número haploide (n) y diploide (2n) en la hormiga saltadora?

b. ¿Cómo es la determinación del sexo en esta especie?

c. Explica el tipo de reproducción sexual de esta especie.

d. Representa las dos anafases de la fase de maduración en la ovogénesis de una hembra de hormiga saltadora.

5 Los dibujos representan dos tipos de cigotos.

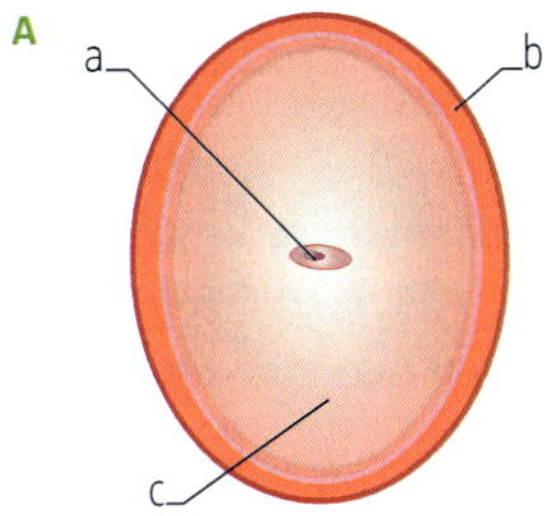

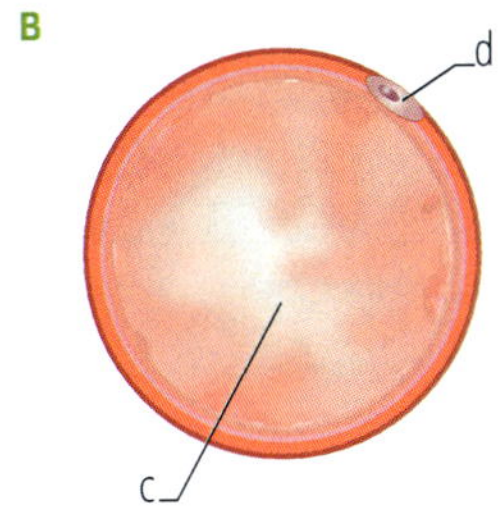

a. ¿De qué tipo es cada uno?

b. Nombra las partes señaladas en cada cigoto.

c. Razona cuál correspondería a la hormiga saltadora y cuál a la gallina. ¿Cómo sería el de la estrella espinosa?

6 La imagen corresponde al desarrollo embrionario de una especie ovípara.

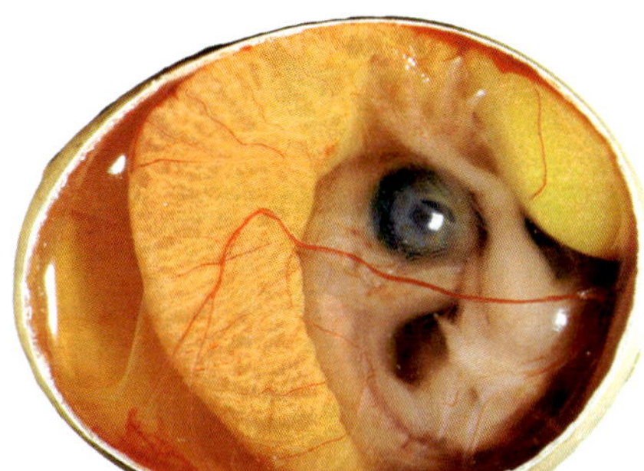

a. ¿Cómo se denominan estos tipos de huevos? ¿De qué grupos de animales son característicos?

b. ¿A quién pertenece: a la hormiga saltadora, a la gallina o a la estrella espinosa?

c. Haz un esquema en tu cuaderno y señala sobre él las partes que reconozcas.

DIARIO DE APRENDIZAJE

¿Qué contenido me gustaría ampliar o estudiar con más profundidad?

12 ESTRUCTURA, COMPOSICIÓN Y DINÁMICA DE LA TIERRA

MÉTODOS INDIRECTOS DE ESTUDIO DEL INTERIOR DE LA TIERRA

- **GRAVIMÉTRICO**
- **TÉRMICO**
- **ASTRONÓMICO**
- **MAGNÉTICO**
- **SÍSMICO**

  Método indirecto que se basa en el estudio de las **ondas sísmicas** generadas por los terremotos para obtener datos sobre el interior de nuestro planeta.

  - **ONDAS P O PRIMARIAS**

    Se transmiten por el interior terrestre. Se propagan por medios sólidos y líquidos.

  - **ONDAS S O SECUNDARIAS**

    Se transmiten por el interior terrestre. Se propagan por medios sólidos.

  - **ONDAS SUPERFICIALES**

    No se transmiten por el interior terrestre. No aportan datos sobre el interior de la tierra.

CAPAS DE LA TIERRA

- **MODELO GEOQUÍMICO**
  - **CORTEZA**
    - Continental
    - Oceánica
  - **MANTO**
  - **NÚCLEO**
- **MODELO DINÁMICO**
  - **LITOSFERA**
  - **MANTO SUPERIOR SUBLITOSFÉRICO**
  - **MANTO INFERIOR**
  - **NÚCLEO EXTERNO**
  - **NÚCLEO INTERNO**

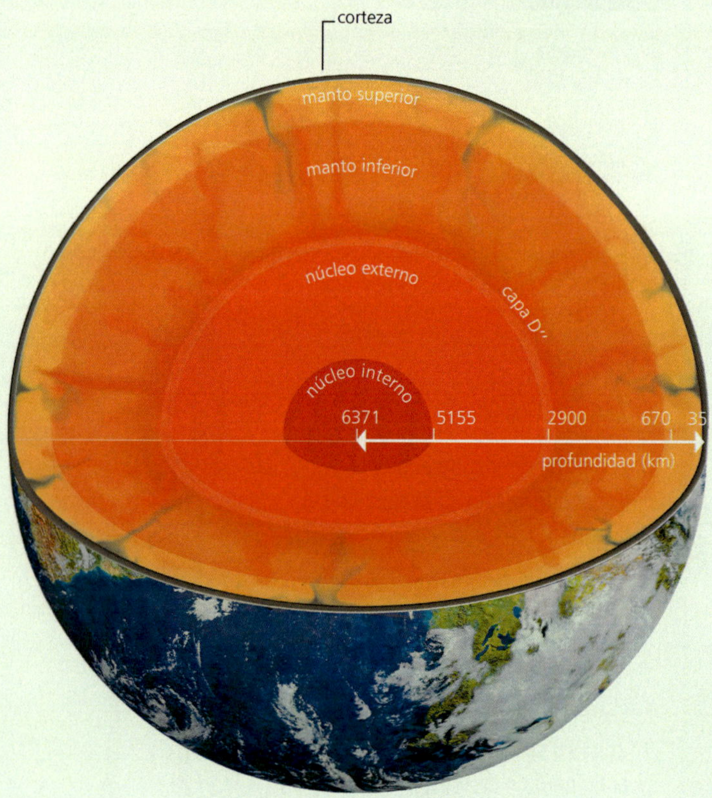

ACTIVIDADES

1. Completa y amplía este mapa conceptual con las características de los métodos de estudio, de las capas de la Tierra y de la tectónica de placas.

DINÁMICA DE LA TIERRA

DERIVA CONTINENTAL

Hace millones de años, todos los continentes se encontraban unidos formando un supercontinente (Pangea) rodeado de un vasto océano, denominado Panthalasa.

PRUEBAS DE WEGENER

- Geográficas
- Geológicas
- Paleontológicas
- Paleoclimáticas

PRUEBAS PALEOMAGNÉTICAS

- Paleomagnetismo
- Expansión del fondo oceánico

TECTÓNICA DE PLACAS

Según esta teoría, la parte más externa de la Tierra, la litosfera, se encuentra fragmentada en bloques o placas litosféricas, sobre una capa plástica, la astenosfera.

La dinámica de las placas litosféricas se explica y sintetiza en el denominado ciclo de Wilson.

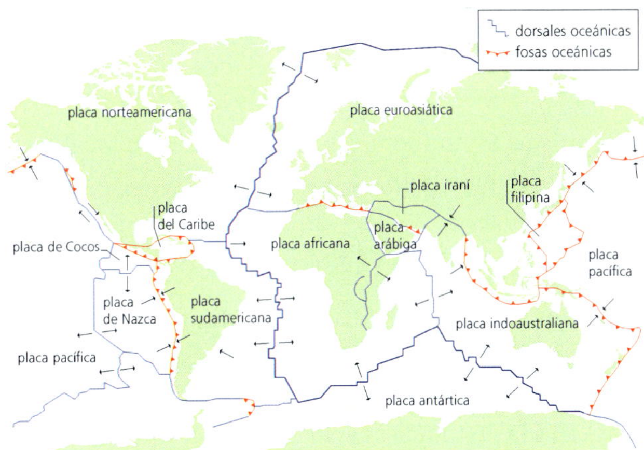

TIPOS DE PLACAS

- Mixta
- Oceánica
- Continental

LÍMITES ENTRE PLACAS

- **Divergentes, constructivos o distensivos**: Coinciden con las dorsales oceánicas.
- **Deslizantes, transformantes o conservadores**: Las placas se desplazan a lo largo de una falla transformante.
- **Convergentes, destructivos o compresivos**:
  - Entre una placa continental y otra oceánica. Originan una fosa oceánica y una cordillera perioceánica.
  - Entre dos placas oceánicas. Se generan una fosa oceánica y un arco insular.
  - Entre dos placas continentales. Se forma una cordillera intracontinental.

ORÓGENOS

La orogénesis es la formación de las cordilleras u orógenos.

- Térmicos, ortotectónicos o de tipo andino (Andes)
- Mecánicos, paratectónicos o de tipo alpino (Himalaya)

CAUSAS DEL MOVIMIENTO DE LAS PLACAS

- Corrientes de convección
- Plumas calientes

PROCEDIMIENTOS DE LA CIENCIA

A la escucha del interior de la Tierra

Además de permitirnos conocer la estructura profunda de la Tierra, el método sísmico resulta útil:

- Para localizar acuíferos subterráneos.
- En las prospecciones petrolíferas.
- En ingeniería civil, para calcular la profundidad a la que se encuentra la roca firme.
- Para medir la velocidad del desplazamiento de placas litosféricas, que hasta ahora solo podía determinarse mediante observaciones indirectas, recurriendo al paleomagnetismo.

Con las técnicas actuales no hay que esperar a que se produzca un terremoto, pues es posible generar ondas sísmicas artificialmente. La ventaja es que podemos conocer con exactitud las distancias entre el foco y los sismógrafos y, de este modo, calcular fácilmente la velocidad de las ondas sísmicas. Si no fuera así, tendríamos que localizar el epicentro del terremoto.

Localización de terremotos

Puesto que las ondas P son más rápidas que las S, cuanto mayor sea el intervalo, medido en un sismograma, entre la llegada de la primera onda P y la de la primera onda S, mayor será la distancia al epicentro.

Saber esto nos ha permitido construir curvas de tiempo de llegada, que registran el tiempo que emplean las ondas producidas por explosiones controladas en llegar a diversas distancias. Estos gráficos se utilizan para calcular la distancia a un epicentro, si se conoce la diferencia en el tiempo de llegada de las ondas P y las S, o el intervalo P-S.

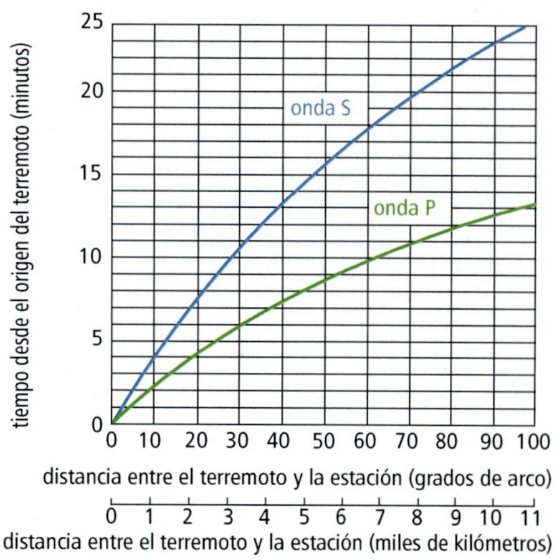

Análisis de la propagación de ondas sísmicas

Una vez localizado el origen de las ondas sísmicas se puede analizar su propagación por el interior del planeta. Para ello hay que tener en cuenta los siguientes puntos:

- Las ondas S no se propagan en un medio líquido.
- La velocidad de las ondas P y S depende directamente de la rigidez del medio.
- Las ondas sísmicas se difractan (cambian de dirección) a medida que atraviesan medios diferentes.

Predicción de terremotos

La actividad sísmica es una de las manifestaciones más evidentes del movimiento de las placas litosféricas, causante de grandes catástrofes que, a lo largo de la historia, se han cobrado miles de víctimas.

La predicción de los terremotos es de enorme importancia, pues facilita la rápida evacuación de la población que puede verse afectada.

La predicción se basa en el estudio histórico de la frecuencia de los seísmos, la evaluación de los precursores sísmicos y, por supuesto, el estudio geológico de la zona de riesgo.

Algunos precursores sísmicos son:

- Las elevaciones del terreno.
- El aumento de emisiones de gases, sobre todo radón.
- El aumento del número de microseísmos locales.
- Los cambios en la transmisión eléctrica de las rocas y en el campo magnético de la zona.
- Las variaciones en los niveles de agua de los pozos del lugar.
- Los comportamientos anómalos de los animales, pues en algunos casos sus sentidos son más agudos que los del ser humano.

ACTIVIDADES

1 Fíjate en estas figuras, que representan la propagación de las ondas S en dos planetas imaginarios, y contesta a las siguientes preguntas:

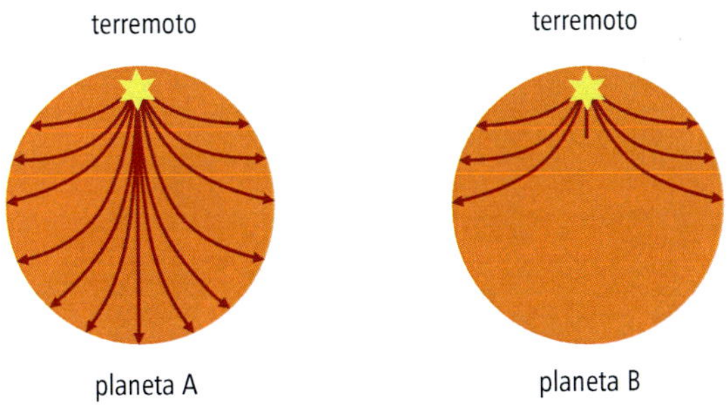

a. ¿Se puede detectar alguna superficie de discontinuidad? Razona la respuesta.

b. Explica cómo varían la rigidez y el estado físico de los materiales según profundizamos en cada uno de los planetas.

2 Observa el gráfico adjunto, que representa la variación de las ondas sísmicas en el interior de la Tierra, y contesta de forma razonada a las siguientes cuestiones:

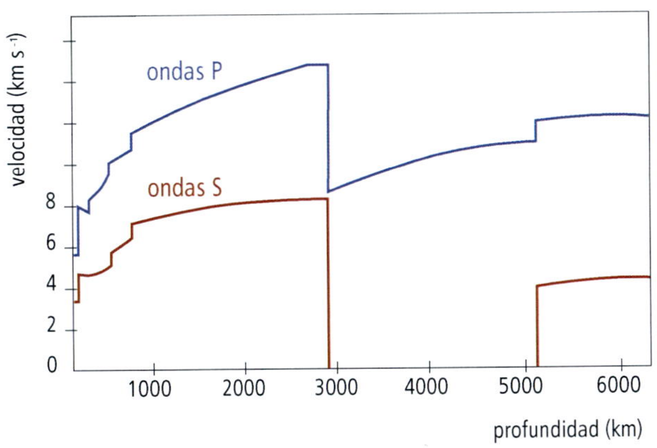

a. ¿Cuántas **discontinuidades** se observan?

b. ¿Cómo cambia la rigidez a medida que aumenta la profundidad?

c. ¿Cuál es el estado físico del interior de la Tierra?

3 En una estación sismológica se ha obtenido el sismograma que se representa a continuación. Calcula a qué distancia de la estación se localiza el epicentro del terremoto.

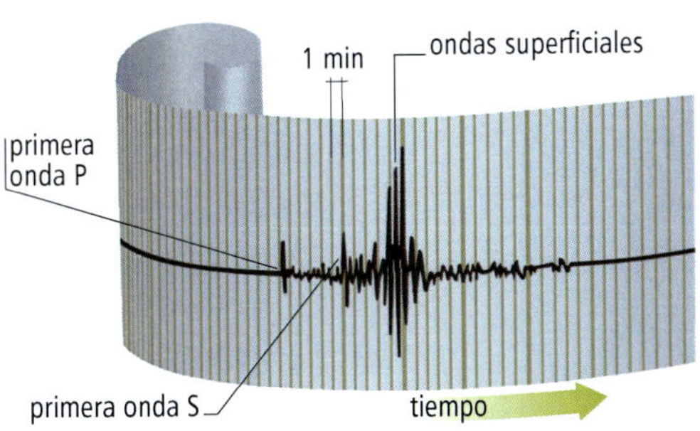

4 Los habitantes del planeta Vulcano, al estudiar las variaciones en la velocidad de propagación de las ondas sísmicas en el interior de su planeta, de 3500 kilómetros de radio, obtuvieron los siguientes datos:

Profundidad (km)	Ondas *P* (km/s)	Ondas *S* (km/s)
50	8,1	4,1
250	8,0	4,0
500	7,8	3,8
750	7,4	3,4
990	6,0	2,0
1000	5,0	1,0
2000	5,0	1,0
2490	5,0	1,0
2500	7,1	0,0
2750	7,6	0,0
3000	7,6	0,0
3500	8,0	0,0

a. Realiza una gráfica que represente la velocidad de las ondas sísmicas en función de la profundidad.

b. Explica las discontinuidades que se pueden reconocer y las distintas capas que separan. Posteriormente, señala en cada una:

- Las variaciones en la rigidez (si aumenta con la profundidad, si permanece constante...).
- El estado físico (si es sólida o líquida).

5 Investiga, en la página web del Instituto Geográfico Nacional (http://www.ign.es/ign/main/index.do) qué se debe hacer si se produce un terremoto.

6 Para medir el movimiento lento y gradual de las placas litosféricas, las investigaciones se han centrado en el desarrollo de técnicas modernas de geodesia espacial, que permiten determinar, casi en tiempo real, la velocidad de las mismas.

Actualmente disponemos de:

- La técnica de medidas de **interferometría** (VLBI, *Very Long Baseline Interferometry*).
- Los **sistemas GPS**, que dan la posición sobre el mapa de cada punto de la Tierra con una exactitud de milímetros.

Investiga en qué consisten estas dos técnicas.

PIENSA EN INVESTIGAR

ARDÓN: UN METEORITO ESPAÑOL CAÍDO EN 1931

Un equipo internacional liderado por el Consejo Superior de Investigaciones Científicas (CSIC) ha caracterizado un nuevo meteorito, caído en España el 9 de julio de 1931 y recuperado tras permanecer oculto durante 83 años

10 de abril de 2014

Se trata de una condrita ordinaria del grupo L6 procedente de un asteroide desconocido que ha recibido el nombre de Ardón, municipio leonés donde cayó.

[..] En 2013, los propietarios se pusieron en contacto con el investigador del CSIC Josep Maria Trigo, del Grupo de Meteoritos del Instituto de Ciencias del Espacio del CSIC y miembro del Instituto de Estudios Espaciales de Cataluña, que comenzó a caracterizarlo junto a Jordi Llorca, de la Universidad Politécnica de Cataluña. [..]

[..] Las condritas ordinarias son el tipo de meteoritos más común, con algo más de un 73 % de las caídas de meteoritos conocidas hasta la fecha. De hecho, del mismo grupo L de la condrita Ardón se conocen otras 406, catalogadas en el Boletín Meteorítico de la *Meteoritical Society*. La más antigua es la condrita Nogata, caída en Japón en el año 861.

Se ha propuesto que las condritas ordinarias del grupo L proceden de una familia de asteroides producida por la desintegración del asteroide 1 272 Gefion, lo que explicaría que sean tan comunes entre las caídas actuales.

«Ardón es un meteorito muy interesante, pues proviene de un asteroide primitivo cuyos minerales, dadas sus mayores dimensiones, fueron alterados térmicamente por metamorfismo. También presenta evidencias claras de los procesos de choque acaecidos en ese asteroide mientras estuvo en órbita alrededor del Sol. En su composición mayoritaria hay silicatos, sulfuros y metales, componentes cuyas características isotópicas indican que participaron en la formación de nuestro planeta. Además, Ardón ha preservado en su textura pequeñas esférulas vítreas, denominadas cóndrulos, y granos metálicos que giraban alrededor del Sol hace unos 4.565 millones de años: los primeros componentes sólidos del sistema Solar, formados mucho antes que nuestra propia Tierra», explica Trigo.

JOSEP M. TRIGO-RODRÍGUEZ, JORDI LLORCA, M. WEYRAUCH Y A. BISCHOFF. Ardón: L6 ordinary chondrite. Meteoritical Bulletin 103.
Fecha de publicación del artículo en la web del CSIC: 14 de abril de 2014.
Fuente: http://www.csic.es/web/guest/noticias-y-multimedia, con fecha 10/04/2014.

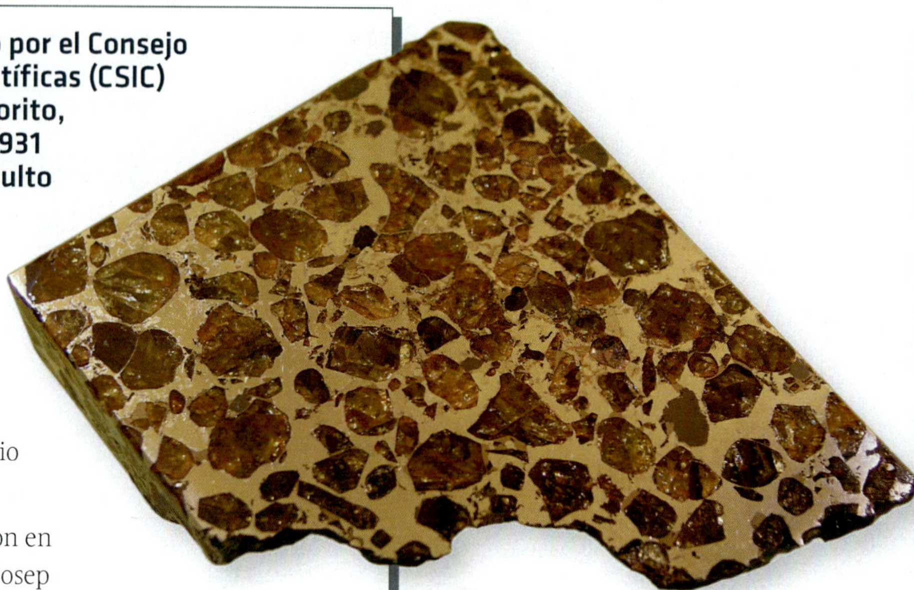

Siderolito (Pallasita).

ACTIVIDADES

1. Busca en el diccionario las palabras del texto que no conozcas.
2. Investiga en la página web de *The Meteoritical Society:* http://www.lpi.usra.edu/meteor/metbull.php. ¿En qué otras zonas de España han caído meteoritos?
3. Averigua qué ley española protege los meteoritos y debatid en clase por qué creéis que hay que protegerlos.
4. ¿Qué son las condritas ordinarias del grupo L y qué composición tienen? ¿Qué otros tipos de meteoritos existen? ¿Cuál es su composición?
5. ¿Qué información aporta el estudio de los meteoritos?
6. Explica qué otros métodos de estudio existen para conocer la estructura de la Tierra y cuál aporta más información sobre nuestro planeta. Organizaos en grupos de trabajo y elaborad una presentación en Power Point sobre los diferentes métodos.

ACTIVIDADES

1 La temperatura del interior de la Tierra aumenta con la profundidad. ¿Por qué, entonces, el núcleo externo es líquido y el núcleo interno sólido?

2 Isaac Newton fue el primer científico que enunció una teoría sobre la estructura de la Tierra. Basándose en sus estudios sobre la fuerza de la gravedad, calculó el promedio de la densidad terrestre (5 515 kg m^{-3}) y encontró que era más del doble de la densidad de las rocas cercanas a la superficie. ¿A qué conclusiones le condujo este descubrimiento?

3 ¿Por qué las ondas (P) son más veloces que las (S)?

4 ¿Se podría utilizar el método sísmico para investigar el interior de planetas gigantes gaseosos? Razona tu respuesta.

5 Busca en Internet información sobre el significado de la escala de Richter, con la que habitualmente se mide la magnitud de los terremotos, y contesta a estas cuestiones:

a. ¿Existe algún límite superior en dicha escala?

b. ¿Cuál ha sido el terremoto de mayor magnitud hasta el momento? ¿Qué relación existe entre ese terremoto y los límites de las placas litosféricas?

6 Busca información sobre el tipo de organismos que eran *Cynognathus y Lystrosaurus*, la época en la que existieron y las zonas donde habitaron.

7 Completa esta tabla de los dos tipos de corteza terrestre:

	Corteza continental	Corteza oceánica
Espesor		
Densidad		
Composición		
Edad		

8 Fíjate en esta ilustración, complétalo en tu cuaderno y explica qué representa. Marca con flechas el sentido de las placas.

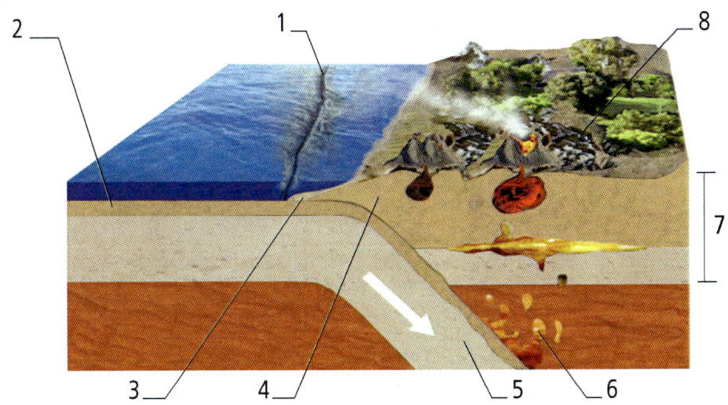

9 ¿Cómo podrías explicar el hecho de que se hayan encontrado yacimientos de hulla del Carbonífero en zonas tropicales como España, Inglaterra, Francia y Groenlandia?

Averigua qué es el Carbonífero.

10 Explica por qué podemos encontrar fósiles marinos en rocas de la cordillera del Himalaya, a más de 8 000 m de altura sobre el nivel del mar.

11 Lee este texto y contesta a las siguientes cuestiones:

Un «gruyer» en la fosa del Nankai

«La zona es como un queso gruyer». Así describe la geóloga Ana Crespo-Blanc el suelo marino en la fosa del Nankai, a unos 60 km al sudeste de la costa japonesa.

La científica española forma parte del equipo que el pasado 28 de diciembre batió el récord de profundidad en perforaciones del fondo oceánico: un agujero de 5023 m para estudiar la zona donde la placa tectónica de Filipinas se hunde por debajo de Japón.

El País, 4 de febrero de 2014

Vista nocturna de la torre de perforación del barco Chikyu.

a. ¿Qué tipo de placa es la placa filipina?

b. ¿Qué otros tipos de placas tectónicas existen?

c. Investiga si el desplazamiento de esta placa fue el causante del terremoto y posterior tsunami que se produjo en Japón en 2011.

ACTIVIDADES

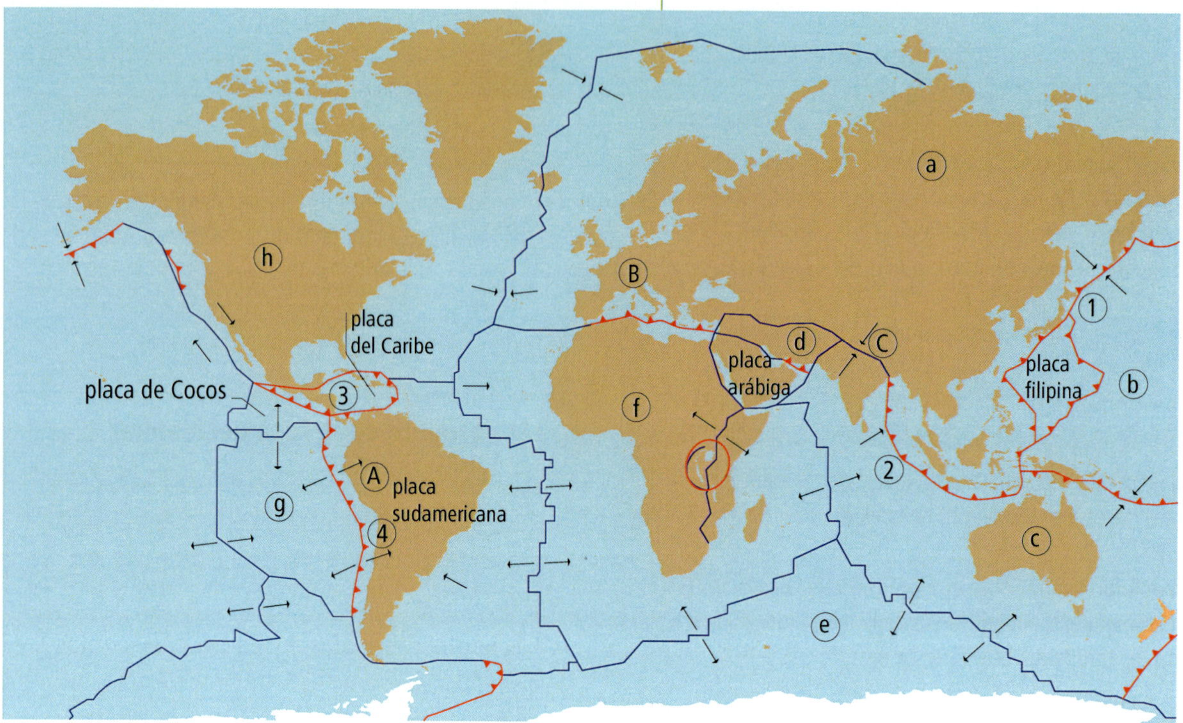

12 Observa este mapa y contesta a las siguientes cuestiones:

a. Nombra las placas litosféricas marcadas con las letras a, b, c, d, e, f, g, h, e indica de qué tipo son.

b. Las flechas que aparecen en el mapa indican el sentido del desplazamiento de las placas litosféricas, pero se han cometido algunos errores. Localízalos.

c. Indica cómo se denominan los orógenos A, B y C y de qué tipo son.

d. Identifica los terremotos marcados con números en el mapa y señala qué placas litosféricas están implicadas.

e. Cita las diferencias que existen entre los límites de las placas sudamericana y de Nazca y los de las placas euroasiática y pacífica (zona de Japón).

f. ¿Qué zona está enmarcada con una elipse roja? ¿De qué tipo de límite se trata?

g. ¿Qué placas han chocado para formar la cordillera del Himalaya?

h. Pon un ejemplo de fosa oceánica y otro de arco insular y localízalos en el mapa.

13 En la convergencia entre dos placas continentales prácticamente no hay vulcanismo. Sin embargo, si encontramos una gran actividad sísmica. ¿A qué crees que es debido?

14 Indica las diferencias que existen entre una fosa tectónica y una fosa oceánica.

15 Define qué es un tsunami y cita algunos ejemplos.

Busca información sobre las consecuencias de esos tsunamis.

16 Fíjate en el dibujo, que representa el desplazamiento de la placa pacífica sobre un punto caliente, y realiza estas tareas:

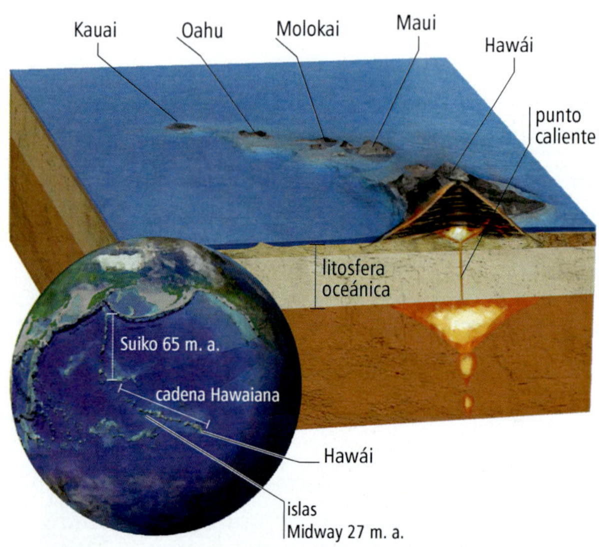

a. Copia el dibujo y marca con una flecha el sentido del movimiento de la placa. Señala la isla más antigua y la más moderna del archipiélago.

b. Investiga cuáles han sido las erupciones más recientes de los volcanes de las islas Hawái.

ACTIVIDADES

1 Observa el gráfico adjunto que representa la variación de las ondas sísmicas en el interior de la Luna. Fue realizado por Toksöz en 1974 a partir de los datos suministrados por la red sísmica instalada entre 1969 y 1972 por el Programa *Apollo.*

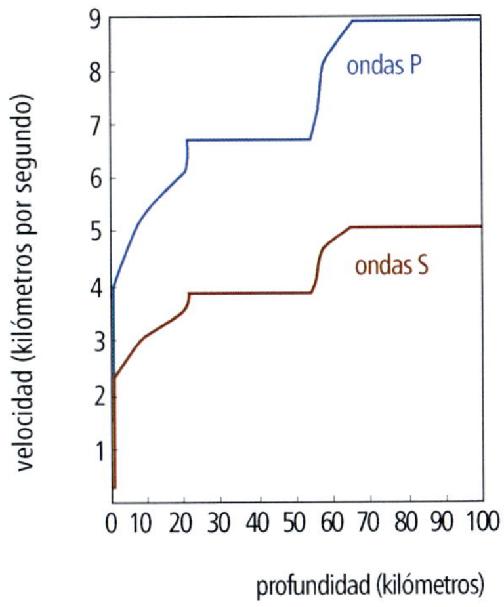

Contesta a las siguientes cuestiones:

a. ¿Cuántas discontinuidades se observan?

b. ¿Cómo cambia la rigidez en los 20 primeros km del interior de la Luna?

c. ¿Cuál es el estado físico de los 100 primeros km del interior de la Luna?

d. Explica las características de las ondas sísmicas P y S.

2 Copia este esquema en tu cuaderno y contesta a las siguientes cuestiones:

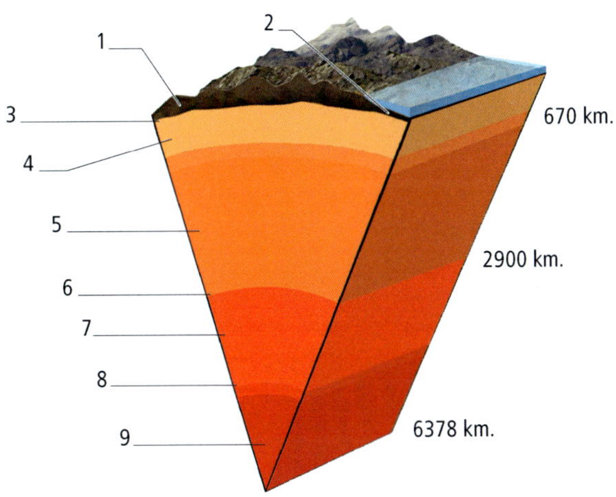

a. Indica qué representa el dibujo.

b. Nombra las partes marcadas con números y la profundidad del 3 y 8.

c. Marca en el dibujo la litosfera.

d. Indica la composición de 1, 2, 4 y 7.

e. Indica el estado físico de 1, 7 y 9.

3 La antigüedad de las rocas de los océanos es menor de 200 millones de años, mientras que en los continentes se han encontrado rocas con más de 3 500 m.a. ¿cómo podrías explicar estos datos?

4 Explica cuáles crees que eran los puntos débiles de la Teoría de la Deriva Continental.

5 Cita las semejanzas y diferencias que hay entre las dorsales oceánicas y las fosas oceánicas.

6 Fíjate en esta ilustración y contesta a las siguientes cuestiones:

a. Nombra las partes marcadas con número.

b. Explica qué representa.

c. Marca con flechas el movimiento de los materiales.

d. Explica qué son las cascadas subductivas, los penachos térmicos y los puntos calientes.

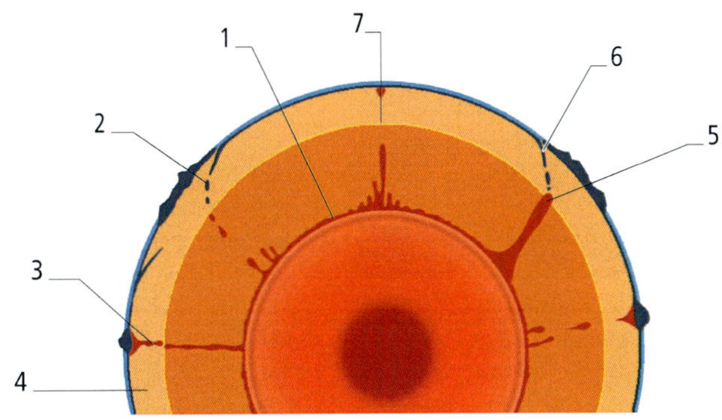

7 Observa estas ilustraciones y contesta a las siguientes cuestiones:

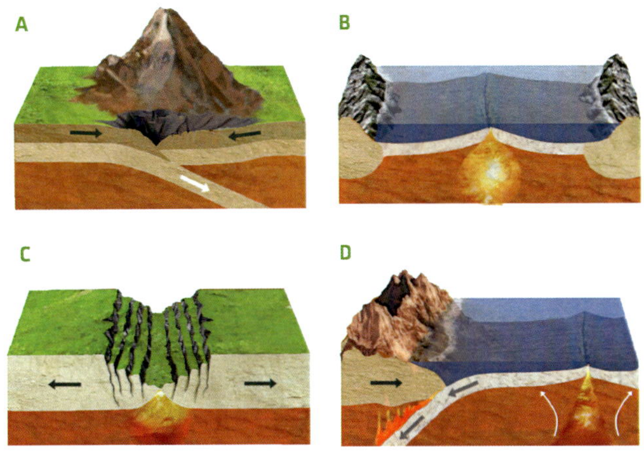

a. Ordena los dibujos y explica que representa cada uno.

b. ¿Qué representan en conjunto?

DIARIO DE APRENDIZAJE

¿Para qué me ha servido lo que he estudiado en esta unidad?

13 LAS ROCAS

LAS ROCAS

Agregados naturales de uno o más minerales o incluso sustancias no minerales de origen animal.

MINERALES

Sólidos naturales y homogéneos, originados por procesos inorgánicos geológicos, con composición química definida y estructura cristalina interna.

FÉLSICOS

Silicatos ricos en elementos ligeros. Cuarzo y feldespatos.

MÁFICOS

Silicatos ricos en magnesio y hierro. Piroxenos, anfíboles, micas y olivinos.

TIPOS

ÍGNEAS

Se forman como resultado de la solidificación y cristalización de un magma.

Volcánicas

Se forman por la consolidación de un magma al salir al exterior.

- Con más de un 90 % de silicatos máficos.
- Con menos de un 90 % de silicatos máficos.
  - Riolita, traquita, andesita y basalto.

Plutónicas

Su formación está asociada a la lenta consolidación de un magma en profundidad.

- Con más de un 90 % de silicatos máficos.
- Con menos de un 90 % de silicatos máficos.
  - Granito, sienita, diorita y gabro.

METAMÓRFICAS

Se forman cuando una roca preexistente es sometida a altas presiones y/o a altas temperaturas.

Textura foliada

Se originan por efecto de la presión.

Pizarra, esquisto y gneis.

Textura no foliada

Se originan por efecto de la temperatura.

Mármol, cuarcita.

ACTIVIDADES

1 Completa y amplía este mapa conceptual con las características e imágenes de los diferentes tipos de rocas.

2 ¿Qué diferencias hay entre los minerales félsicos y los minerales máficos?

3 ¿Qué diferencias hay entre una riolita y un granito? Explica las dos propiedades a partir de las cuales se clasifican las rocas ígneas.

4 ¿Qué quiere decir que una roca tiene textura pizarrosa? ¿Y gnéisica?

5 Busca ejemplos de usos de las rocas relacionados con la industria alimentaria y química.

OBSERVACIÓN

MICROSCOPIO PETROGRÁFICO

Utilizado para determinar la composición química y/o textura de una roca.

USOS

- Materiales de construcción y decoración.
- Industria alimentaria.
- Industria química.
- Combustibles.

SEDIMENTARIAS

Están formadas por sedimentos, acumulaciones de partículas de tamaños y orígenes diversos.

Detríticas o clásticas

Constituidas al menos en un 50 % por clastos.

Pueden ser:

- Sedimentos y rocas rudáceas.
- Sedimentos y rocas arenáceas.
- Sedimentos y rocas arcillosas.

Carbonatadas

Poseen al menos un 50 % de carbonatos.

Sales no carbonatadas o evaporitas

Formadas por precipitación química de soluciones saturadas de sales.

Los más importantes son: los sulfatos y los cloruros.

Sedimentos y rocas ricas en materia orgánica

Originadas a partir de restos orgánicos vegetales que quedaron enterrados hace unos 300 m. a.

Comprenden los carbones y los fangos sapropélicos.

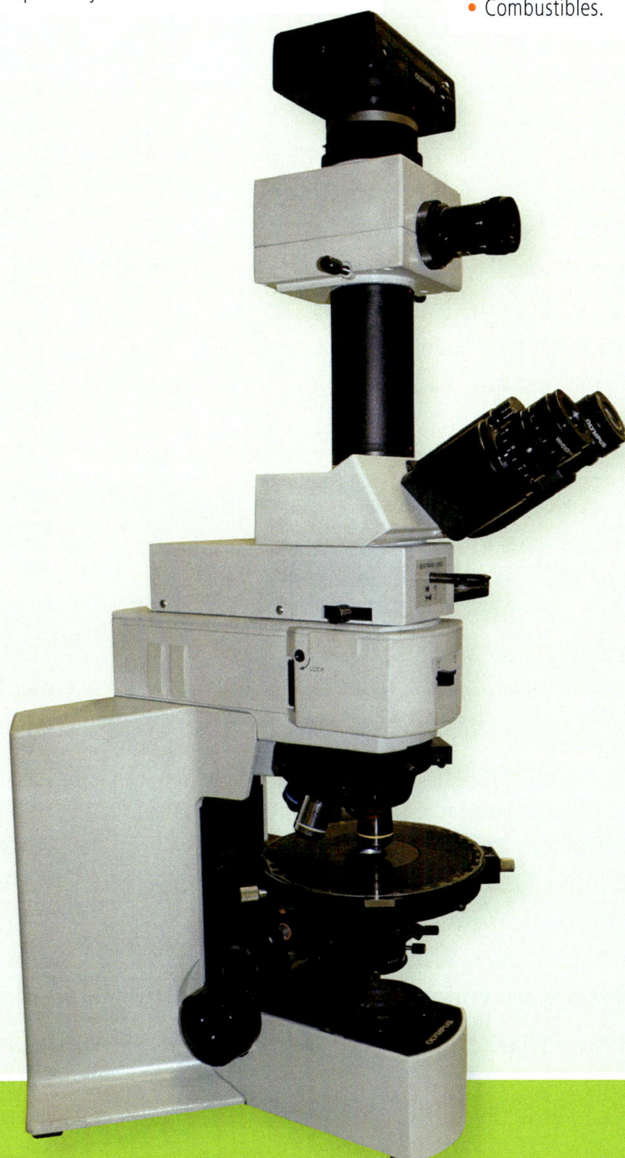

PROCEDIMIENTOS DE LA CIENCIA

Recolección y catalogación de rocas

Algunas herramientas utilizadas para la recolección de rocas son: martillo de geólogo con cabeza ancha, buriles, cinceles, lente de 10 aumentos y papel de periódico para embalaje.

Cincel.

Martillo de geólogo.

Cualquier tipo de recolección en la naturaleza debe ser respetuosa con el patrimonio y con el medio ambiente.

Antes de extraer una roca es imprescindible informarse, pues la legislación prohíbe expresamente la recogida de minerales o rocas en zonas protegidas, como los parques naturales.

Tras recoger las muestras hay que identificarlas, para lo cual se emplean claves dicotómicas.

Clave de identificación de rocas

1 Roca formada en su totalidad o en su mayor parte por granos (fragmentos de rocas, restos de seres vivos o cristales) reconocibles individualmente **2**
Roca cuyos granos, en el caso de que existan, son en su mayoría tan pequeños que no pueden reconocerse individualmente **20**

2 Roca formada por cristales (minerales) que se pueden distinguir a simple vista (tienen 0,25 mm o más de diámetro) **3**
Roca formada por fragmentos de otras rocas o por restos de seres vivos **16**

3 Minerales generalmente planares o tabulares, orientados preferentemente a lo largo de bandas más o menos estrechas (foliación) **4**
Minerales orientados aleatoriamente, sin una dirección preferente **5**

4 Tamaño de grano medio (entre 0,25 y 2 mm de diámetro); roca fuertemente foliada y divisible en escamas o placas .... **Esquisto**
Roca de grano grueso (mayor de 2 mm) y foliación más irregular .... **Gneis**

5 Roca formada prácticamente por un único mineral **6**
Roca formada por varios minerales **9**

6 Produce efervescencia con el ácido clorhídrico **7**
No reacciona con el ácido clorhídrico **8**

7 Roca de aspecto granudo grueso, como azúcar (reconocible, sobre todo, en los bordes de rotura); en láminas delgadas es translúcida . **Mármol**
Roca de grano más fino, no translúcida .... **Caliza**

8 Tiene sabor salado y no se raya con la uña .... **Sal gema**
No tiene sabor salado y se raya con la uña .... **Yeso**

9 Más de un 90 % de minerales máficos y menos del 10 % de minerales félsicos; colores oscuros **10**
Menos de un 90 % de minerales máficos y más del 10 % de minerales félsicos; colores más claros **12**

10 Con un 40 % o más de olivino (mineral de color verde) .... **Peridotita**
Con menos de un 40 % de olivino **11**

11 Los piroxenos predominan frente a la hornblenda (anfibol) .... **Piroxenita**
La hornblenda predomina frente a los piroxenos .... **Hornblendita**

12 Entre los minerales félsicos,el cuarzo constituye más de un 60 %; los feldespatos no llegan al 40 % ..... **Roca granítica rica en cuarzo**
El cuarzo constituye menos del 60 % de los minerales félsicos **13**

13 El cuarzo constituye entre el 20 y el 60 % de los minerales félsicos .... **Granito**
El cuarzo constituye menos del 20 % de los minerales félsicos **14**

14 Las plagioclasas representan, al menos, el 65 % de los feldespatos **15**
Las plagioclasas representan menos del 65 % de los feldespatos . . . . **Sienita**

15 Las plagioclasas sódicas predominan frente a las cálcicas . . . . **Diorita**
Las plagioclasas cálcicas predominan frente a las sódicas . . . . **Gabro**

16 Roca formada por fragmentos de otras rocas (clastos) **17**
Roca formada predominantemente por restos de seres vivos **19**

17 Al menos un 10 % de los clastos son piroclastos . . . . **Roca volcanoclástica**
Menos de un 10 % de los clastos son piroclastos. . . . **18**

18 Al menos un 25 % de los clastos son mayores de 2 mm . . . . **Conglomerado**
Menos de un 25 % de los clastos son mayores de 2 mm, y menos de un 75 % de los clastos son menores de 1/16 mm . . . . **Arenisca**

19 Roca con restos vegetales reconocibles. Color marrón . . . . **Lignito**
Roca con fragmentos de caparazones; reacciona frente al ácido . . . . **Caliza**

20 Roca con textura vítrea (no se han formado cristales) **21**
Roca con textura no vítrea, pero de grano mayoritariamente fino **22**

21 Roca porosa, extremadamente vesicular y de baja densidad . . . . **Pumita**
Roca compacta, de color negro y fractura concoidea . . . . **Obsidiana**

22 Roca formada por restos vegetales muy alterados, de color negro **23**
Roca formada por minerales o por restos de otras rocas **24**

23 Brillo céreo. Arde con llama humeante . . . . **Hulla**
Brillo intenso. Arde con intenso calor, sin llama luminosa . . . . **Antracita**

24 Rocas formadas por minerales mayoritariamente inferiores a 0,25 mm **25**
Roca formada por clastos, menores de 1/16 mm en al menos un 75 % **30**

25 Más del 90 % de minerales máficos. . . . . . **Ultramafita**
Menos de un 90 % de minerales máficos **26**

26 El cuarzo constituye más de un 20 % de los minerales félsicos **27**
El cuarzo constituye menos de un 20 % de los minerales félsicos **28**

27 Las plagioclasas suponen más del 65 % de los feldespatos . . . . **Dacita**
Las plagioclasas no llegan al 65 % de los feldespatos . . . . **Riolita**

28 Las plagioclasas suponen más del 65 % de los feldespatos. Las plagioclasas no llegan al 65 % de los feldespatos . . . . **Traquita**

29 Al menos un 52 % de sílice. Colores claros . . . . **Andesita**
Menos de un 52 % de sílice. Colores oscuros . . . . **Basalto**

30 Al menos un 50 % de los clastos menores de 1/256 mm . . . . **Argilita**
Menos del 50 % de los clastos menores de 1/256 mm . . . . **Limolita**

ACTIVIDADES

1. Usa la clave dicotómica para identificar las rocas de las imágenes.

2. Elabora para cada una de las rocas identificadas una ficha anotando sus características y posibles usos.

3. Clasifica, usando también la clave, alguna roca ornamental o que se utilice como material de construcción (por ejemplo, las que hay en los portales de muchos edificios, en las encimeras de baños, etc).

A

B

C

PIENSA EN INVESTIGAR

PROYECTO GLOBAL GEOSITES

Patrimonio geológico y geodiversidad

La **geodiversidad** o **diversidad geológica** se refiere al número y variedad de elementos geológicos presentes en un lugar: las rocas y sedimentos del sustrato, la geometría y estructura que presentan, su composición y los minerales que las forman, los suelos formados sobre ellas, los fósiles que contienen, las formas del relieve y los procesos que dan lugar a cada uno de ellos, etc. También forman parte de la geodiversidad los recursos naturales de origen geológico, como los yacimientos minerales, recursos energéticos (carbón, petróleo, gas), acuíferos y recursos hídricos. [...]

[...] La geodiversidad de un territorio es reflejo de los procesos y acontecimientos geológicos que han tenido lugar a lo largo de su historia geológica. [...].

[...] Desde la Prehistoria y hasta la actualidad, la geodiversidad del territorio español ha abastecido de recursos a las culturas y civilizaciones que han vivido en él. [...]

En muchos **espacios naturales** protegidos de España, la **riqueza biológica y geológica** van unidas, y ambas constituyen el patrimonio natural de esos lugares privilegiados. Por otro lado, el patrimonio geológico, la geodiversidad y el patrimonio cultural mantienen una estrecha relación. Permiten relacionar la Tierra con el hombre y la cultura, lo que además ofrece oportunidades para el desarrollo local y regional. [...]

La ley de Patrimonio Natural y Biodiversidad (Ley 42/2007) incluye entre sus definiciones la de geodiversidad, entendida como «la variedad de elementos geológicos, incluidos rocas, minerales, fósiles, suelos, formas del relieve, formaciones y unidades geológicas y paisajes que son el producto y registro de la evolución de la Tierra». [...]

[...] Las estrategias de protección de la Geodiversidad a nivel internacional requieren un inventario previo de los elementos que integran el **Patrimonio Geológico Internacional.** Por ello la Unión Internacional de las Ciencias Geológicas (IUGS), con el co-patrocinio de la UNESCO, promueve desde hace un par de décadas una ambiciosa iniciativa global para acometer este inventario: el **proyecto Global Geosites.** [...].

Paisaje volcánico. Parque Nacional de Timanfaya en Lanzarote.

Extraído de:
http://www.igme.es/patrimonio/descargas/concepto_Geodiversidad.pdf
Carcavilla, L., López-Martínez, J. y Durán, J.J. (2007). Patrimonio geológico y geodiversidad: investigación, conservación, gestión y relación con los espacios naturales protegidos. Instituto Geológico y Minero de España. Revisado y actualizado.

ACTIVIDADES

1. Interpreta el significado del párrafo subrayado en el texto. ¿A qué se refiere al hablar de oportunidades para el desarrollo local y regional?

2. Consulta la siguiente página web del Instituto Geológico y Minero de España (IGME): http://www.igme.es.

   Recaba en ella información con el fin de elaborar un Power Point, para exponer en clase a tus compañeros, en el que deberás incluir los siguientes puntos:

   - ¿Qué es la geodiversidad?
   - ¿Qué hace que un lugar presente un interés geológico especial?
   - ¿Cómo se valora un Lugar de Interés Geológico (LIG)?
   - ¿Para qué sirve estudiar el Patrimonio Geológico?
   - ¿Es España un país «geodiverso»? ¿Tiene un patrimonio geológico importante?
   - ¿Por qué es importante conservar el patrimonio geológico?
   - ¿Qué es el Proyecto Global Geosites? ¿Cuáles son sus objetivos?

3. En grupo. Consultar la siguiente página:

   http://www.igme.es/patrimonio/geoparques.htm

   Con la información que encontréis en ella, realizad un breve informe sobre el concepto de geoparque. ¿Cuántos hay actualmente en España? Elige uno y explica qué se puede visitar en él.

ACTIVIDADES

1 Basándote en el concepto de mineral, razona si los materiales de las fotografías podrán considerarse minerales o no.

Mercurio.

Conchas de moluscos.

2 En la imagen se muestra la estructura interna de de un fragmento de cristal de una ventana rota. ¿Crees que es correcto usar el término «cristal» para referirse a este material? ¿Por qué? ¿Cuál sería el término adecuado?

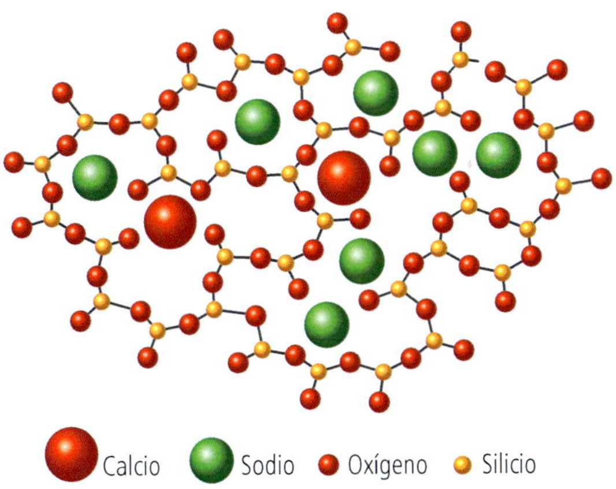

3 Basándote en el concepto de roca, razona si los materiales de las fotografías podrán considerarse rocas o no.

4 ¿Qué utilidad tiene para un geólogo el estudio y la determinación del tamaño de grano y la textura de una roca ígnea?

5 Razona si la siguiente afirmación es correcta. En el caso de que sea incorrecta total o parcialmente, formúlala de forma adecuada.

Un granito es una roca magmática félsica, pobre en sílice, que ha cristalizado rápidamente en la superficie terrestre, como consecuencia de un proceso metamórfico. Suele presentar textura afanítica, caracterizada por su buena foliación.

6 En las imágenes se esquematizan dos tipos de texturas propias de las rocas ígneas cristalinas.

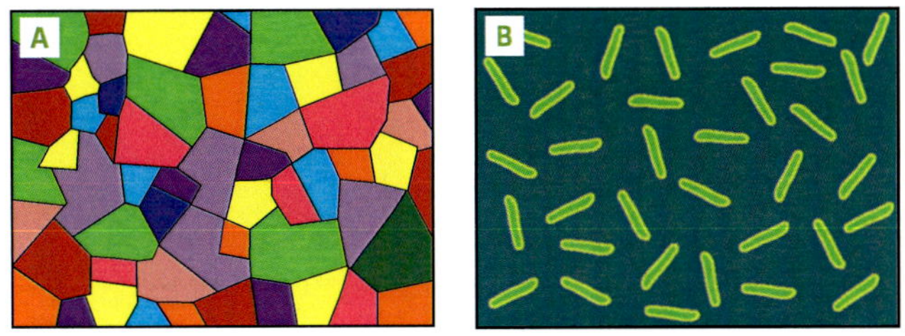

a. Nombra y describe cada una de las texturas representadas.

b. Asocia cada textura con su tipo de roca correspondiente y pon un ejemplo.

c. El tipo de textura, ¿qué nos indica acerca de su origen?

7 ¿Cuáles son las diferencias y similitudes entre una andesita y una diorita? ¿Qué nos indican las diferencias?

8 Indica, usando la siguiente gráfica de composición modal de las rocas magmáticas volcánicas, el porcentaje de cuarzo y de plagioclasas que se esperaría encontrar en una riolita y en una traquita.

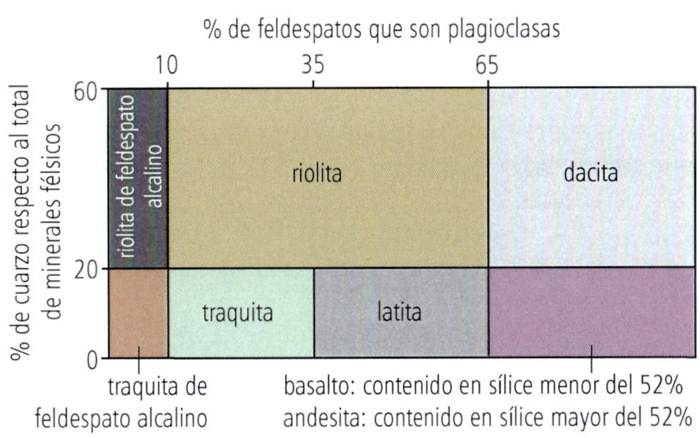

9 ¿Qué es la foliación? ¿En qué tipos de rocas aparece? ¿A qué se debe la aparición tan marcada en ciertos tipos de rocas?

10 Compara un esquisto con un gneis y con un mármol. ¿Qué diferencias observas? ¿A qué se deben?

11 ¿En cuál de las siguientes rocas ha predominado la presión dirigida durante su proceso de formación? ¿Cómo lo has deducido?

ACTIVIDADES

12 Observa las rocas de la fotografía y contesta a las preguntas referidas a ellas:

a. Identifica estas rocas. ¿Qué relación existe entre ellas?

b. ¿A qué se debe el brillo tan característico de la roca A?

13 ¿En qué se parecen y en qué se diferencian las siguientes rocas?

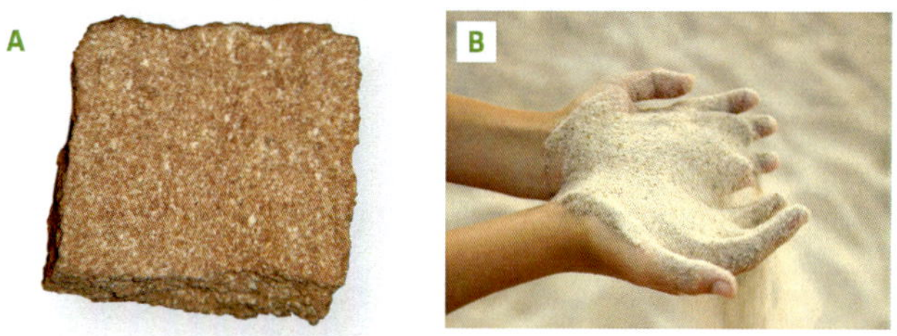

14 Busca información sobre los sedimentos y rocas ferruginosas y los sedimentos fosfatados y fosforitas. Completa a continuación, en tu cuaderno, la siguiente tabla:

	Sedimentos y rocas ferruginosas	Sedimentos fosfatados y fosforitas
Composición química		
Principales minerales		
Interés económico		

15 Identifica las rocas de las imágenes y nombra los minerales que aparecen designados con letras sobre la propia imagen de la roca.

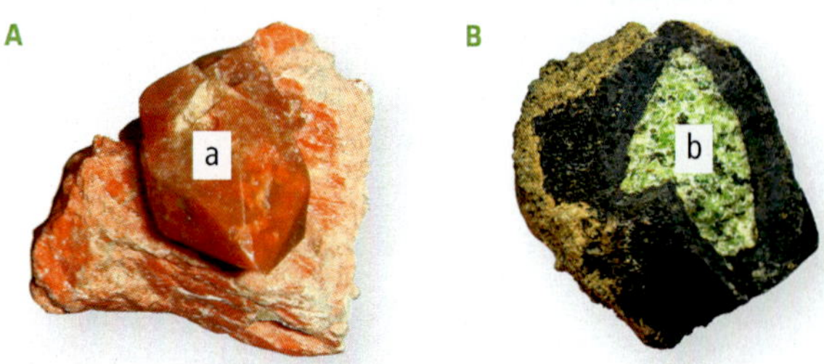

16 ¿Cómo distinguirías el olivino, la biotita y la hornblenda al microscopio petrográfico?

17 En la fotografía se muestra una preparación de granito vista al microscopio petrográfico, con prismas cruzados. Basándote en lo explicado en la unidad, identifica los minerales señalados con letras.

18 Observa las cuatro fotografías siguientes y contesta a las preguntas:

Fotografía A

a. ¿Qué tipo de roca es? ¿Cómo se llama?

b. ¿Cuál es su textura?

c. ¿Cuál es su composición mineralógica?

Fotografía B

a. ¿Qué tipo de roca es? ¿Cómo se llama?

b. ¿Cuál es su composición química?

c. Razona si producirá efervescencia con ácido clorhídrico.

Fotografía C

a. ¿Qué tipo de roca es? ¿Cómo se llama?

b. ¿Cuál es su composición mineralógica?

c. ¿En qué se diferencia de la roca B?

Fotografía D

a. ¿Qué tipo de roca es? ¿Cómo se llama?

b. ¿Cuál es el tamaño medio de los clastos que la forman?

c. ¿De qué tipo de rocas preexistentes deriva?

ACTIVIDADES

1 En las fotografías se muestran dos minerales del grupo de los silicatos.

A

B

a. ¿Qué es un mineral?

b. ¿Y un silicato? Dibuja la estructura cristalina básica de todos los silicatos.

c. Nombra los silicatos de las imágenes, indicando de forma razonada a qué grupo (y en su caso subgrupo) pertenecen.

2 En las fotografías se muestran dos rocas.

A

B

a. ¿Qué es una roca?

b. Nombra y clasifica las rocas de las imágenes.

c. Indica la textura que presenta cada una de esas rocas.

d. ¿En cuáles de las rocas de las imágenes aparecen, como componentes típicos, alguno de los minerales de la pregunta anterior?

3 En la fotografía se observa una roca magmática.

a. ¿De qué roca se trata?

b. Razona qué tipo de textura presenta.

c. ¿De qué mineral son los fenocristales de color oscuro que posee?

4 Explica la relación que existe entre las siguientes parejas de rocas:

a. Granito y gneis.

b. Basalto y gabro.

c. Conglomerado y brecha.

d. Caliza y dolomía.

e. Hulla y antracita.

f. Arenita y cuarcita.

g. Yeso y halita.

h. Arcilla y argilita.

5 En la fotografía se muestra la torre y los ábsides de la iglesia románica de san Clemente de Tahull, en el valle de Bohí del Pirineo de Lérida.

a. ¿Qué rocas se han empleado en la construcción de la fachada de esta iglesia?

b. Clasifica cada una de las rocas que observas.

c. Indica el tipo de textura que presentan.

d. ¿Qué composición mineralógica tienen estas rocas?

DIARIO DE APRENDIZAJE

¿En qué ocasiones podría serme útil algo de lo que he aprendido en esta unidad?

14 PROCESOS GEOLÓGICOS Y PETROGENÉTICOS

PROCESOS PETROGENÉTICOS INTERNOS

Dependen de la energía del interior de la Tierra.

AMBIENTES MAGMÁTICOS

FORMACIÓN DE MAGMAS

Fusión total o parcial de las rocas.

- Aumento de la temperatura
- Disminución de la presión
- Entrada de vapor de agua

TIPOS DE MAGMAS Y ERUPCIONES VOLCÁNICAS

- Silíceos
  - Andesíticos
  - Riolíticos
- Basálticos
  - Alcalinos
  - Toleíticos
- • Erupción hawaiana.
  • Erupción estromboliana.
  • Erupción vulcaniana.
  • Erupción vesubiana.
  • Erupción peleana.

MECANISMOS DE DIFERENCIACIÓN MAGMÁTICA

- Cristalización fraccionada.
- Mezcla de magmas.
- Asimilación magmática.

AMBIENTES METAMÓRFICOS

METAMORFISMO

Conjunto de transformaciones estructurales y mineralógicas que experimenta una roca sin cambiar de estado, en respuesta a alguno de los siguientes factores:

- Ascenso de la presión (reorientación).
- Ascenso de la temperatura (recristalización).
- Presencia de fluidos (metasomatismo).

TIPOS DE METAMORFISMO

- De enterramiento.
- Térmico.
- Dinamometamorfismo.
- Regional.
- De fondo oceánico.

ACTIVIDADES

1. Amplía este mapa conceptual respondiendo a las siguientes cuestiones. Incluye imágenes cuando sea posible.
   a. Indica las diferencias entre los magmas silíceos y basálticos.
   b. Indica en qué zona se da cada uno de los diferentes tipos de metamorfismo.
   c. Realiza un dibujo de un pliegue y una falla señalando sus partes.

PROCESOS PETROGENÉTICOS EXTERNOS

Actúan a través de agentes geológicos que operan a expensas de la energía solar y la gravitatoria.

PROCESOS TECTÓNICOS

Responsables de las deformaciones de las rocas.

DEFORMACIONES DE LAS ROCAS

- **Elástica**: La roca recupera su forma original cuando cesa el esfuerzo.
- **Plástica**: La roca no recupera su forma original cuando cesa el esfuerzo.
  - Pliegues
- **Rígida**: Una vez sobrepasados los límites de elasticidad y/o plasticidad, se producen fracturas.
  - Fallas y diaclasas

EROSIÓN

Separación y arrastre de materiales, arrancados de rocas por agentes geológicos activos.

- EROSIÓN GLACIAR
- EROSIÓN EÓLICA
- EROSIÓN COSTERA
- EROSIÓN HÍDRICA

METEORIZACIÓN

Alteración que experimentan las rocas en la superficie al ser expuestas a agentes geológicos pasivos.

- ALTERACIÓN QUÍMICA
- ALTERACIÓN MECÁNICA

TRANSPORTE

TRANSPORTE EN DISOLUCIÓN

Cuando el agente transportador es el agua, los iones salinos se transportan disueltos.

TRANSPORTE GRANULAR

Corresponde al transporte de clastos.

- Por suspensión
- Por tracción

SEDIMENTACIÓN

En zonas deprimidas, llamadas cuencas sedimentarias.

- Hundimiento o subsidencia

DIAGÉNESIS

Adaptación del sedimento al incremento de la presión y de la temperatura a medida que es enterrado.

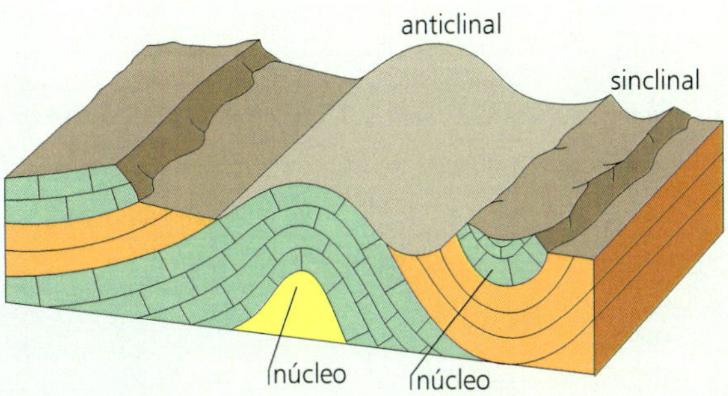

PROCEDIMIENTOS DE LA CIENCIA

Obtención de cristales: cristalogénesis

La **cristalogénesis,** o formación de cristales minerales durante la consolidación de las rocas, tiene lugar en la naturaleza, fundamentalmente, por alguno de estos procesos:

- Precipitación o evaporación a partir de una disolución.
- Enfriamiento o solidificación a partir de material fundido de un magma.
- Sublimación de un gas.

Independientemente del mecanismo de cristalogénesis, el primer paso en la formación de todo cristal es la sobresaturación de la solución o fundido a partir del cual se forma el cristal.

Posteriormente ocurren dos fases:

1. Nucleación, o formación de un núcleo sólido cristalino, que sirve de punto de partida para el desarrollo posterior del cristal.
2. Crecimiento por acrecencia del cristal a partir del núcleo.

Para que los cristales se formen bien se requiere: espacio (donde cristalizar), tiempo (que transcurra el necesario) y reposo (que no se perturbe el medio durante su proceso).

En la siguiente práctica vamos a reproducir en el laboratorio la cristalización por **precipitación** y por **sublimación.**

Materiales

- Alumbre potásico granulado ($KAl(SO_4)_2 \cdot 12H_2O$)
- Yodo en polvo.
- Agua.
- Hilo.
- Vaso de precipitados.
- Vidrio de reloj.
- Mechero de alcohol.
- Trípode.
- Rejilla.

Obtención de cristales por precipitación

El proceso es el siguiente:

1. Pon en un vaso de precipitados 25 mL de agua y disuelve en ella sal de alumbre, hasta obtener una disolución saturada. Sabrás que la disolución está saturada cuando se alcance el equilibrio entre la cantidad de alumbre que se disuelve y aquella que vuelve al estado sólido.
2. Introduce en la disolución un grano de sal de alumbre, que actuará como núcleo de cristalización. Para obtener cristales perfectos, suspende el grano de sal, con el fin de evitar que toque las paredes del vaso de precipitados.
3. Deja reposar la disolución durante un tiempo de entre una a dos semanas.
4. Los cristales de alumbre se irán formando a medida que se vaya evaporando el agua. Obsérvalos a diario y apunta en tu cuaderno su aspecto y tamaño.

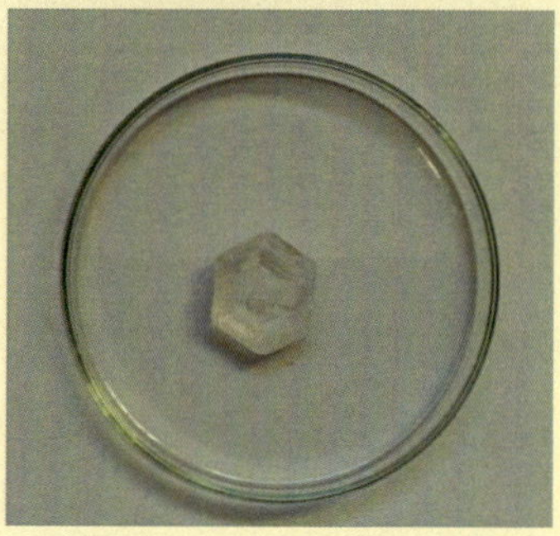

Cristal de alumbre formado.

Obtención de cristales por sublimación

El proceso es el siguiente:

1. Coloca polvo de yodo en un vaso de precipitados.
2. Caliéntalo suavemente, usando un mechero de alcohol, hasta que comiencen a desprenderse vapores de yodo por sublimación (paso directo del estado sólido a gas). Hazlo en la ventana del laboratorio para evitar respirar los gases.
3. Coloca un vidrio de reloj por su lado convexo, a modo de tapa, sobre el vaso de precipitados.
4. Observa los cristales que se forman sobre el vidrio, debido a la sublimación inversa de los vapores de yodo al contactar con la superficie fría del vidrio.

ACTIVIDADES

Obtención de cristales por precipitación

1. ¿Hay cambios en el volumen de disolución de alumbre?
2. ¿Observas la aparición de un precipitado sólido? ¿En torno a qué día ocurre esto?
3. ¿Qué ha sucedido con el disolvente?
4. ¿Qué ocurre con el alumbre que habíamos disuelto?
5. ¿Cómo se llama el proceso por el que se ha obtenido el cristal de alumbre?
6. Describe el aspecto del cristal de alumbre obtenido.

Obtención de cristales por sublimación

1. ¿Qué observas en la base del vidrio de reloj? Descríbelo.
2. ¿Cómo se han formado estos precipitados violáceos?
3. ¿Existe alguna relación entre el yodo que colocaste en el vaso de precipitados y los cristales en la superficie del vidrio de reloj?

PIENSA EN INVESTIGAR

ERUPCIÓN SUBMARINA EN LA ISLA DE EL HIERRO

El INVOLCAN detectó señales geoquímicas precursoras de la erupción submarina de El Hierro

06-08-2012

Científicos del ITER, y en la actualidad formando parte del Instituto Volcanológico de Canarias (INVOLCAN), detectaron señales geoquímicas precursoras de la erupción submarina de El Hierro que tuvo su inicio el pasado 12 de octubre de 2011. Más concretamente, las señales geoquímicas premonitorias de la erupción submarina consistieron en el registro de emisiones anómalas de flujo difuso de dióxido de carbono (CO_2) y sulfuro de hidrógeno (H_2S), detectados por la red geoquímica instrumental permanente que el ITER tiene operativa en El Hierro desde 2003, para contribuir a la mejora y optimización de la vigilancia volcánica de la isla del Meridiano.

El interés de los resultados de este trabajo científico, publicado recientemente por la revista internacional Geophysical *Research Letters*, que edita la Sociedad Geofísica Americana, se debe fundamentalmente a la detección en tierra de señales geoquímicas precursoras de una erupción volcánica ocurrida en el mar. [...]

[...] A diferencia de las señales geofísicas precursoras más evidentes de la reciente erupción submarina de El Hierro (señal de tremor volcánico detectado a partir del 10 de octubre de 2012), registradas dos días antes del inicio de la erupción submarina (12 de octubre de 2011) y cinco días antes de la aparición de las restingolitas flotando en el mar, las señales geoquímicas precursoras de la erupción submarina de El Hierro llegaron a registrarse durante cuarenta días antes de ocurrir la misma, alcanzando su valor máximo siete días antes de la erupción submarina y quince días antes de la aparición de las restingolitas. Estos resultados reflejan y confirman la importancia del estudio y la monitorización de los gases en los sistemas volcánicos para mejorar y optimizar la vigilancia volcánica de los mismos.

Estos trabajos han podido materializarse gracias al proyecto MAKAVOL, «Fortalecimiento de las capacidades de I+D+i para contribuir a la reducción del Riesgo Volcánico en la Macaronesia (MAC/3/C161)», que está siendo cofinanciado por el programa de cooperación transnacional de la Unión Europea Madeira-Canarias-Azores (MAC 2007-2013) y a la colaboración de los Cabildos Insulares de Tenerife y El Hierro. [...]

Manifestaciones volcánicas submarinas en la isla de El Hierro (noviembre de 2011).

Página web del Instituto Tecnológico y de Energías Renovables S.A. Noticias 2012

ACTIVIDADES

1. Resume en cinco líneas la idea principal del artículo.
2. ¿Qué dos señales geoquímicas precursoras de la erupción volcánica submarina se mencionan en el texto?
3. ¿Qué dos señales geofísicas precursoras de la erupción volcánica submarina se mencionan en el texto?
4. Documéntate sobre el significado de los términos subrayados en el texto.
5. ¿Qué ventaja ofrecen, según este estudio, las señales geoquímicas frente a las geofísicas?
6. Busca información sobre el ITER y el proyecto MAKAVOL, y redacta un breve informe sobre su historia y objetivos.
7. En el siguiente enlace del Ministerio de Economía y Competitividad encontrarás información sobre el Plan Estatal de Investigación Científica y Técnica y de Innovación 2013-2016:

   http://www.idi.mineco.gob.es/portal/site/MICINN/

   a. ¿Qué son los planes I+D+i? ¿En qué año se pusieron en marcha dichos planes?

   b. ¿Cuáles son los cuatro objetivos generales de los Planes I+D+i?

   c. ¿Cuáles son los once objetivos específicos principales del actual Plan I+D+i?

ACTIVIDADES

1 Los datos sísmicos indican que el núcleo interno terrestre se encuentra en estado sólido, a pesar de que su temperatura es muy superior a la del núcleo externo (que, sin embargo, está fundido). ¿A qué se debe esto?

2 En la siguiente gráfica se muestra cómo puede fundirse una roca por aumento de la temperatura (1) o descenso de la presión (2).

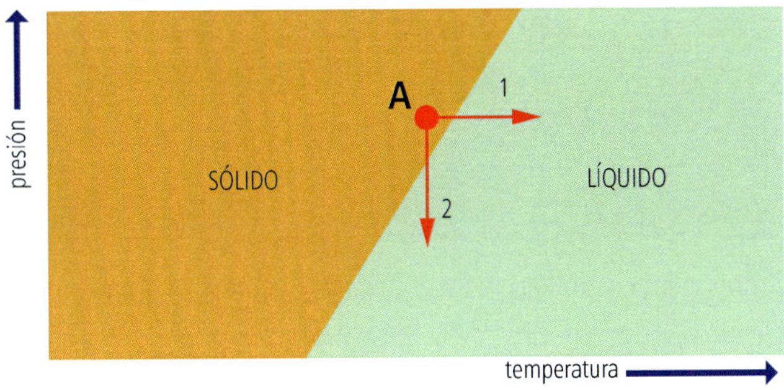

a. Razona por qué la línea que representa la interfase sólido-líquido no es vertical.

¿Crees que lo sería si el punto de fusión solo dependiese de la temperatura?

b. Explica de qué forma se podría fundir una roca sometida a las condiciones de presión y temperatura representadas en el punto A, sin modificar estas condiciones.

3 Observa el siguiente esquema:

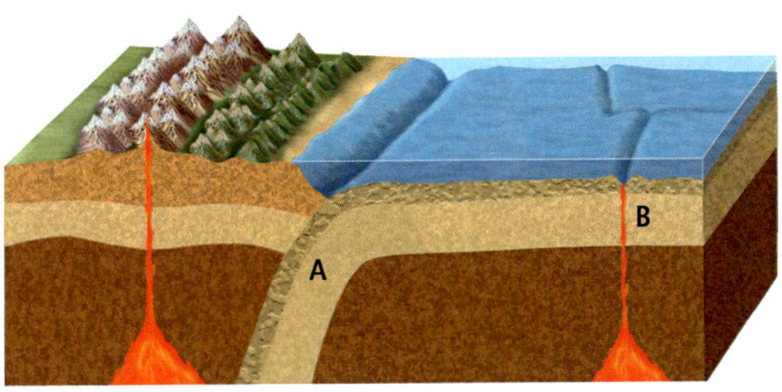

a. ¿Qué representa la región marcada como A? ¿Qué condiciones se dan en estas zonas para que se originen magmas?

b. ¿Qué representa la región marcada como B? ¿Cuál es el factor determinante en la formación de los magmas en esta región? ¿Cómo actúa dicho factor para producir la fusión de los magmas?

4 Ordena los siguientes silicatos en función de su punto de fusión, basándote en la serie de cristalización de Bowen: olivino, cuarzo, ortosa, biotita.

a. ¿Cuál de ellos es más rico en hierro?

b. ¿Cuál lo será en sílice?

5 Cerca de las dorsales oceánicas la roca del manto se funde y se forma un magma. ¿A qué se debe?

a. A que las dorsales están alimentadas por penachos térmicos, que elevan la temperatura de las rocas hasta fundirlas.

b. A que el agua del océano que hay encima rebaja el punto de fusión de las rocas.

c. A que, al separarse las placas, disminuye la presión de carga y, por tanto, el punto de fusión.

d. A que la parte superior del manto está fundida casi en su totalidad.

6 ¿Qué magma producirá mayor aureola de metamorfismo, uno basáltico o uno granítico? Razona tu respuesta.

7 Indica qué tipos de metamorfismo se producirán en las siguientes zonas:

a. Una zona de subducción.

b. Una falla.

c. Una dorsal oceánica.

d. Una zona intraplaca profunda.

8 El metamorfismo se considera un proceso isoquímico, es decir, no supone ningún cambio químico en la composición de las rocas implicadas. Pero ¿esto es siempre así? Razona tu respuesta.

9 En el diagrama se representan las condiciones de presión y temperatura en las que se originan los tres silicatos alumínicos propios de las rocas metamórficas: distena, andalucita y sillimanita. Observa dicho diagrama y responde, de forma razonada, a las siguientes cuestiones:

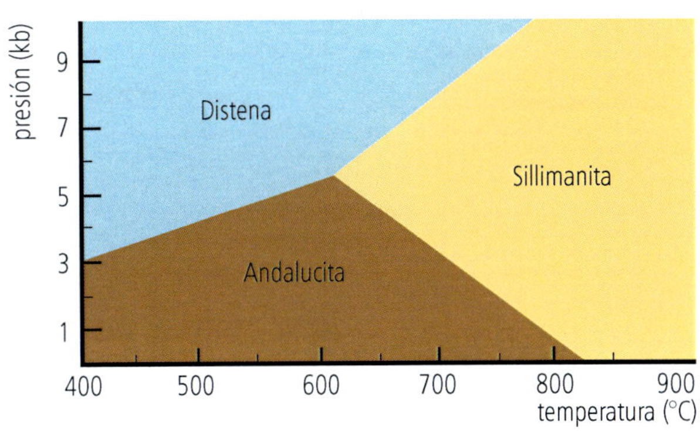

a. ¿Cuál de los tres minerales se forma a altas temperaturas?

b. ¿Cuál se originará a bajas temperaturas y presiones?

c. ¿Cuál de los tres minerales se formará en una roca metamórfica originada a bajas temperaturas y altas presiones?

d. ¿En qué condiciones se formará una roca metamórfica constituida por los tres minerales?

ACTIVIDADES

10 Explica a partir de qué roca y bajo qué condiciones se formarán las siguientes rocas metamórficas:

- a. Mármol.
- b. Pizarra.
- c. Antracita.
- d. Una brecha de falla.

11 La fotografía muestra una imagen de la sierra de Gredos (Ávila).
¿Cómo se han formado las diaclasas que presentan las rocas?

- a. Por la actividad volcánica.
- b. Por crioclastia.
- c. Por termoclastia.

12 Para comprobar que el transporte granular por las aguas de un río depende tanto de la turbulencia de estas como del tamaño de las partículas transportadas, añade arena gruesa y arena fina a sendos recipientes con agua y agítalos. ¿En cuál se depositan primero al cesar la agitación? ¿Por qué?

13 Si se repite la experiencia con arcilla, se observa que esta se mantiene en suspensión durante muchas horas, aunque el recipiente no se agite. ¿Podrías explicar este fenómeno, conocido como efecto de Hjulström?

14 ¿Qué factores diferencian la diagénesis del metamorfismo?

15 Dibuja un pliegue anticlinal tumbado y señala sus partes.

16 ¿En qué se diferencian una diaclasa y una falla?

17 En la siguiente fotografía se observan las grietas que aparecen en el basalto columnar, debido la retracción que sufre al enfriarse el magma durante su formación. Razona si dichas grietas corresponden a diaclasas o a fallas.

18 Dibuja una falla normal con un buzamiento de 60° e indica sus partes. ¿Qué tipo de esfuerzos producen este tipo de fallas?

19 Dibuja las siguientes deformaciones:

- a. Un pliegue sinclinal recto.
- b. Un pilar tectónico.
- c. Un isoclinorio de pliegues tumbados.

20 ¿Hay alguna relación entre las fallas transformantes y los límites de placas litosféricas?

21 Identifica las deformaciones que aparecen en las siguientes fotografías, dibújalas en tu cuaderno y señala sus elementos sobre tu dibujo.

A

B

22 Observa las cuatro fotografías siguientes y contesta a las preguntas:

A

B

C

D

Fotografía A

- a. ¿Qué tipo de roca es? ¿Cómo se llama?
- b. ¿A partir de qué tipo de magmas se origina?
- c. ¿A qué zonas tectónicas se vincula su formación?

Fotografía B

- a. ¿Qué tipo de roca es? ¿Cómo se llama?
- b. ¿Cuál ha sido el factor predominante en su formación?
- c. ¿A qué zonas tectónicas se vincula su formación?

Fotografía C

- a. ¿Qué tipo de roca es? ¿Cómo se llama?
- b. ¿Cuál ha sido el factor predominante en su formación?
- c. Razona si producirá efervescencia al añadirle ácido clorhídrico.

Fotografía D

- a. ¿Qué tipo de roca es? ¿Cómo se llama?
- b. ¿Cuál es su composición química?
- c. ¿Cómo se denomina el proceso de formación de rocas calizas a partir de esta roca, por acción de bacterias reductoras de sulfatos?

ACTIVIDADES

1 Observa la siguiente fotografía y responde a las preguntas referidas a ella.

a. Nombra y clasifica la roca de la imagen.

b. ¿Qué mineral la integra mayoritariamente? ¿De qué tipo es?

c. Nombra tres variedades diferentes de este mineral.

d. ¿Qué tipo de roca se formaría si la roca de la imagen quedara próxima a una bolsa de magma sin llegar a fundirse? ¿Cómo se llama este mecanismo de formación de rocas?

e. Basándote en la composición mineralógica de esta roca, razona a qué tipo de erupción volcánica estaría asociada, si se fundiera formando magma.

2 Observa la siguiente fotografía y responde a las preguntas referidas a ella.

a. Nombra y clasifica la roca de la imagen.

b. ¿A qué es debida su textura foliada?

c. ¿Qué minerales la integran?

d. Explica de qué forma podría llegar a fundirse esta roca en zonas profundas de la corteza terrestre, sin modificar ni la presión, ni la temperatura.

e. ¿Qué roca se originaría al solidificar el magma procedente de esta roca lentamente? ¿Y si lo hiciera rápidamente?

3 Responde a las siguientes cuestiones relacionadas con el magmatismo:

a. ¿Qué es la cristalización fraccionada?

b. Ordena los siguientes silicatos según su cristalización en la serie de Bowen: cuarzo, biotita, piroxeno, moscovita, ortosa, olivino, anfíbol.

c. Razona cuáles de los minerales anteriores predominarán en una roca magmática formada a partir de un magma toleítico.

4 A continuación se enumeran una serie de rocas magmáticas: andesita, granito, gabro, basalto.

a. Clasifícalas, atendiendo al tipo de magma del cual proceden.

b. Indica el tipo de erupción volcánica asociada a cada uno de los magmas anteriormente citados.

c. Nombra y relaciona los elementos numerados en la imagen con la zona de formación de estas rocas.

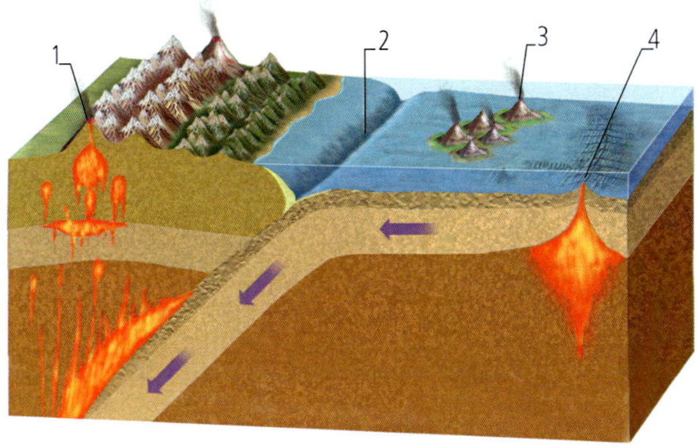

5 Nombra y explica brevemente los procesos del metamorfismo que han originado los siguientes minerales:

a. El grafito y el diamante tienen la misma composición química pero una estructura cristalina muy diferente.

b. Las micas son silicatos caracterizados por su esquistosidad.

c. La anhidrita procede del yeso, sometido a temperaturas elevadas.

6 Nombra y explica brevemente los mecanismos de cristalogénesis de los siguientes minerales o rocas:

a. Halita. b. Ortosa. c. Moscovita.

7 Explica qué relación hay entre las siguientes rocas, indicando cómo podría convertirse la primera en la segunda:

a. Argilita-pizarra.

b. Caliza-mármol.

8 Dibuja las siguientes deformaciones y señala sobre tu dibujo todos sus elementos:

a. Un pliegue anticlinal inclinado con buzamiento de plano axial 45° y buzamiento de los flancos 30° y 60° respectivamente.

b. Una falla inversa con buzamiento del plano de falla de 45°.

DIARIO DE APRENDIZAJE

¿Qué grado de satisfacción he alcanzado con respecto al interés que me suscitaba este tema?

15 LA HISTORIA DE LA TIERRA

MÉTODOS DE DATACIÓN

ABSOLUTOS
Estiman la edad de la roca o del fenómeno geológico.

RELATIVOS
Establecen el orden en que se han formado distintas rocas o han ocurrido varios procesos geológicos.

ESTRATIGRÁFICOS
Ordenan cronológicamente una serie de estratos de roca sedimentaria.

PRINCIPIO DE LA HORIZONTALIDAD ORIGINAL
Los estratos se depositan originalmente en posición horizontal.

PRINCIPIO DE LA SUPERPOSICIÓN DE LOS ESTRATOS
Los estratos más antiguos se sitúan en la base del depósito.

PRINCIPIO DE LA CONTINUIDAD LATERAL
Un estrato o bien se halla limitado por sus lados o bien cubre todo el globo de la Tierra.

ESTRUCTURALES

PRINCIPIO DE LAS RELACIONES DE CORTE
Todo proceso geológico es posterior a los estratos a los que afecta y anterior a todos los que no han sido afectados por él.

LOS CAMBIOS EN LA TIERRA

HÁDICO
La Tierra se formó hace 4 540 millones de años.

ARCAICO
Primeros organismos fotosintetizadores: cianobacterias.

PROTEROZOICO
Hace 1 200 m. a. aparecieron los primeros organismos eucariotas.

ACTIVIDADES

1. Completa y amplía este mapa conceptual con los hechos más relevantes acontecidos en los diferentes periodos de la historia de la Tierra.

BIOLÓGICOS

Hacen uso de procesos que ocurren en los seres vivos y dejan huella en el registro geológico.

FOSILIZACIÓN

Conjunto de procesos que conducen a la conservación en los sedimentos de organismos, alguna parte de ellos o restos de su actividad.

PRINCIPIO DE SUCESIÓN BIÓTICA

Los fósiles no se distribuyen fortuitamente en los estratos, sino que se suceden unos a otros en el tiempo y en un orden predecible.

FÍSICOS

A medida que transcurren los años, una roca va acumulando huellas de procesos físicos que pueden ser medidos.

DATACIÓN RADIOMÉTRICA

A través del proceso por el que un núcleo atómico inestable emite ciertas partículas que lo transforman en un átomo diferente.

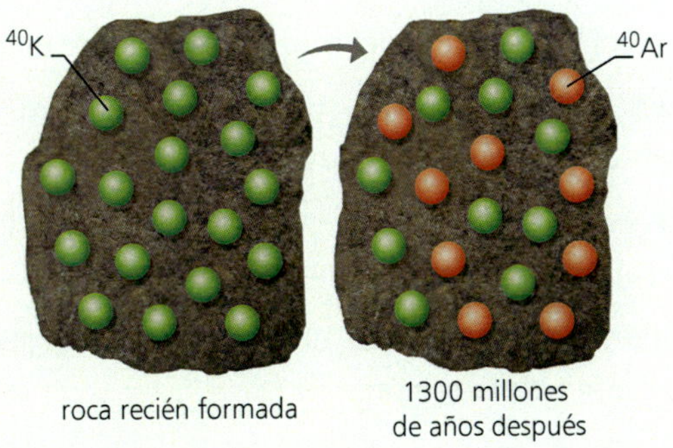

FANEROZOICO

PALEOZOICO

- Cámbrico
- Ordovícico
- Silúrico
- Devónico
- Carbonífero
- Pérmico

MESOZOICO

- Triásico: Desarrollo de los Reptiles arcosaurios.
- Jurásico: Extinción del Triásico-Jurásico.
- Cretácico: Extinción del Cretácico-Paleógeno.

CENOZOICO

- Paleógeno
- Neógeno
- Cuaternario: Se sucedieron cinco periodos glaciares, y surgieron varias especies de *Homo*.

PROCEDIMIENTOS DE LA CIENCIA

Mapas topográficos y cortes geológicos

El **mapa topográfico** de una región es una proyección del relieve a escala sobre un plano, donde los puntos que están a la misma altura se representan unidos por **curvas de nivel.**

Si se añaden símbolos convencionales y colores que informan sobre el afloramiento de distintos tipos de rocas, se obtiene un **mapa geológico;** y a partir de él se puede obtener el **perfil o corte geológico** de la región.

Pasos para realizar un corte geológico:

- Levantar el **perfil topográfico** del terreno, es decir, dibujar el contorno del relieve según una dirección seleccionada en el mapa.
- Proyectar sobre el perfil topográfico los distintos materiales geológicos, teniendo en cuenta su orientación espacial y los contactos entre ellos.

Levantamiento del perfil topográfico

Para levantar un perfil topográfico debe establecerse una escala de alturas sobre papel milimetrado (eje de ordenadas), que usualmente será la misma del mapa (eje de abscisas), a menos que se quiera exagerar el relieve.

Se siguen entonces los siguientes pasos:

1. Se dibuja una línea a lápiz a lo largo del perfil y se coloca el borde del papel milimetrado sobre ella.
2. Se señala en el papel cada punto donde el borde del papel se cruce con una curva de nivel.
3. Se representan estas diferentes alturas en función de la escala vertical considerada.
4. Se unen todos los puntos, definiendo así el perfil topográfico de la región.

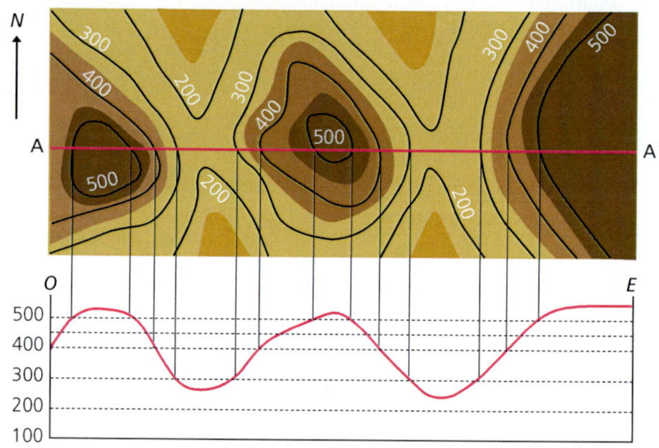

Realización del corte geológico

Una vez levantado el perfil topográfico, se puede realizar el corte geológico mediante los siguientes pasos:

1. Se proyectan sobre el perfil topográfico las intersecciones con los contactos entre las unidades litológicas, de la misma manera que se ha hecho con las curvas de nivel.

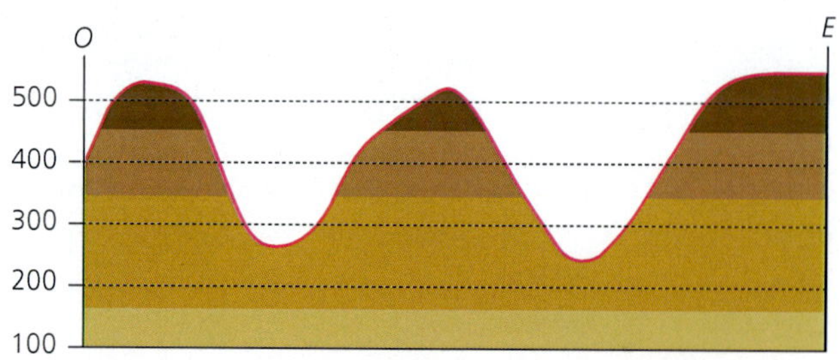

Las capas, en este ejemplo, deben ser horizontales, ya que sus contactos se sitúan paralelos a las curvas de nivel. No hay indicación de que los estratos presenten **buzamiento,** es decir, inclinación respecto a la vertical.

2. A continuación:
   - Se trazan los contactos entre materiales en profundidad.
   - Se rellenan los estratos con las tramas y los colores correspondientes a su litología y edad, respectivamente.

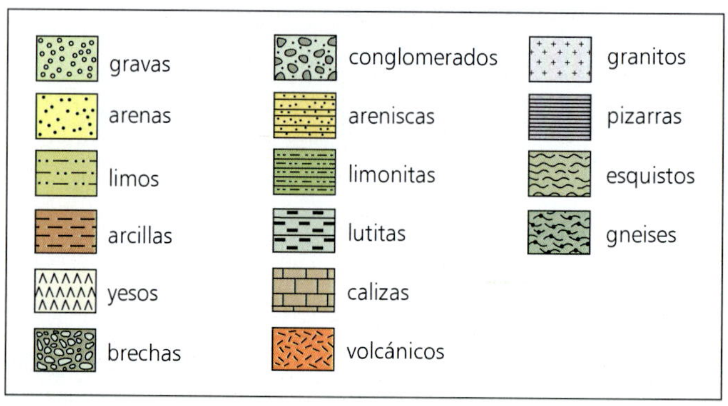

Interpretación de cortes geológicos

Tras obtener un corte geológico, hay que interpretar la información que contiene teniendo en cuenta: el análisis estructural, el análisis estratigráfico, la determinación del ambiente de deposición de materiales y el establecimiento de la secuencia cronológica de los hechos ocurridos.

Ejemplo resuelto

Observa este corte geológico y contesta a las cuestiones:

a. Razona cuál es la edad de la granodiorita.

b. Señala las discontinuidades estratigráficas presentes en el corte.

c. ¿Por qué podemos sospechar que aquí hubo una tectónica distensiva?

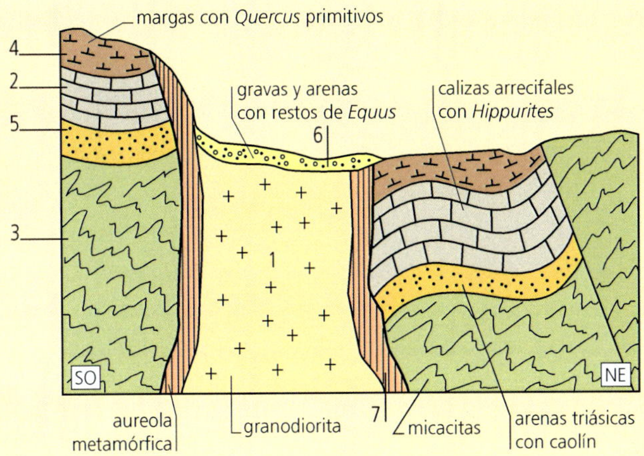

Solución

a. La granodiorita se formó después del Eoceno (unidad 4) y antes del Cuaternario (unidad 6).

b. Existen las siguientes discontinuidades:

- Incorformidad en el contacto entre la unidad 6 y las unidades 7 y 1.
- Inconformidad con paleorrelieve en el contacto entre las unidades 5 y 3.
- Paraconformidad en el contacto entre las unidades 2 (Cretácico) y 5 (Triásico), ya que falta el Jurásico.
- Disconformidad en el contacto entre las unidades 6 y 4.
- Paraconformidad entre las unidades 4 (Eoceno) y 2 (Cretácico), al faltar el Paleoceno.

c. Al comparar las series a uno y otro lado de la granodiorita, se sospecha la existencia de una falla directa.

ACTIVIDADES

1 Observa este mapa topográfico y contesta a estas cuestiones:

a. Pon cotas a las curvas de nivel que no la tienen e indica cuál es la equidistancia (diferencia de altitud entre dos curvas de nivel consecutivas).

b. Indica la altura de los puntos A, B y C.

c. Realiza los perfiles topográficos 1-2 y 3-4.

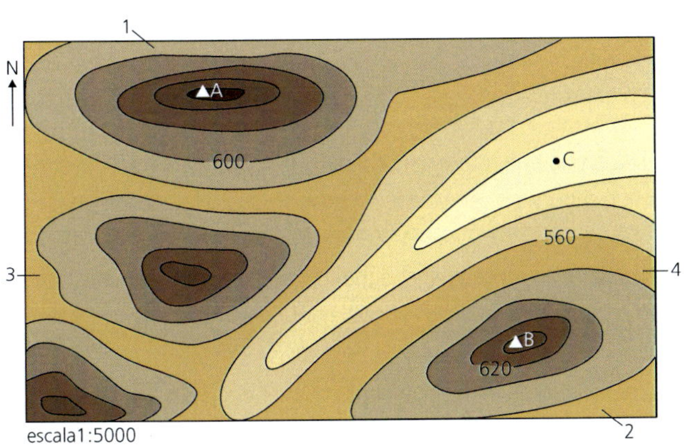

2 Observa este corte geológico y contesta a las siguientes cuestiones:

a. Indica de qué tipos son las deformaciones que aparecen en el corte geológico.

b. Teniendo en cuenta el registro fósil, data los estratos que se observan.

c. Clasifica las rocas que aparecen en el corte geológico.

d. Relata brevemente la historia geológica de la región.

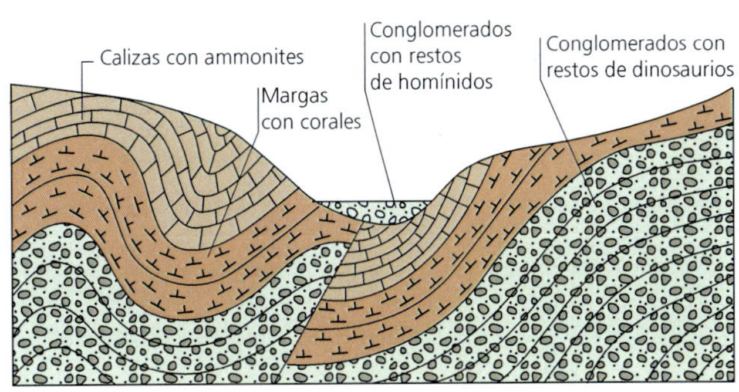

PIENSA EN INVESTIGAR

EL YACIMIENTO DE CERRO DE LOS BATALLONES

Un sistema de cuevas atrapó a decenas de carnívoros en Batallones (Madrid) hace nueve millones de años

(03/05/2013)

Un trabajo con participación del **(CSIC)** ha confirmado la causa de la excepcional acumulación de restos fósiles de mamíferos carnívoros en uno de los nueve yacimientos de Cerro de los Batallones (Torrejón de Velasco).

En el nivel inferior de Batallones-1, los paleontólogos han localizado más de ochenta individuos de unas diez especies de carnívoros: dos tigres dientes de sable (*Promegantereon ogygia* y *Machairodus aphanistus*), un anficiónido o perro-oso (*Magericyon anceps*), una hiena (*Protictitherium crassum*), un ailúrido pariente del panda rojo (*Simocyon batalleri*), dos felinos (*Styriofelis vallesiensis* y otra especie aún no determinada), un mustélido y dos mefítidos.

Este yacimiento, descubierto en 1991, fue **Declarado Bien de Interés Cultural en 2001** y está considerado una joya mundial del registro fósil de mamíferos del Mioceno superior. [...]

«Los cráneos completos no son abundantes en el registro fósil, ya que al estar formados por hueso fino sufren un intenso grado de fracturación. El alto porcentaje de restos craneales bien preservados y la información que de ellos se puede extraer son otros rasgos que distinguen a Batallones-1 de otros yacimientos de mamíferos», destaca Domingo.

Batallones-1 cuenta con una segunda acumulación de restos en un nivel superior en la que predominan mamíferos herbívoros, como el caballo (*Hipparion* sp.), el rinoceronte, el suido (*Microstonyx* sp.) o un pariente del elefante (*Tetralophodon longirostris*).

«Este nivel superior fue prácticamente destruido debido a los trabajos mineros que se realizaron en los años noventa en la zona, así que nuestro conocimiento es mucho más limitado.[...]», señala Morales.

M. Soledad Domingo, Jorge Morales y otros. *Origin of an assemblage massively dominated by carnivorans from the Miocene of Spain.* PLOS ONE. DOI: 10.1371/journal.

Cráneo y esqueleto parcial de *Machairodus aphanistus* (Batallones 1).

Los científicos que han reconstruido la formación del yacimiento y de los restos fósiles han descartado que los animales muriesen en masa o como consecuencia de una catástrofe.

Un sistema de cuevas convirtió esta zona en una trampa natural hace nueve millones de años. Durante un largo periodo de tiempo, los carnívoros habrían entrado en estas cavidades buscando comida o bebida, pero una vez dentro fueron incapaces de salir y murieron.

ACTIVIDADES

1. En grupos de trabajo, buscad información sobre cuatro especies de animales que se citan en el texto.
2. Investiga que son un Suido, un Mustélido y un Mefítico y pon algún ejemplo de cada tipo.
3. ¿Por qué el yacimiento de Batallones se considera una joya del Mioceno a nivel mundial?
4. Indica a qué eón, era y periodo pertenece el Mioceno, cuánto tiempo duró y qué épocas le sucedieron hasta la actualidad.
5. Representa en un esquema, a modo de columna, los organismos que se han encontrado en el nivel inferior y superior del yacimiento.
6. Razona si existía la especie humana mientras los carnívoros quedaban atrapados en las cuevas del cerro Batallones.

ACTIVIDADES

1 Observa esta fotografía y contesta a las siguientes preguntas:

a. Razona si se cumplen los principios básicos de la estratigrafía.

b. Si estos estratos forman parte del flanco izquierdo de un anticlinal, ¿qué estrato es más antiguo, A o B?

2 Observa estas ilustraciones y contesta a las siguientes cuestiones:

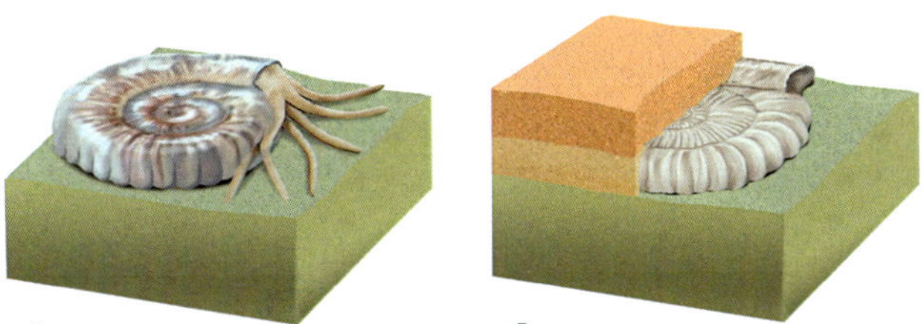

a. Coloca los dibujos en el orden correcto.

b. ¿Qué proceso está representado?

3 Copia en tu cuaderno y relaciona estos fósiles con la era en la que vivieron:

Calamites •	
Nummulites •	
Belemnites •	
Quercus •	• Paleozoico
Hippurites •	• Mesozoico
Trilobites •	• Cenozoico
Calceola •	
Dinosaurios •	
Graptolitos •	
Hildoceras •	

4 La relación de berilio-10 (^{10}Be) a boro-10 (^{10}B) en un sedimento es de 1/8. Teniendo en cuenta que el periodo de semidesintegración del ^{10}Be es de 1,5 millones de años, ¿cuál es la edad del sedimento?

5 Diseña un calendario del universo: supón que quieres comprimir sus 13 700 millones de años en uno solo, de modo que el *big bang* coincida con el 1 de enero a las 00:00 horas y el momento presente sea el 31 de diciembre a las 24:00 horas.

Sitúa en un eje cronológico los siguientes acontecimientos:

a. Origen de la Tierra (hace 4 540 millones de años).

b. Gran Bombardeo Terminal (hace entre 3 920 y 3 850 millones de años).

c. Primera evidencia clara de vida en la Tierra (hace 2 700 millones de años).

d. Primeros animales (hace 750 millones de años).

e. Primeros fósiles humanos anatómicamente modernos (hace 130 000 años).

6 Observa estas fotografías:

A. Es una cruziana.

B. Es la huella de un reptil del Mesozoico.

Averigua qué es una cruziana y relaciona cada una de estas huellas fósiles con los organismos que las produjeron.

7 Ordena los eventos que se muestran a continuación según los eones, eras y periodos en que sucedieron. Para ello, elabora una tabla como la siguiente:

Eón	Era	Periodo	Evento

a. Desarrollo de los estromatolitos.

b. Extinción de los dinosaurios.

c. Aparición de los trilobites.

d. Choque de Theia con la Tierra.

e. Aparición de los primeros homínidos.

f. Extinción importante que llevó a la desaparición del 96 % de las especies marinas.

g. Proliferación de bosques de helechos gigantes.

h. Desarrollo de la fauna de Ediacara.

ACTIVIDADES

8 Lee el siguiente texto y contesta a las preguntas:

> En la cueva de El Soplao (Cantabria) se ha descubierto un tipo de estromatolito completamente desconocido hasta ahora. [...]
>
> El impecable blanco de las helictitas de El Soplao contrasta con el color negro de los estromatolitos, debido a que están formados principalmente por óxidos de manganeso, y no por carbonato cálcico como es habitual. El manganeso disuelto en el agua de un río subterráneo fue aprovechado por microorganismos especializados en oxidar manganeso para formar estas estructuras hace más de un millón de años.
>
> Con este hallazgo se abre una nueva línea de investigación en un yacimiento de estromatolitos único en el mundo, ya que constituye un avance en el conocimiento de la actividad de microbios extremófilos especializados en oxidar el manganeso. Además, aporta claves para comprender las condiciones de formación de estromatolitos muy primitivos que precipitaron hierro y manganeso que se preservan en rocas del eón Proterozoico, datadas en alrededor de 2 000 millones de años.
>
> www.elsoplao.es/estromatolitos.php

a. Investiga qué es una helictita.

b. Explica qué son los estromatolitos y dónde se forman. ¿Qué edad se calcula que tienen los más antiguos encontrados en la Tierra? ¿Qué diferencias existen entre los estromatolitos de Cantabria y los encontrados en Australia?

c. ¿Qué significa «microbios extremófilos»? Pon algún ejemplo.

9 Observa las siguientes ilustraciones y enumera los diferentes acontecimientos tectónicos que han ocurrido en cada una de ellas.

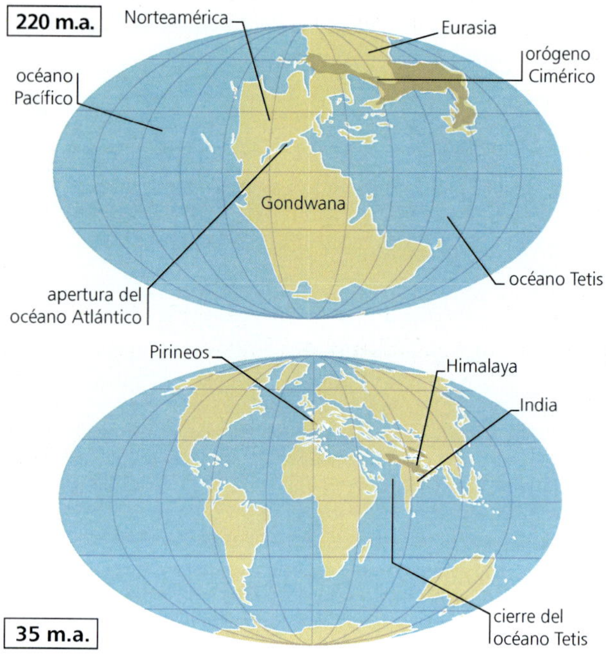

10 Explica qué relación tienen los bordes constructivos de las placas litosféricas con la hipótesis sobre la aparición de la vida.

11 Visitad la página web: http://www.atapuerca.tv/atapuerca/fosiles_huesos del paleontólogo Juan Luis Arsuaga y del equipo de investigación del Centro Mixto entre la Universidad Complutense de Madrid y el Instituto de Salud Carlos III, y en grupos de trabajo elaborad un Power Point sobre el yacimiento de la Sierra de Atapuerca tratando los siguientes aspectos:

- Localización del yacimiento.
- Zonas de excavación.
- Importancia del yacimiento.
- Geología de la zona.
- Fósiles encontrados.

12 *Globigerinoides* es un género de foraminíferos planctónicos que tienen una concha calcárea dividida en cámaras.

Sobre un conjunto de microfósiles de estos protozoos hallados en cierto nivel de un sedimento se han realizado varias mediciones con un espectrómetro de masas:

a. Por un lado, se ha medido la proporción de átomos de ^{18}O con respecto a átomos de ^{16}O en sus conchas y se ha comprobado que es mayor que la observada en los foraminíferos actuales.

b. Por otro lado se ha medido la proporción de átomos de carbono radiactivo ^{14}C, cuyo periodo de semidesintegración es de 5730 años, y se ha observado que solo queda un 12,5 % del ^{14}C que había cuando murió el microorganismo (esta cantidad es la misma para todos los organismos).

Razona qué información se obtiene a partir de estas mediciones.

ACTIVIDADES

1 Observa esta fotografía y contesta a las siguientes cuestiones:

a. Razona cuándo se formó el dique vertical respecto a los estratos A y B.

b. ¿Qué tipo de método de datación has empleado? ¿Es absoluto o relativo?

c. ¿Qué «principio» has aplicado para datar el dique?

2 Observa estas fotografías de fósiles y contesta a las siguientes cuestiones:

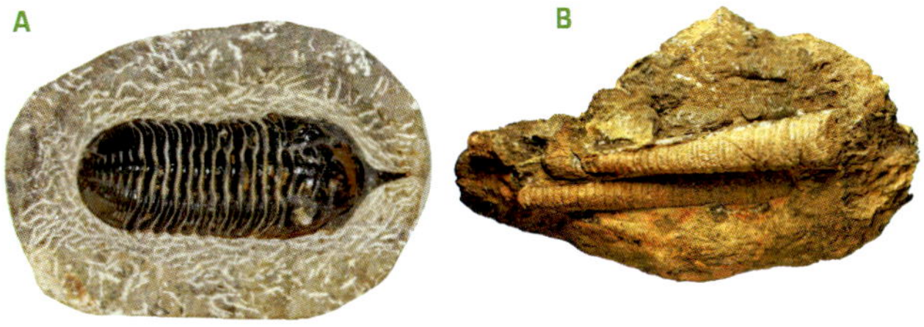

a. ¿De qué fósil se trata?

b. ¿A qué grupo perteneció?

c. ¿En qué era geológica vivió?

d. Define fosilización y fósil guía.

3 Explica en qué consisten los principios de la superposición de estratos y de la continuidad lateral.

4 Describe la evolución de la atmósfera a lo largo de la historia de la Tierra.

5 Observa esta fotografía, indica qué representa y explica cuál es la hipótesis sobre su origen.

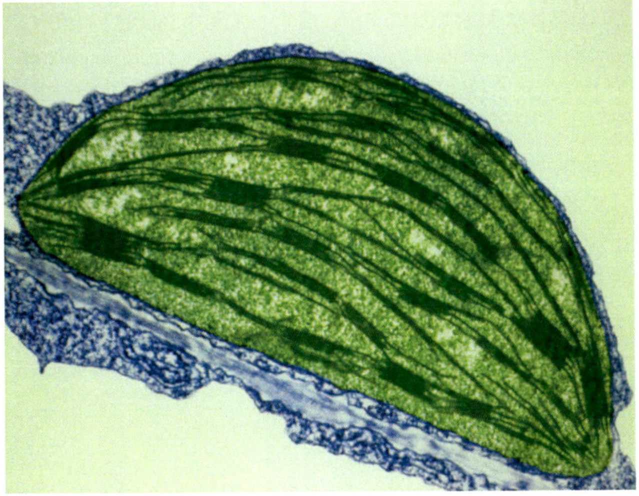

6 Observa estas ilustraciones y contesta a las siguientes cuestiones.

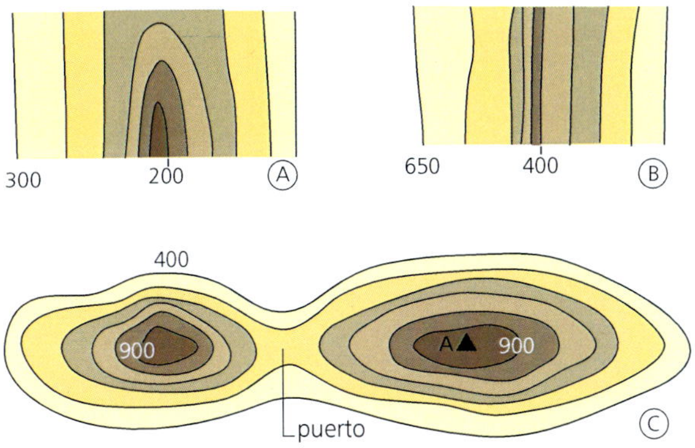

a. Define curva de nivel y equidistancia.

b. Indica la equidistancia en metros de cada una de las ilustraciones y calcula la altura del punto A de la figura C.

c. Si en A existiera un río, ¿hacia dónde circularía el agua?

d. Haz un esquema del perfil topográfico de cada caso.

7 En el siguiente corte geológico adjunto afloran:

1. Areniscas con restos de dinosaurios. 2. Evaporitas. 3. Calizas con ammonites. 4. Conglomerados con restos de homínidos.

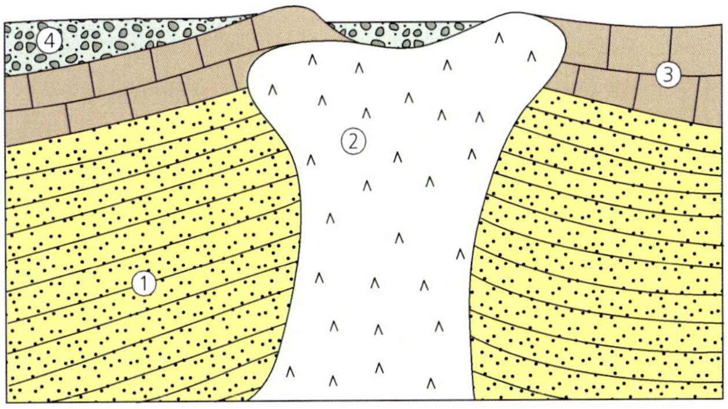

a. Indica qué tipo de rocas son las areniscas, los conglomerados y las calizas. Pon algún ejemplo más de este tipo de rocas.

b. Indica el orden de deposición de los materiales.

c. Razona si podría darse una aureola metamórfica alrededor del depósito 2.

d. Clasifica los seres vivos que se citan.

e. Indica en qué ambiente se depositaron estos estratos y dátalos.

f. Define transgresión e indica si se ha producido alguna en este corte geológico.

g. Describe la historia geológica de la zona.

DIARIO DE APRENDIZAJE

¿Puedo confirmar y ampliar la relación de contenidos de esta unidad en mi entorno?

ACTIVIDADES

1. Las plantas Angiospermas:
   a. Presentan semillas no protegidas en el interior de un fruto.
   b. Presentan, fundamentalmente, polinización entomógama.
   c. Presentan, fundamentalmente, polinización anemófila.
   d. Ninguna de las respuestas anteriores son ciertas.

2. Señala la respuesta verdadera respecto a la corteza oceánica.
   a. Es más gruesa y menos densa en promedio que la continental.
   b. Se encuentra estratificada en varios niveles al igual que la corteza continental.
   c. Su nivel superior es una capa de sedimentos constituidos por restos de plancton.
   d. Ninguna de las anteriores es cierta.

3. Cuál es el orden, del más antiguo al más moderno, de los eones.
   a. Hádico - Arcaico - Proterozoico - Fanerozoico.
   b. Hádico - Proterozoico - Arcaico - Fanerozoico.
   c. Hádico - Fanerozoico - Proterozoico - Arcaico.
   d. Fanerozoico - Proterozoico - Arcaico - Hádico.

4. Señala la respuesta verdadera respecto al tejido muscular.
   a. Está constituído por células denominadas osteoblastos.
   b. Sus células tienen una gran cantidad de mitocondrias y retículo endoplasmático muy desarrollado.
   c. El tejido muscular estriado forma la musculatura de las vísceras.
   d. El tejido muscular liso es de contracción voluntaria, rápida y fuerte.

5. El orgánulo celular que se encarga de formar el huso mitótico, los cilios y los flagelos es el:
   a. Cloroplasto.
   b. Ribosoma.
   c. Centrosoma.
   d. Flagelo.

6. La ley de la herencia de los caracteres adquiridos de Lamarck dice que:
   a. El reiterado uso de un órgano lo hace agrandar.
   b. Los organismos simples tienden a escalar la cadena del ser convirtiéndose en otros más perfectos.
   c. Las ganancias o pérdidas de órganos se transmiten a la descendencia.
   d. Ninguna de las respuestas es cierta.

7. Las cadenas de islas de origen volcánico que se forman al colisionar dos placas oceánicas se denominan:
   a. Arcos insulares.
   b. Fosas oceánicas.
   c. Plano de Benioff.
   d. Arcos volcánicos continentales.

8. Las causas que provocan pérdida de biodiversidad en España son:
   a. La desaparición de los bosques maduros.
   b. El tráfico ilegal de especies protegidas.
   c. Los incendios forestales.
   d. Todas las respuestas anteriores son ciertas.

9. A las asociaciones simbióticas de raíces y diversas especies de hongos se le denomina:
   a. Micorrizas.
   b. Nódulos.
   c. Tropismos.
   d. Capilaridad.

10. Los aparatos circulatorios abiertos:
    a. Se caracterizan por transportar un líquido denominado hemolinfa.
    b. Tienen vasos que se abren en sus extremos desembocando en senos o lagunas.
    c. Son típicos de los Artrópodos.
    d. Todas las respuestas anteriores son ciertas.

11. Señala la respuesta verdadera relacionada con el transporte de la savia bruta en las plantas.
    a. Se realiza por dos mecanismos: la vía simplástica y la apoplástica.
    b. La diferencia entre la presión osmótica de la raíz y el suelo produce una entrada continua de agua por ósmosis en la raíz.
    c. La capilaridad está provocada por la elevada fuerza de adhesión que experimentan las moléculas de agua sobre las paredes del tubo.
    d. Todas las respuestas anteriores son ciertas.

12. El apareamiento de los cromosomas homólogos producido en meiosis se origina en:
    a. Metafase I.
    b. Anafase I.
    c. Profase I.
    d. Metafase II.

ACTIVIDADES

13 En las Briófitas:

a. La generación gametofítica es diploide.

b. La generación gametofítica es la parte más visible.

c. La generación esporofítica es haploide.

d. La generación gametofítica asexual se desarrolla sobre el esporófito.

14 Cuando un mismo mineral cristaliza en formas diferentes en función de las condiciones de presión o temperatura bajo las que se forme, pero sin modificar su composición química, hablamos de:

a. Polimorfismo.

b. Reorientación.

c. Recristalización.

d. Deshidratación.

15 Los protonefridios son los aparatos excretores de los:

a. Poríferos.

b. Moluscos adultos y Artrópodos.

c. Anélidos adultos.

d. Platelmintos y larvas de Anélidos y de Moluscos.

16 El sistema nervioso periférico de los Vertebrados:

a. Está formado por ganglios y nervios.

b. Está formado por el encéfalo y la médula espinal.

c. Está diferenciado en sistema nervioso somático y autónomo o vegetativo.

d. Las respuestas a y c son ciertas.

17 Señala la respuesta correcta respecto a los Artrópodos.

a. Son hermafroditas.

b. En las especies terrestres presentan fecundación externa.

c. Siempre se reproducen sexualmente.

d. Ninguna de las respuestas son correctas.

18 El desarrollo de individuos a partir de gametos femeninos sin fecundar se denomina:

a. Metagénesis.

b. Anfigonia.

c. Partenogénesis.

d. Ninguna de las respuestas anteriores son ciertas.

19 El orden en la transformación del carbón es:

a. Turba - antracita - lignito - hulla.

b. Turba - lignito - antracita - hulla.

c. Turba - lignito - hulla - antracita.

d. Turba - hulla - lignito - antracita.

20 Respecto a la forma de captura de las partículas alimenticias, los Gasterópodos son:

a. Filtradores.

b. Micrófagos de superficie.

c. Sedimentívoros.

d. Macrófagos.

21 Los ambientes metamórficos:

a. Están ligados a zonas profundas de las placas continentales o a zonas de subducción.

b. Están ligados a zonas de dorsales.

c. Son zonas del interior de la Tierra formadas por materiales rocosos fundidos.

d. Ninguna de las anteriores es cierta.

22 La disposición espacial concreta que cada proteína adopta para ser funcional, en las condiciones fisiológicas de la célula se denomina:

a. Desnaturalización proteica.

b. Conformación nativa.

c. Estructura primaria.

d. Ninguna de las respuestas anteriores son ciertas.

23 ¿Cuál es el principio de la estratigrafía que dice que todo proceso geológico es posterior a los estratos a los que afecta, y anterior a los que no han sido afectados por él?

a. Principio de la horizontalidad original.

b. Principio de las relaciones de corte.

c. Principio de la superposición de los estratos.

d. Principio de la continuidad lateral.

24 El conjunto de poblaciones de seres vivos capaces de cruzarse entre sí y engendrar individuos parecidos que, a su vez, sean fértiles se denomina:

a. Especie.

b. Familia.

c. Género.

d. Reino.

25 Las branquias externas:

a. Se alteran fácilmente, ya que están expuestas a los agentes del medio.

b. Constituyen un reclamo para los depredadores.

c. Dificultan el desplazamiento del animal.

d. Todas las respuestas anteriores son ciertas.

somos
#
link